좋은 아빠
되는 길

좋은 아빠 되는 길

발행일	2017년 5월 17일		
지은이	정 형 기		
펴낸이	손 형 국		
펴낸곳	(주)북랩		
편집인	선일영	편집	이종무, 권혁신, 송재병, 최예은
디자인	이현수, 김민하, 이정아, 한수희	제작	박기성, 황동현, 구성우
마케팅	김회란, 박진관		
출판등록	2004. 12. 1(제2012-000051호)		
주소	서울시 금천구 가산디지털 1로 168, 우림라이온스밸리 B동 B113, 114호		
홈페이지	www.book.co.kr		
전화번호	(02)2026-5777	팩스	(02)2026-5747

ISBN   979-11-5987-541-0 03370 (종이책)   979-11-5987-542-7 05370 (전자책)

이 도서의 국립중앙도서관 출판예정도서목록(CIP)은 서지정보유통지원시스템 홈페이지(http://seoji.
nl.go.kr)와 국가자료공동목록시스템(http://www.nl.go.kr/kolisnet)에서 이용하실 수 있습니다.
(CIP제어번호: CIP2017010398)

(주)북랩 성공출판의 파트너

북랩 홈페이지와 패밀리 사이트에서 다양한 출판 솔루션을 만나 보세요!

홈페이지 book.co.kr   자가출판 플랫폼 해피소드 happisode.com
블로그 blog.naver.com/essaybook   원고모집 book@book.co.kr

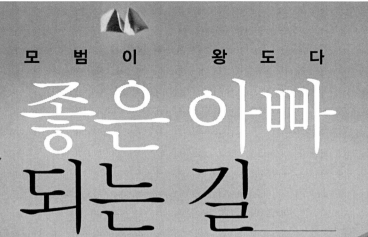

모 범 이 왕 도 다

좋은 아빠
되는 길

정형기 지음

북랩 book Lab

여는 글

왕후장상의 씨가 따로 없는데 누가 왕후장상이 되고, 누구는 노비가 되는가. 오늘도 자식의 운명은 아빠에게 달려 있다. 좋은 아빠를 만나면 귀족이 되고, 나쁜 아빠 아래서는 밥벌이하기도 힘겹다. 만적이 떠난 지도 8세기가 넘었지만 왕후장상과 노비가 금수저와 흙수저로 바뀌었을 뿐 아빠의 영향력은 여전하다.

그렇다면 누가 좋은 아빠인가. 바로 재력과 지력을 갖춘 아빠다. 어떻게 해야 좋은 아빠가 되는가. 그 질문에 대답하려고 이 책을 썼다. 재력은 제쳐 두고 여기서는 지력을 주로 다룬다. 내가 58년 동안 살면서 보고 들은 아빠를 바탕으로 좋은 아빠가 되는 길을 보여준다.

내 아버지는 초등학교 2학년 중퇴생으로 일흔까지 농사를 짓다가 하늘로 돌아갔다. 나는 그 아래서 6남매 중 장남으로 태어나 아들 둘을 두었다. 아버지에게 아빠노릇을 배우지 못했으나 아버지 뒤를 따라 아빠의 길을 걸어왔다. 가야 할 길이 멀지만 다른 아빠들과 함께 자식농사에 대해 고민하고 싶다.

아빠노릇을 잘하려고 나는 누구에게든 아빠의 길을 배웠다. 아버지에게 아빠 역할의 뼈대를 받았으며, 아내와 아들은 물론 친인척에게 아빠노릇의 힌트를 얻었다. 학교와 학원에서 여러 고수를 보며 아빠 공부를 했다. 교육현장에서 만난 학생과 엄마가 아빠에게 무엇을 바라는지 들었다. 매체에서 만난 아빠에게도 아빠의 정도를 물었다.

문학을 전공한 데다 역사를 좋아하여 동서고금의 고수를 많이 보았다. 배경은 상이해도 아빠의 꿈은 모두 같다. 바로 자식이 자신을 능가하기 바라는 것이다. 좋은 아빠가 그 포부를 이룬다. 아니, 그 소망을 이루는 사람이 좋은 아빠다.

자식을 성인으로 기르면서 시행착오를 많이 겪은 뒤에 영리한 체하며 아빠의 길을 말한다. 내가 가장 잘 아는 아버지와 나, 그리고 아들을 중심으로 이야기를 전개했다. 거기에 내가 보고 들은 아빠노릇을 곁들였다.

아빠의 길을 시원하게 말하려고 아빠를 고수와 하수로 나누었다. 농부가 농사로 말하듯 아빠는 자식으로 말한다. 자식농사를 잘 지은 아빠가 고수요, 그가 좋은 아빠다. 아빠는 평가하기 어려울뿐더러 그 점수는 죽은 뒤에도 바뀐다. 하지만 서로 견주려고 자식을 기준으로 아빠를 고수와 하수로 구분했다. 하수는 나쁜 아빠를 이른다.

고수는 자식을 살리고, 하수는 자식을 죽인다. 고수는 자식의 잠재력을 살린다. 자식을 있는 그대로 받아들이며, 그 꿈을 믿고 기다린다. 하수는 그 반대로 한다.

여기서는 아빠의 길을 소통, 모범, 책임으로 나누었다. 아빠노릇은 입체적이고 총체적인데 평면적으로 서술하려고 갈래를 탔다. 아빠노릇에서 소통이 긴요한 터라 소통을 머리에 놓았다. 보통 아빠도 자녀를 책임지고, 자녀에게 모범은 잘 보인다. 그 또한 소통에 힘쓰면 고수가 된다. 자녀와 소통하는 사이에 책임과 모범이 효과를 드러내기 때문이다.

아빠가 자녀를 친구로 보고 소통의 문을 열 때 자녀 역시 입을 연다. 아빠가 귀를 열고 입을 다물어야 자식과 친구처럼 말을 주고받을 수 있다. 그에 따라 아빠와 자녀의 사이가 좋아지니 가정이 화목해진다. 가화만사성(家和萬事成), 곧 가정이 화목하면 만사가 이루어진다.

아빠의 자녀관이 가정의 흥망을 가른다. 세계에서 자식농사를 가장 잘 짓는 유대인 아빠들은 자녀를 신의 선물로 본다. 그 보물을 갈고닦아 가정과 민족을 최고로 만든다. 그 정도는 그만두고 아빠가 자식을 친구로만 보아도 말이 잘 통해 가정이 흥한다. 자식을 소유물로 여겨 제 맘대로 하려고 하다 갈등하면 집안이 망한다.

허준은 『동의보감』에서 통즉불통(通卽不痛), 곧 통하면 아프지 않다고 했다. 집도 몸과 마찬가지다. 아빠와 자식이 상통하면 집안에 웃음꽃이 핀다. 고수는 남과 지내는 시간을 줄이고 아이와 노는 시간을 늘려 가족과 정답게 지낸다.

아빠의 길은 끝이 없다. 연습도 못 하고 한 번 가는 길이다. 그 길에서 자녀를 한 방에 바꾸는 비법은 없다. 자식농사는 기술이 아니라 철학으로 짓는다. 엄마와 교육철학을 조율하며 죽을 때까지 한결같이 자녀교육을 해야 고수가 된다.

고수는 자녀와 함께 자란다. 숱한 어려움을 헤치며 자녀교육에 전념한다. 자식이 취업한 뒤에도 자식에게 총력을 기울인다. 이 땅을 떠나는 날까지 자식농사에 심신을 바쳐 자녀와 더불어 어제보다 나아지려고 애쓴다. 죽은 뒤에도 자식을 잘되게 하려고 세상을 떠나면서도 자식을 챙긴다.

내 두 아들은 20대 후반이다. 운은 K대를 나와 회사에서 일하고, 진은 K대에서 공부한다. 운과 진은 가명이며, K대는 건국대와 고려대다. 자녀가 대학에 가기 전에는 나도 남들처럼 K대를 고려대로 알았다. 운의 대입원서를 쓰면서 보니 K대가 전국에 수십 군데였다. 아빠노릇을 하다 보면 이전에 안 보이던 곳이 눈에 띈다. 그 시력이 아빠의 길을 찾는 실력이다. 좋은 아빠가 되려면 시력부터 올려야 한다.

자녀교육서는 자녀가 중년이 넘은 뒤에 쓰는 게 바람직하다. 조금 빠르지만 나와 남을 도우려고 아빠의 길을 말한다. 인사말은 미니스커트처럼 짧아야 좋은데 한복 치마처럼 길어졌다. 인사와 본론을 한마디로 줄이면 이렇다.

'고수는 자녀를 제 몸처럼 사랑한다.'

아버지 영전에 이 책을 바친다. 어머니와 형제들에게 감사하며, 나와 고락을 함께한 가족에게 고개를 숙인다. 많은 출판사 가운데 북랩을 만나 책을 내게 되어 기쁘다.

2017년 봄

정형기

- 자녀교육보다 아빠 공부가 먼저다

"돈도 실력이야, 니네 부모를 원망해."

최순실의 딸 정유라가 자신이 이화여대에 부정으로 입학했다고 비난하는 사람에게 던진 말이다. 그렇다. 힘과 줄은 물론 돈도 실력이다. 그 어머니 최순실은 힘을 두루 갖추어 딸을 좋은 대학에 보냈다. 그 아빠는 이혼한 뒤에 딸과 따로 산다. 돈과 집에 문제가 있어서일까? 정유라는 엄마와 함께 추락했다. 대학에서 퇴학을 당하고, 고등학교에서 졸업을 취소하여 중졸이 되었다.

사람들은 이러한 현실을 모강부약(母强父弱), 부권상실, 부친부재의 결과라고 말한다. 더러는 역사가 부권하강의 여정이라고 하면서 사태를 직시하라고 이야기한다. 현대사는 '아빠 죽이기'에서 출발했다고 역설하며, 아빠는 옛날에 죽었다고 말하는 사람도 있다.

정유라의 아빠 정윤회는 자기가 있었으면 이 지경이 안 되었을 것이라고 말했다. 나라가 흔들리는 현실을 보면서 그 심정을 토로

했다. 인생과 역사에 가정(假定)은 없으나 아빠의 자리를 생각하게 하는 말이다. 왠지 이빨 빠진 아빠의 푸념처럼 들린다. 제가(齊家)는 커녕 집에서 자리도 못 잡은 듯하다. 그가 치국(治國)을 말하니 공감하는 사람이 적다.

사람들은 정유라의 아빠가 누구인지도 잘 모른다. 같은 아빠로서 기분이 씁쓸하다. 아빠는 모두 어디로 갔는가. 아빠가 안 보여 그 길을 말하기도 쑥쓰럽다.

신사임당이 이율곡의 엄마라는 사실은 초등학생도 알지만, 대학생도 그 아빠가 누구인지는 잘 모른다. 그러나 이이는 아빠와 엄마가 함께 만들었다. 율곡의 아빠는 중간관리로 엄마의 자식농사를 지원했다. 아들과 엄마의 그늘에 가렸으나 아빠 덕분에 율곡이 떴다. 아들이 성공하여 이원수라는 이름을 남겼으니 아빠라면 일단 자식은 잘 키우고 볼 일이다.

신사임당부터가 아빠의 작품이다. 그 아빠 신명화는 딸만 다섯을 두었는데 사임당을 아들처럼 키웠다. 딸바보 아빠 덕분에 사임당이 공부해서 좋은 짝을 만났기에 율곡을 낳아 영재로 기를 수 있었다.

예로부터 고수는 열악한 상황에서도 아빠노릇을 잘했다. 정약용은 유배자로 자식에게 재산을 상속하기는커녕 두 아들의 벼슬길을 막았다. 그런데도 두 아들에게 폐족일수록 열심히 공부해야 한다고 훈계했다. 몸소 모범을 보이려고 배소에서 복사뼈가 세 번이나 불거지도록 공부했다. 그 제자 황상이 말한 대로 과골삼천(踝骨三

窣)을 실천하여 조선 최고의 학자이자 아빠가 되었다. 앤절라 더크워스가 말하는 '그릿', 곧 열정과 끈기를 개천에서 발휘하여 불후의 명작을 남겼다.

다산은 자녀에게 자존감을 심어주었으며, 자식이 현실을 직시하면서 공부하도록 격려했다. 두 아들에게 학문에 정진하여 가문을 재건하라고 요구했다. 스스로 화려한 과거와 결별하고 초라한 현실에 충실했다. 임금의 총애를 받다가 귀양을 갔으나 그곳에서 초인적인 능력으로 위업을 이룩했다.

정약용은 유배지에서도 자식농사에 최선을 경주했다. 적소인 강진으로 아들을 불러서 가르치기도 했다. 자녀들이 생업에 종사하여 그나마 어려워지자 편지로 원격과외를 했다. 그는 18년 동안 유배를 살면서 자녀와 100여 통의 편지를 주고받았다. 그에 따라 자녀들은 농사를 지으면서도 열심히 공부했다.

다산은 귀양을 살면서도 자존감을 지켰다. 신세를 한탄하거나 타인을 원망하지 않았으며, 자기를 부정하거나 연민하지 않았다. 회복탄력성이 강력하여 유배기간을 학문을 정진하는 시기로 삼았다. 자식에게도 죄인의 아들이지만 명문거족의 체통을 지키라고 부탁했다. 두 아들은 그 뜻에 따라 자신을 존중하며 살았다. 그 결과 가문을 보존할 수 있었다.

그렇다면 다산의 아빠는 누구였는가. 그 아빠는 정재원으로 진주 목사, 곧 오늘날 진주 시장을 지냈다. 출세가도가 과거뿐일 때이니 지금의 진주 시장을 뛰어넘는다. 그 엄마는 유명한 고산 윤선도의 후손이다. 다산은 외가를 잘 두어 다산초당에서 공부하고, 녹

우당의 서적도 빌려볼 수 있었다. 왕대밭에서 왕대가 나온 셈이다. 다산의 아들은 아빠 때문에 벼슬을 하지 못했으나 아빠처럼 자기 처지에 맞는 길을 찾아 가문의 품격을 지켰다.

　최고의 아빠와 엄마는 다산과 신사임당이다. 하지만 그런 만남은 드라마에 나올 뿐이다. 다산 또한 인간인지라 흠이 있다. 물론 그에게는 흠을 덮고도 남을 힘이 있었다. 보통 아빠는 그를 따라가기 벅차다. 평범한 아빠라면 다산을 이상으로 삼고, 모범은 주변에서 찾으면 족하다.

　중수는 집안에서 본받을 만한 아빠를 보고 아빠노릇을 하면 된다. 나도 머리로는 다산을 기리고, 몸으로는 아버지를 따르며 두 아들을 키웠다. 양가에서 여러 아빠를 바라보며 아빠 역할을 배웠다. 옆에서 보통 아빠의 장단점을 참고하면서 고수가 되려고 애썼다. 비슷한 환경에서 자녀를 교육하는 아빠에게 얻은 정보가 육아에 쓸모가 많았다.

　고수는 아빠노릇을 미리 배운다. 배운 대로 아빠노릇을 하여 아이와 친밀하게 지낸다. 자녀와 원활하게 소통하니 아이에게 좋은 영향을 준다. 그 자녀는 훌륭하게 자란다.

　고수는 자녀교육보다 아빠 공부를 먼저 한다. 아빠가 자식농사를 사전에 대비하니 그 자식은 거인이 된다. 강아지만 키우려 해도 관련 서적을 읽고 전문가에게 물어야 제대로 돌본다. 하물며 천하보다 귀한 아이를 키우는 일이어서랴.

　육아지식을 많이 쌓을수록 좋은 아빠가 된다. 불리한 여건을 아빠가 보완할 때 아이를 훌륭하게 키울 수 있다. 아빠를 골라서 태어나지는 못하나 아빠 공부는 스스로 할 수 있다. 자신이 어쩔 수 없는 일보다 자신이 바꿀 수 있는 데 힘쓰는 전략이 효율적이다.

하수일수록 아빠 공부는 하지 않고 아이를 학대한다. 고용인의 3% 안팎인 단순노무직이나 무직자 아빠가 아동 학대의 절반을 차지한다. 그들은 우는 아이를 때려 자식과 원수가 된다. 그래 놓고 자식이 성공하기 바라는 일은 콩을 심고 팥이 나오길 바라는 격이다.

가난해도 육아 공부를 두루 익힌 아빠는 아이가 울면 제대로 대응한다. 그 아이는 마음이 편안하여 아빠와 함께 그림책을 본다. 그는 자라서 아빠가 어려움 속에서 자신을 훌륭하게 키운 걸 깨닫고 아빠에게 잘한다.

- 자식은 가꾼 대로 거둔다

자식농사에서 씨야 몇 분이면 뿌리지만, 열매는 이십 년 넘게 가꿔야 거둔다. 그나마 하늘이 돕고 때와 운도 맞아야 그런대로 열매가 달린다. 세상에 자식농사처럼 힘든 일도 드물다. 세종도 자식농사에 실패하여 그 아들 세조가 조카 단종의 왕위를 빼앗았다.

자식농사는 부모와 자식이 함께 짓는다. 부모와 자식의 자원이 저마다 다르니 농사의 모습은 천태만상이다. 고아가 자력으로 대성하는 데 견주어 부부 교수가 자식교육에 실패하기도 한다. 엄마와 아빠가 함께 정성을 다하고 자식이 그에 부응해야 자식이 뜻을 이룬다.

　더러는 엄마 혼자 아빠 역할을 겸비하여 자식농사를 잘 짓는다. 공자와 맹자, 그리고 이황의 아빠는 자식을 남기고 바로 세상을 떠났다. 그 엄마들은 아빠노릇까지 잘해낸 데다 자식이 열심히 공부하여 자식으로 대박을 터뜨렸다.

　아빠는 엄마 노릇을 겸하기는커녕 자기만 생각하여 재혼했다가 자식을 망치는 수가 있다. 하수는 아이를 생각하지 않고 나쁜 계모를 만나 자녀의 앞길을 막는다. 반면, 고수는 자식을 제대로 돌볼 새엄마를 만나 자식을 훌륭하게 키운다. 새엄마와 갈등하더라도 자식을 두둔하는 까닭이다.

　다른 아빠들은 자식을 거저 키우는 것 같다. 자신의 자녀교육은 과정까지 모두 아는 데 견주어 다른 아빠의 자식농사는 결과만 보니까 그렇다. 아빠가 주색잡기에 빠져도 엄마와 자식이 협력하여 자녀교육에 성공하기도 한다. 아주 드문 일이며 그 아빠는 자식을 자랑해도 자녀는 아빠를 부정한다. 자식이 여러 사람을 고려해서 말하지 않을 뿐이다.

　최선의 자녀교육은 가족의 합동작전이다. 고수는 엄마와 교육관을 조율하여 자녀에게 적절한 교육원리를 만든다. 아빠와 엄마가 그것을 바탕으로 자녀를 바람직하게 가르친다. 가족이 서로 존중하니 집안이 날로 일어난다.

　자녀교육의 목표를 흔히 대학으로 잡는다. 좋은 대학이 사는 데 유리하나 대입에서 실패해도 패자부활전에서 재기할 수 있다. 아빠가 자식의 능력을 길러주면 자식이 대학을 나와서도 인생을 역전한다.

50대인 내 또래는 산업 발전기에 편승하여 아빠가 가난해도 자력으로 성공할 기회가 많았다. 자식 세대는 우리 연배보다 부모의 영향력을 많이 받는다. 그들은 취업하기가 어렵고, 우리보다 잘살기 힘들다. 고생을 모르고 자랐으나 평생 노력해야 현상이라도 유지한다. 고수는 자식 세대의 고민을 이해하고 자식을 격려한다. 자식에게 말이라도 따뜻하게 해준다.

돈, 힘, 줄만이 아니라 땅이나 운도 실력이다. 어떤 아빠는 땅을 잘 타고난 데다 운까지 좋아 자식으로 대풍을 맞기도 한다. 희소한 사례이며 그나마 능력이 있어야 가능하다. 아빠처럼 땅과 때도 자신이 고를 수 없다. 고수는 스스로 어찌할 수 없는 일은 내려놓고, 자기가 가꾸는 대로 거두는 자식농사에 매달린다. 자식은 심는 대로가 아니라 가꾸는 대로 거둔다고 생각하며 자식농사에 매진한다.

고수는 자녀교육에서 성공했다고 그 열매를 독차지하지 않고, 자녀가 실패했다고 하여 혼자 책임을 둘러쓰지 않는다. 어떠한 상황에서도 남을 탓하지 않는다. 자식농사에 여러 요소가 영향을 미치나 그 중에 자신이 가장 중요하다고 인정한다. 자식농사를 인생의 최대과업으로 알고, 어떤 상황에서도 자녀교육에 심혈을 기울인다.

아빠가 위기를 맞으면 결국 자식만 남는다. 조영남은 이혼한 뒤에 혼자 딸을 키웠다. 그는 그림 대작 파동으로 곤욕을 치르면서 딸과 친해졌다고 말했다. 그에게 갈채를 보내던 사람들은 그가 위기를 당하자 대부분 돌아섰는데 딸은 아빠를 끝까지 위로했던 것이다.

고수는 바람만 불어도 날아갈 남에게 자원을 쓰기보다 자식에게 정성을 쏟는다. 엄마와 더불어 세상을 떠날 때 웃는 사람이 되려고 자식농사에 총력을 집중한다.

여는 글 _ 004

길을 나서며 _ 009

1장 _

소통의 길을
넓힌다

자녀를 친구로 여긴다 _ 020

자녀와 맞장구를 친다 _ 036

자녀와 여러모로 통한다 _ 048

화를 말로 드러낸다 _ 063

자녀와 함께 웃고 운다 _ 078

잘못은 용서를 빈다 _ 091

2장 _

모범이
왕도다

가족과 사이좋게 지낸다 _ 106

발로 말하고 오래 기다린다 _ 121

문제를 풀면서 나아간다 _ 135

바람직한 태도로 살아간다 _ 154

현실에 알맞게 대응한다 _ 167

있는 그대로 보여준다 _ 182

3장 _

책임의 길을
좁힌다

돈보다 맘을 번다 _ 200

하는 일에 뜻을 둔다 _ 217

견딜 만큼 지고 간다 _ 230

자녀독립을 제대로 추진한다 _ 246

적기에 자녀에게 바통을 넘긴다 _ 262

죽어서도 자녀를 지켜본다 _ 280

닫는 글 _ 295

1장

소통의 길을 넓힌다

자녀를 친구로 여긴다

- 자녀와 말을 튼다

'아빠 새해 복 많이 받아'

어느 해 설날 아침에 아들 운이 나에게 보낸 문자다. 아내에게 보여주니 "아버지한테 '받아'가 다 뭐야!" 한다. 나는 그 마음을 기특하게 여기는데 아내는 말투를 못마땅하게 생각한다. 아내는 운이 위아래를 모르다가 사회생활을 잘못할까 걱정하는 데 견주어 나는 평소와 달리 새해에 인사하는 것을 보고 사회성이 있다고 판단했다.

같은 문자도 부모의 가치관에 따라 다르게 해석한다. 그에 맞추어 자식을 평가한다. 하여 나는 아들의 반말을 괜찮다고 하는데 아내는 불편하게 생각한다.

운은 '엄마'보다 '아빠'를 빨리 말했다. 운이 갓난아이일 적에 내가 아내보다 많이 돌보면서 '아빠'를 수없이 가르쳐서 그랬을 것이다.

아내는 다른 지역으로 출퇴근을 하고, 나는 시내에서 직장을 다녔기 때문이다. 어릴 때 나와 애착을 괜찮게 형성하여 아빠를 편하게 생각하는지도 모른다.

상하를 중시한 아버지와 달리 나는 수평을 지향한다. 아버지의 철학을 비판적으로 수용한 결과다. 그런 아빠 아래서 자란 운은 대학생활을 그런대로 했으며, 병역도 무난하게 마쳤다. 지금은 직장에 잘 다닌다. 나와 말을 텄으나 무례하지 않았듯이 다른 사람과 원만하게 지낸다는 이야기다.

아빠의 십중팔구가 친구 같은 아빠가 되겠다고 말한다. 실제로는 열에 하나가 아들과 친구처럼 지낸다. 아빠가 자녀와 친구처럼 지내려 해도 사회에 장애물이 많기 때문이다. 아빠가 자식과 친구처럼 지내면 엄마와 친인척부터 자식을 버릇없이 키운다고 하기 쉽다. 사회가 집단과 계급으로 돌아가다 보니 아빠가 자녀를 친구처럼 생각해도 자녀가 아빠를 또래 같이 대하기는 어렵다.

아빠와 아들의 사이는 대체로 좋지 않다. 아빠가 상하의식을 갖고 아들을 대하기 때문이다. 아빠가 생존권을 쥐고 있는지라 아들은 아빠에게 불평을 드러내기 힘들다. 권위적인 아빠는 아들이 말대꾸만 해도 덤빈다고 나무란다. 아빠가 아들에게 "아빠한테 따지냐?"고 하면 아들은 꼬리를 내린다. 그런 일을 몇 번만 겪으면 자녀는 마음을 닫는다. 그 정도가 심하면 아들은 밥벌이하는 대로 아빠를 떠나려 한다.

아빠들은 아이가 무엇을 시도하려고 해도 아이를 못 믿어 끊임

없이 잔소리를 한다. 자녀가 하는 일이 시원찮아 스스로 배울 때까지 기다리지 못하고 가르치려 든다. 그나마 명령과 지시를 통해 교육한다. 자녀는 입을 다물고 아빠의 훈계를 듣는다. 듣기 싫어도 참고 들어준다.

한국 아빠들은 유교의 질서의식에 입각해 자녀를 통제한다. 통제를 사랑으로 착각하여 자녀를 자기 마음대로 하려고 한다. 그와 달리 서양 아빠는 기독교의 평등의식에 따라 아빠와 자녀가 대등하게 지낸다. 그들은 자식을 신의 선물로 여겨 아끼고 사랑한다.

아버지는 시골교회 장로로서 유교와 기독교를 융합하여 자녀를 양육했다. 기독교의 원리에 따라 자식을 귀하게 여겼다. 가부장적인 측면도 있어 자녀가 당신 말을 따르기 원했다. 기독교적 자녀관을 존중해서 그랬는지 자식들을 억압하지는 않았다.

고수는 합리적이다. 그는 자녀를 사랑과 자유는 물론 한계와 권위도 활용하여 교육한다. 여러 요소를 슬기롭게 조합하여 자녀를 훌륭하게 양육한다. 아빠는 천차만별이요, 그 유형이 다양하나 합리적인 육아가 이상적이다. 아이를 교육원리에 적합하게 키울 때 자녀의 재능을 살릴 수 있기 때문이다.

아빠의 길은 그 자녀관이 가른다. 자녀를 보물로 보면 소중하게 여기고, 노예로 보면 함부로 다룬다. 자식을 손님으로 보느냐 친구로 보느냐에 따라 그 대우가 달라진다. 한국 아빠들은 대개 유교적 서열구조에 따라 자녀를 자기보다 낮게 본다. 하수는 자식을 소유물처럼 여겨 함부로 다룬다.

나는 아버지의 자녀관을 나름대로 받아들여 자녀를 친구처럼 대하려고 했다. 사회가 수직적이라 힘들었으나 자녀와 평등하게 소통하려고 애썼다.

아빠가 기득권을 양보할 때 자녀와 말을 대등하게 주고받을 수 있다. 아빠가 자녀와 눈높이를 맞추면 자녀에게 권위를 인정받는다. 자녀와 소통하지 못하니까 아빠가 가족에게 왕따를 당하는 것이다. 아빠가 기득권을 지키려고 고집하면 엄마와 자녀가 서로 도와 그에 맞선다. 그 대결이 아빠를 따돌리는 모습으로 드러난다. 엄마와 자녀의 협공을 받아 부권을 상실하면 자존심이 상하므로 고수는 스스로 부권을 양보한다.

고수는 자녀를 친구로 보고 자녀와 함께 자란다. 자녀에게 공손하게 말하니 자녀도 아빠를 공경한다. 자녀가 아빠의 권위를 세워주는지라 아빠는 힘이 세다. 아빠가 그 힘을 가족에게 사용하여 가족이 상생하도록 한다.

가치관은 어릴 때부터 가족과 상호작용을 하며 형성한다. 아빠가 되면 그 가치관에 따라 자식을 키운다. 지금은 아빠가 자랄 때와 여러모로 다르다. 세상은 수평사회가 되어 아빠와 자녀가 되도록 대등해져야 편안하다. 손해를 보는 듯해도 아빠가 세상의 변화에 맞게 자녀관을 바꿔야 자기 품격도 올릴 수 있다.

아빠가 가족의 요구를 수용할 때 가정이 화목해진다. 아빠가 기득권을 내려놓으면 다른 가족이 아빠를 받들어 아빠가 집안의 기둥이 된다.

- 자녀와 친구처럼 지낸다

　나는 한국에서 58년 개띠로 태어나 상하질서를 자연스럽게 배웠다. 일제강점기에 출생한 아버지가 집에서 위계를 중시하여 나는 장유유서를 자연스럽게 체득했다. 학교에서도 집단과 계급을 강조하여 개성을 죽이고 선배를 하늘같이 여겼다. 학교와 달리 그만둘 수도 없는 군대에서 나는 사병으로 복무하며 위에서 죽으라고 하면 죽는 시늉이라도 하여 살아남았다. 군대야말로 인간을 계급사회에 맞게 개조하는 대학이었다. 나는 군인대학에서 상명하복을 습득한 뒤에 병장으로 제대했다.

　군대 갔다 와야 사람이 된다고 하는 사회에서 나는 대학에 복학하였다. 대학에서 공부하면서도 위아래를 살피며 살았다. 대학을 나와 교사가 되어 교무실에서는 나이와 직급에 따라 움직였으며, 교실에서는 선생으로 학생들을 내려다보며 수업을 했다.

　교직을 떠나 학원에 가니 부모와 당국은 물론 학생도 상전이었다. 그들이 돈과 힘을 쥐고 있었기 때문이다. 학원에서 자리를 잡은 뒤에 나는 학생과 대등하게 지냈다. 학원에서 학생과 토론하며 대화 요령을 배운 나는 집에서 자녀와 말을 주고받으려고 노력했다. 두 아들도 신분사회에서 자라 대화가 원활하지는 않았으나 그런대로 말을 나누며 살았다.

　새내기 아빠 시절에는 아이가 울면 "뚝!" 하고 명령을 내리곤 했다. 아이는 내 얼굴을 보고 그 협박에 따랐다. 뼛속까지 계급문화가 스며들어 자녀가 내 말을 안 들으면 화도 냈다. 다만 자녀를 때리지는 않았다. 아버지가 나를 체벌한 적은 거의 없었기 때문이다.

하수는 아이가 몇 초만 울어도 못 참는다. 아이는 아빠에게 욕구를 울음으로 표현하는데 아빠가 그 소원을 들어주기는커녕 때린다. 어떤 20대 아빠는 2개월 자란 아이가 운다고 방바닥에 떨어뜨려 죽이기도 했다. 최근 5년 사이에 아동학대가 10배나 늘었다고 한다. 여러 원인이 있겠지만 아빠가 아빠 공부를 하지 않고 아빠가 되니 우는 아이를 학대한다. 아동학대가 얼마나 나쁜 짓인지 모르는 것이다.

아빠가 아이를 학대하는 대로 아이는 심신에 그 정보를 입력한다. 아이의 힘이 자라 보복할 만하면 그것을 아빠에게 출력한다. 뇌과학자들은 생후 3년 동안 뇌에 저장한 무의식에 따라 아이들이 반응기제를 형성한다고 말한다. 그때 아빠가 아이를 노엽게 하면 아이의 보복 능력이 자라는 대로 아빠에게 복수한다. 패륜범죄는 그 극단적인 모습이다.

한국 아빠가 미국 아빠보다 자녀를 많이 탄압한다. 그 결과 살인사건에서 차지하는 살부사건 비율이 미국에서보다 한국에서 4배쯤 많다. 아빠를 죽이는 아들은 대부분 억압적인 아빠 아래서 나온다. 어릴 때 아빠에 대해 쌓은 분노를 자녀가 자라서 아빠에게 돌려주기 때문이다.

패륜사건은 아빠와 자식의 관계가 악화할수록 증가한다. 여러 조사에 따르면 아빠에게 고민을 털어놓는 아들은 5% 안팎이다. 아들이 아빠에게 고민을 말하면 "사내새끼가 그런 고민을 하냐?"고

혼내기 일쑤다. 그러니 아들은 죽을 고비를 맞아도 아빠에게 고민을 말하지 않는다. 아이가 어릴 때 아빠와 애착관계를 형성하지 못하고, 아이가 자란 뒤에 아빠가 갈등을 조장하니 자식이 극단적인 사건을 일으킨다.

　남자의 길을 아들보다 먼저 걸어간 터라 아빠는 아들을 잘 안다고 생각한다. 그러나 아빠가 걸어간 길은 표준이 아닐뿐더러 시차가 많이 난다. 둘이 살아온 세상이 딴판이라 아빠의 경험과 지식을 아들에게 그대로 적용하면 문제가 생긴다. 아빠가 사람이 사는 배경은 물론 사람의 마음이 모두 다르다는 사실을 감안할 때 자식을 이해한다.

　아빠가 자식의 말에 귀를 기울여야 말이 통한다. 아빠가 자신을 기준으로 삼으면 아이는 아빠에게 말하지 않는다. 같은 길을 걸었다 해도 가치관이 달라 아빠와 아이는 다르게 느낀다. 아빠가 그런 사실을 고려하여 공통점을 늘려야 서로 말이 통한다.

　우리 세 부자는 모두 군대에 다녀왔다. 나는 통신병, 운은 포병, 진은 의무보급병으로 근무했다. 서로 다른 부대에서 상이한 시기에 복무했다. 나와 두 아들은 복무 시차가 30년도 넘어 육군에서 사병으로 만기에 전역했다는 사실 빼고는 유사점이 적다. 그래서 나는 두 아들에게 "요즘 군대는 군대도 아니다"고 말하지 않았다. 내 경험과 현실을 고려하여 "고생했다!"고 격려했다.

　나는 두 아들이 군대에 복무하는 동안 접점을 넓히려고 여러모로 노력했다. 살다 보니 운이 제대를 코앞에 두었는데 입대할 때

춘천 보충대에서 헤어진 뒤로는 면회를 못 갔다. 우리 부부는 아들이 군대에서 생활하는 동안에 면회를 한 번도 안 가는 것은 문제라고 여겨 면회 날짜를 잡았다.

마침 연평도 포격사건이 일어나 당국은 전군에 비상을 걸어 외박은 물론 면회도 금지했다. 며칠이면 경계태세가 풀릴 줄 알았는데 비상사태가 오래 갔다. 운은 우리에게 면회가 안 되니까 오지 말라고 전화를 했다. 며칠이면 제대한다고 하면서 올 필요가 없다고 하였다. 비상이 풀리기를 기다리다 면회를 한 번도 못하고 제대할 듯했다.

우리는 일단 가서 부딪쳐보기로 하고 화천으로 향했다. 화천에서 만난 군인들에게 면회가 되느냐고 물어보니 이런 난리에 무슨 면회냐는 눈치를 보냈다. 일부 장병은 제대를 연기한다고 하는 판인데 아들을 만나러 갔으니 눈총을 받을 만했다. 어떤 상사가 당직사관에게 사정하면 될지 모른다고 하여 희망을 안고 부대 부근에서 하루를 묵었다.

다음날 장병휴게소에 가서 면회를 신청했다. 아들이 근무하는 부대에는 갈 수 없어서이다. 당직사관은 사단에 연락해 보아야 한다고 말했다. 차가운 목소리로 군단에서 허락해야 면회가 가능할지 모른다고 덧붙였다.

기다리는 시간이 참 더디게 흘렀다. 두어 시간이 지나 면회가 틀렸나 보다 하는데 사단에서 허락이 떨어졌다고 연락이 왔다. 부대에서 면회가 안 되니 휴게소에서 기다리라고 했다. 장교와 부사관이 절반씩 영내대기를 하는데 퇴근하는 간부가 데려오고 오후에 근무하러 들어가는 간부가 태워서 들어간다고 하였다. 낮에 휴게소에서 만나라는 얘기였다. 어디든 무슨 상관이랴, 하늘에 감사했다.

얼마 뒤에 운이 완전무장을 하고 휴게소에 나타났다. 소총까지 휴대하여 전시에 아들을 만나는 기분이었다. 철책선이 가깝고 여기저기 부대가 보이는 데다 군용차량이 수시로 드나들어 분위기가 살벌했다. 전운이 감도는 속에서 우리 넷은 가족애를 다졌다. 한 방에서 네 식구가 그렇게 오래 보낸 일은 거의 없었다. 그때 나눈 말은 한마디로 기억나지 않지만, 당시에 피운 정은 아직도 가슴에 남아 있다. 그 사랑이 가족을 하나로 묶어 고비를 넘을 때마다 힘이 되었다.

운이 통닭이 먹고 싶다고 하여 불렀는데 멀리서 차로 배달하다 보니 시내보다 가격이 비쌌다. 그게 문제이랴. 전장 같은 곳에서 먹는 통닭 맛은 일품이었다. 집에서 먹는 통닭보다 훨씬 맛이 좋았다. 운의 청춘이 깃든 곳에서 가족이 특별한 외식을 했다. 그 맛이 통닭에서만 나왔을까.

엄마는 굳이 태교를 안 해도 그 사랑이 뼈와 살을 타고 아기에게 전달된다. 아빠는 자식에게 오감을 동원하여 접근해야 대화의 기초가 쌓인다. 그러기는 고사하고 아이의 자존감을 짓밟으니 아이와 원수가 된다. 아이는 눈치가 백단이라 아빠가 냉정하게 나오면 아빠를 멀리한다. 아빠에게 실망한 아이는 아빠에게 맘을 주지 않는다. 아빠가 묻는 말에 겨우 대답할 뿐이다. 둘 사이에 말이 통할 까닭이 없다.

아빠가 자녀를 친구로 보면 자녀와 부드럽게 소통한다. 미국인은 할아버지와 손자도 친구처럼 시원하게 대화한다. 우리도 동창끼리는 의사소통을 잘한다. 초등학교 동창들은 빈부귀천을 떠나 어린 시절로 돌아가 이야기꽃을 피운다. 학교에 다닐 때는 얼굴도 모르던 남녀가 바로 공감대를 이룬다. 동문회는 그와 상황이 다르다. 아빠뻘 되는 선배와 아들 또래인 후배가 만나 위아래를 따지고, 호칭에 신경을 쓰다 보면 대화는 남이 된다. 아니, 서로 할 말이 없다. 선배의 말은 기분이 나빠도 들어야 하니 그야말로 고역이다.

소통(疏通), 말 그대로 물 흐르듯 통하는 일이다. 물은 위에서 아래로 흐르는지라 윗사람이 아랫사람에게 소통의 문을 열어야 말이 상통한다. 말은 물처럼 흐르다 바위에 막히면 돌아가고, 웅덩이를 만나면 채워서 흐른다. 바닷물엔 위아래가 없어 항상 만방으로 흐른다. 태산처럼 출렁여도 이내 잠잠해진다. 돌 하나 던진다고 요동치지 않는다. 바다처럼 넓고 깊은 아빠가 하늘같은 아이를 만든다. 그 아이는 바다에서 나온 용이 되어 우주를 누빈다. 찻잔처럼 옹졸한 아빠 아래서는 바다 같은 아이도 재능을 펴지 못한다. 그릇이 작아 아이를 망치는 아빠가 세상에 즐비하다. 그런 하수가 용의 재능을 타고난 아이를 미꾸라지로 만드는 것이다.

아빠가 자녀의 말을 평가하지 않고, 그 내용을 형식보다 중시할 때 서로 말을 주고받을 수 있다. 아빠가 따지고 트집을 잡으면 소통에 장애가 된다. 아이가 아빠를 경계하지 않도록 하면 아이가 무슨 말이든 한다. 아이가 고민을 말했는데 아빠가 나무라면 아이는 더 이상 아빠에게 속내를 드러내지 않는다.

고수는 자녀가 아빠를 비판해도 받아들인다. 자기 말을 아빠가 들어주면 자녀는 아빠가 자신을 존중한다고 생각한다. 때문에 자녀도 아빠를 공경하여 둘은 진정한 친구가 된다. 그들은 서로 존중하며 원활하게 대화한다.

진정한 친구는 경이원지(敬而遠之), 곧 공경하되 멀리한다. 고수는 자녀를 어려운 친구처럼 거리를 둔다. 혹자는 아빠가 자녀의 친구가 되면 자녀의 마지막 언덕이 사라진다고 걱정한다. 서로 예의를 지키는 친구라면 그럴 염려가 없다. 고수는 아이가 어려울 때 기댈 만큼 넉넉하여 자식이 서운하게 말해도 자식을 감싼다.

고수는 자신의 경험과 지식을 모두 동원하여 자녀의 고민을 풀어간다. 자녀와 대화하여 문제의 소지를 미리 없앤다. 자녀가 말썽을 일으켜도 이해하고 도와주는지라 자녀가 아빠에게 고민을 털어놓는다. 고수는 세상에 하나뿐인 친구로서 자녀와 더불어 자란다.

- 자녀와 정을 나눈다

유교에서는 부자유친(父子有親), 곧 아빠와 자식은 친해야 한다고 가르쳤다. 부자를 위아래로 갈라놓아 서로 가깝게 지내지 못했다는 반증이다. 유자들은 아빠와 자녀가 평등하면 가정이 무너진다고 보았다. 그에 따라 아빠들은 자녀가 자기를 높여 부르게 하였다. 자기 서열이 자식보다 높다는 사실을 여러모로 드러냈다.

두 아들은 성인이 된 뒤에도 나를 아빠라고 부른다. 다른 사람이 많은 곳에서 아들이 나를 "아빠!"라고 부르면 더러는 나를 이상한 눈으로 바라본다. 나는 오히려 유치원생이 "아버지!" 하고 부르는 일이 더 어색하다.

조선시대에 임금이 어떤 관리를 관찰사에 임명했는데 아빠 이름에 쓰인 '관(觀)'자가 관직명에 들어갔다고 하여 거부한 사례가 있다. 그는 아빠 이름 글자를 관(寬)으로 고친 다음에 관찰사로 나갔다. 아빠 이름을 신성시하여 오늘날 도지사 임용도 거절할 정도였다.

이름을 높이다 보니 한국은 호칭공화국, 감투공화국이 되었다. 동네에서도 '세계'를 붙이고, 셋만 모이면 사장, 이사, 부장이 된다. 둘이 만나면 나이를 물어 상하를 가르고 형과 아우가 된다. 사람 사이에 담을 쌓고, 사람을 위아래로 갈라 소통을 막는다. 강자가 상명하복을 선호하기 때문이다.

황금만능시대를 맞이하여 이제는 주머니에서 힘이 나온다. 그러다 보니 아빠와 자녀도 돈을 놓고 대립한다. 부자에게는 자식이 없다고 말할 정도다. 부자 아빠의 말에는 힘이 들어간다. 자식들이 효도 전쟁을 해도 아빠는 그대로 믿지 않는다. 자식들 역시 아빠를 순수하게 보지 못한다. 그러다 가족끼리 걸핏하면 금전 문제로 다툰다.

부자 아빠를 자식은 돈벌레로 보고 무시한다. 자식이 아빠를 벌레로 보는지라 기다리다 지치면 미리 상속분을 달라고 요청한다.

아빠가 자식의 요구를 거절하면 싸운다. 돈이 피보다 강한 때를 맞아 부자 아빠는 돈 때문에 고민한다.

하수는 돈으로 자식을 조종하려고 죽을 때까지 돈을 쥐고 산다. 정으로 맺은 사이가 아니라 돈으로 얽힌 관계라는 말이다. 그 돈이 가족을 갈가리 찢어놓는 수도 있다.

장의차 운전기사에게 들은 이야기다. 한번은 장례를 마치고 돌아오는 버스 안에서 유산을 놓고 형제끼리 흉기를 휘둘러 인근 응급실에 들렀다고 했다. 부자 아빠가 갑자기 죽었는데 살아서 재산을 자식에게 상속하지 않아 그랬다고 한다. 형제가 돈을 한 푼이라도 더 가지려고 아빠 주검이 식기도 전에 힘겨루기를 시도한 것이다.

아빠와 자녀가 대등한 관계를 유지하면 둘 사이가 좋아진다. 아빠와 자녀가 어려운 친구처럼 서로 조심할 때 말이 통한다. 고수는 자녀와 정을 나누며 소통한다.

하수는 자녀를 무시하며 공부하라고 노래를 부른다. 아빠 눈에는 아이가 천재인데 공부를 못한다고 야단을 친다. 아이는 속으로 아빠에게 반항한다. 아빠가 아이를 잘 키우려고 어릴 때부터 공부를 강요하다 관계를 망친다. 그 자녀는 정서가 불안하여 공부를 못한다. 자존감과 정서적 안정이 공부의 기초인데 그것을 아빠가 무너뜨렸기 때문이다.

초등학교 2학년 중퇴생인 아버지는 나에게 공부하라는 말을 거의 하지 않았다. 반면에 박사인 나는 자녀들에게 수시로 공부하라고 말했다. "그렇게 공부해서 괜찮겠어?" 하며 자녀를 위협하곤 했다.

아빠가 자녀의 마음을 알아야 자녀에게 학습동기를 제대로 부여한다. 자녀는 "얌마, 이게 성적표냐?" 하는 말보다 "아들, 힘들지!" 하는 말에 감동한다.

고수는 자식에게 극약처방을 써서 공부의 길로 내몬다. 경북대 총장을 지낸 박찬석의 아빠는 자식을 산청에서 대구에 있는 중학교로 보냈다. 그 아들은 중학교 1학년 때 반에서 꼴등을 했다. 아빠에게 성적표를 그대로 보여줄 수 없어 1등으로 성적을 고쳤다. 그 아빠는 그것을 보고 돼지를 잡아 동네잔치를 벌였다. 아들은 거짓이 드러날까봐 고민하다 물에 빠져 죽으려고 하다가 공부하기로 마음을 먹었다. 공부에 몰입하여 교수를 거쳐 총장에 이른다.

그의 아들이 중학교에 갔을 때 아빠에게 과거를 고백하려 하자 "고마 해라, 민우(손자) 듣는다!"하며 말문을 막았다. 그 아빠는 아들이 성적을 위조했다는 사실을 알았지만 슬기롭게 그 허를 찔러 아들을 꼴찌에서 최고로 만들었다.

자녀의 거짓말에 아빠가 어떻게 대응하느냐에 따라 자식의 성패가 갈린다. 고수는 자녀의 언행에 슬기롭게 대처한다. 자녀의 속성을 총체적으로 파악하여 한 방으로 인생길을 잡아준다. 그로 보아 자녀교육은 아빠와 자식이 함께하는 종합예술이다. 아빠의 자녀 지휘에 따라 그 품격이 갈린다.

엄마는 임신하면서부터 자녀와 탯줄을 통해 심신으로 소통한다. 아이가 초등학교에 가면 무선 탯줄 곧 스마트폰을 연결해 자녀와 하나가 된다. 위계보다 소통을 중시하니 서로 친하게 지낸다.

아빠는 강자로서 소통보다 명령을 좋아한다. 말하는 사람이 높다고 생각하여 자식의 말을 듣지 않으려 한다. 자식을 깔보아 들을 게 없다고 생각한다. 그러면서 자식이 자기 말을 듣지 않으면 화를 낸다.

엄마와 자녀는 약자인지라 서로 공감하며 말을 주고받는다. 엄마는 아빠보다 언어를 담당하는 뇌가 발달한 데다 눈치가 빨라 상대의 감정을 잘 읽는다. 또한 자녀와 어릴 때부터 애착관계를 긴밀하게 형성하여 말을 안 해도 상통한다. 자녀와 비언어적인 도구로도 원활하게 소통한다.

고수는 자녀의 놀이문화를 이해한다. 게임은 청소년 문화라고 인정하니 자녀가 게임을 해도 크게 나무라지 않는다. 게임의 장단점을 들어 게임을 절제하도록 하니 말이 통한다.

하수는 게임이 나쁘다고 하면서 자녀가 말려도 전화선을 끊는다. 선입견에 따라 권력을 휘두른다. 자녀는 정나미가 떨어져 아빠와 말을 하지 않는다. 속으로 아빠를 증오한다. 그 반동으로 아빠 몰래 게임을 하므로 문제가 더 커진다.

수렵시대에는 아빠가 "돌격 앞으로!" 하면 자식은 그 명령을 따르면 그만이었다. 자녀가 아빠에게 따지다가 사냥감을 놓치면 함께 굶었다. 정보화시대에는 아빠가 아들에게 명령하기보다 아빠가 자녀에게 배워야 양식을 구한다. 아빠가 자녀와 친구처럼 말을 주고받을 때 생명을 부지할 수 있다.

정보화시대가 되어 자식들이 검색은 잘하는데 소통에는 서툴다. 아빠가 자식에게 명령을 일삼으니 자식들은 정보의 바다에서 자료를 찾는다. 아빠가 권위를 내려놓고 자녀와 친구가 될 때 자녀와 소통하며 상생한다. 아빠가 가부장적인 권한을 양보하고 자식과 친하게 지낼 때 가정이 흥한다.

자녀와 맞장구를 친다

– 언어 민주화에 앞장선다

"까라면 까!"
"예, 알겠습니다."

상사는 반말로 명령하고 부하는 경어로 복종한다. 졸병이 어떻게 까느냐고 물으면 장교는 그 조인트를 깐다. 무능한 상관일수록 말보다 발을 잘 쓴다. 부하를 말로 통솔하지 못하니 발을 많이 동원한다. 그런 상관일수록 하극상을 두려워한다. 그에게 심복하는 부하가 없는지라 그가 이끄는 조직은 나약하다. 위기가 오면 부하가 배신하여 무너진다. 오늘날 바람만 불어도 날아가는 모래 같은 가정이 참 많다.

한글은 세종이 백성을 말로 통치하려고 만들었다. '훈민정음'의 '훈(訓)'은 '교(敎)'보다 수직적인 어휘다. 세종은 백성을 언어로 훈계하려고 한글에 존비법을 엄격하게 갖추었다. 궁중의 안팎에서 쓰는 말을 갈랐으며, 궁궐에서도 임금과 신하의 말을 구분했다. 세종 이래 권력층은 언어로 아랫사람을 분리하고 차별하여 다스렸다.

세종을 깎아내리려는 뜻이 아니라 현실을 직시하자는 말이다. 세종은 왕조국가의 전제군주다. 그는 한글에 존비법을 강화하여 신분정책을 강력하게 펼쳤다. 군사부일체(君師父一體)라 하여 아빠에게 힘을 실어주어 아이를 말로 다스리게 했다. 그래서 아빠들은 언어 민주화를 부정하고 언어 독재화를 추구한다. 가족을 통제하려고 소통보다 명령을 좋아한다.

민주화를 외치는 운동권 아빠도 집에서는 상명하복을 숭상한다. 딸이 자기 말을 어기고 밤늦게 들어오면 화를 낸다. 딸이 따지고 들면 내 말을 들으라고 말한다. 언어 독재자로 아내마저 부하처럼 다루어 그들이 의외로 잘 갈라선다.

아빠가 민주화를 외치니 다른 가족은 아빠에게 평등을 요구한다. 가족은 기대가 높은 데 견주어 아빠는 상하질서를 붙들고 있다. 맘은 평등을 따라도 몸은 독재에 물들어 가족의 요구를 묵살한다. 다른 가족은 그에게 실망하여 같이 산다 해도 심리적으로 거리를 둔다.

하수는 자녀의 의견을 받아들이지 않는다. 옳은 말을 해도 아빠가 듣지 않으니 자녀는 입을 다문다. 하수 아래서 자란 아이는 자기 의견을 제시하지 못한다. 그 아이는 아빠 눈치를 보며 무기력하게 산다.

하수는 경청장애자요, 청취거부자다. 아이 말에는 귀를 닫으면서 아이에게 자기 말을 들으라고 한다. 직장에서는 상사에게 말을 못하면서 집에서 아이가 자기 말을 안 들으면 화를 낸다.

아빠와 아이가 공놀이를 하려면 아빠가 아이에게 공을 받기 좋게 던져야 한다. 아빠가 공을 세게 던지면 아이는 공을 받지 못한다. 아빠가 공의 높이와 세기를 아이에게 맞춰서 던져야 아이와 공을 갖고 놀 수 있다.

고수는 아이가 던지는 공을 따라가며 받아준다. 아이가 잘 던지면 칭찬하여 아이의 힘을 북돋운다. 그에 반해 하수는 아이에게 자기가 받기 좋게 공을 던지라고 주문한다. 아이는 공을 마음대로 던질 수 없는데 공을 잘못 던지면 자기 말을 따르지 않았다고 아이를 나무란다. 아이는 아빠와 같이 놀려고 하지 않는다.

아빠가 일부러 공을 아이 얼굴에 던지면 아이는 공놀이를 안 한다. 아빠는 장난이라고 하며 웃지만 아이는 놀린다고 생각하여 운다. 아이는 아빠를 믿지 않을뿐더러 미워한다. 공놀이가 추억이 아니라 상처로 남는다.

대화도 공놀이와 마찬가지다. 아빠가 아이의 말을 들어주어야 아이와 말을 주고받을 수 있다. 아빠가 아이 말에 귀를 기울이면 아이는 신나게 말한다. 아빠가 아이의 말에 맞장구를 쳐줄 때 아이는 재미있게 이야기한다. 아이와 말이 통하면 서로 친해지고, 아이는 아빠 말을 듣는다. 아빠가 자기 말을 들어주면 아이는 자신을 괜찮은 사람이라고 여긴다. 아빠에게 존중받는다고 생각하여 자존감을 갖는다. 그만큼 심신이 튼튼해져 고비를 만나도 잘 넘긴다.

고수는 어법보다 내용을 중시한다. 아이가 "아땅 줘!" 해도 "아땅이 아니라 사탕이야!"라고 바로잡지 않는다. 그냥 "응, 아땅!" 하고 맞장구를 쳐준다. 아빠가 아이에게 지금 몇 살인데 그런 발음도 제대로 못하냐고 나무라면 아이는 기분이 나빠 말을 안 한다. 아이가 아빠를 미워할 뿐만 아니라 세상에 대한 호기심을 접는다. 아빠가 자식의 학습 의욕과 소통 능력은 물론 자존감도 꺾는다. 하나를 얻으려다 열을 잃는 격이다.

발음은 다양한 근육과 복잡한 조음기관을 움직이는 작업이다. 말을 하면 신체기관이 정상이라는 뜻이니 그대로 받아주면 대부분은 자라면서 정확하게 발음한다. 육아의 8할은 기다림인데 하수는 몇 달도 기다리지 못한다. 그래서 아이와 말을 주고받지 못할뿐더러 아이의 인생 기반을 망가뜨린다.

고수는 자녀들이 편하게 말할 수 있는 분위기를 만든다. 자녀를 대화의 상대로 보고 어릴 때 대화의 기초를 마련한다. 그리하여 커서도 둘이 원활하게 대화한다. 고수는 자녀와 소통하려고 힘쓴다. 말이 통하니 여러모로 서로 배운다.

- 들어준 만큼 배운다

자녀는 아빠가 들어준 만큼 배운다. 아이는 아빠를 가르치며 스스로 학습하게 된다. 고수는 아이가 물어보면 알아도 모르는 체하며 아이에게 아빠를 가르치도록 한다. 교육은 최고의 학습인지라 그 자녀는 공부를 잘한다. 아빠를 가르치려고 공부할 뿐만 아니라 아빠를 교육하며 재미를 느끼므로 지속적으로 학습한다. 내적 동기에 따라 공부하는 것이다.

아이가 하는 말에 호응하는 일은 럭비공을 받는 것처럼 힘들다. 어디로 튈지 모르니 심신을 집중하여 말을 따라가야 한다. 아이들은 이리저리 오가며 묻는다. 고수는 그 말에 귀를 기울이고 알맞게 대응한다. 아빠가 아이와 교감하는 사이에 아이는 자란다. 아빠와 아이의 사이가 좋아지는 한편 자녀는 공부의 기초를 다진다.

"아빠는 왜 엄마보다 머리가 짧아?"

"저리 가, 아빠 신문 보잖아!"

아이는 엄마와 아빠를 견주어 보고 궁금해서 묻는데 아빠가 아이의 말을 무시한다. 아이는 아빠가 질문을 싫어한다고 여겨 그 뒤로는 의문이 생겨도 묻지 않는다. 아빠가 짜증을 내면 자기를 미워한다고 생각한다. 아빠가 자녀의 학습 의욕은 말할 것도 없고 자존감까지 훼손한다. 자녀의 인생 기반을 아빠가 무너뜨리는 셈이다.

아이는 사물을 비교하고 대조하면서 공부한다. 자기와 가까운 사람과 사물을 살피면서 세상을 배운다. 아빠가 볼 때는 쓸데없지만, 아이는 알고 싶은 게 많아 묻고 또 묻는다. 구체적인 사물을 알고 나면 추상적인 개념을 물어본다.

공부는 벽돌을 쌓듯이 단계적으로 하는 일이다. 그 계단을 놓으려고 고수는 태아에게 태담(胎談)을 들려준다. 아이가 엄마 뱃속에 있을 때부터 애착을 다지고 공부의 주춧돌을 놓는 것이다.

하수는 집에서 아이의 학습기초를 무너뜨려 놓고 아이가 학교에서 공부를 못한다고 혼낸다. 바탕도 못 다졌는데 탑을 안 쌓는다고 나무란다. 아이는 억울해도 아빠에게 혼날까 봐 참는다. 속으로는 아빠를 미워한다. 당연히 아빠와 사이가 나빠진다. 공부는 물론 인간관계도 흔들린다.

고수는 아이가 물어보면 신문을 내려놓고 자녀와 말을 주고받는다.

"왜 그럴까? 나도 모르는데 같이 알아볼까?"

모르는 사항을 사전에서 찾아본다. 인터넷보다 서적을 이용하여 자녀가 책과 친하게 지내도록 유도한다. 자녀의 궁금증을 풀어주면서 자녀를 공부의 길로 끌어들인다. 자녀와 함께 사전을 찾은 뒤에 아이의 수준에 맞게 그 내용을 풀어 준다. 아이가 초등학생이라면 본래는 남자도 머리를 길렀는데 일본이 우리나라를 지배하면서 단발령을 내려 남자들이 머리를 깎았다고 일러준다. 아이가 "단발령이 뭐야?" 하면 아는 대로 그 뜻을 말해준다. 자녀에게 새로운 낱말을 구사하여 어휘력을 늘려준다. '머리'를 놓고 자녀와 더불어 역사, 문화, 사회, 종교, 과학을 공부한다.

유대인이 막강한 까닭은 그 아빠들이 자녀교육에 뛰어나기 때문이다. 그들은 자녀에게 종교와 교육을 아울러 가르친다. 그들은 하브루타, 곧 자녀와 토론하며 공부한다. 안식일에 가족이 음식을 먹으면서 다양한 주제를 놓고 대화하며 공부한다. 그들은 아빠의 자리를 존중하되 서로 대등한 위치에서 이야기한다. 아빠가 공부하지 않으면 그 역할을 수행하기 어렵다. 유대인의 저력은 아빠가 만들어낸다.

작전회의를 하는데 장군 좌석이 따로 없어 장군이 늦게 오면 문가에 앉고, 그 옆에 음료대가 있으면 장군이 커피 심부름을 한다고 한다. 직위보다 소통을 중시하여 집단지성을 끌어낸다. 군인도 무력 못지않게 지력을 중시하는 것이다.

요즘 하브루타를 소개하는 책이 쏟아진다. 그 핵심은 부모가 권위를 내려놓고 아이와 토론하며 상호교육을 하라는 이야기다. 가정에서 토론을 하면 아빠가 평생에 공부한 내용을 총체적으로 활용하여 자녀와 더불어 학습할 수 있다.

나도 논술학원을 운영하면서 고등학생들과 치열하게 토론했다. 명색이 박사가 고등학생들에게 쩔쩔 맸다. 수재들은 토론하면서 자기 지식을 드러내니 좋아했다. 나는 그들에게 맞장구를 쳐주면서 돈을 벌고 성장했다.

한 학생은 중학교 2학년 때부터 학원에 나와 고3에 이르자 내가 그 때문에 수업을 하기 힘들었다. 내가 우스개를 하려고 해도 그가 먼저 꺼낼 정도였다. 그를 따로 불러 더 이상 가르칠 거리가 없으니 그만 나오면 어떠냐고 하자 그는 하산명령을 어겼다. 놀더라도 여기에 와서 놀겠다고 했다. 그만큼 그는 수재들과 겨루면서 공부하는 것을 즐겼다.

고수는 아이의 말을 오감으로 듣는다. 언어를 여러 감각기관으로 받아들여 그 의미를 정확하게 파악한다. 아빠가 표정과 어투를 동원하여 아이와 말을 주고받으면 자녀는 여러 감각기관을 사용하는 힘을 기르게 된다. 아빠와 아이가 여러 감각으로 소통하는 사이에 아빠는 아이의 잠재능력을 이끌어 낸다. 그러면 아이의 학습과 진로를 도울 수 있다.

아이의 말을 알아들으려면 아빠가 아이처럼 유치해져야 한다. 아울러 적극성과 인내심도 있어야 한다. 아이의 말을 듣는 사이에 아이가 세상을 배우니 참을 만하다. 아이의 말에 귀를 기울이면 아이의 자긍심도 자라므로 보람찬 일이다.

하수는 아이가 유치원에서 돌아와 "아빠 있잖아!" 하며 말을 꺼내면 "이따가 말해!" 하고 말을 자른다. 아이는 유치원에서 겪은 일을 중시하는데 아빠는 그것을 하찮게 여긴다. 아이에게는 유치원이 삶의 터전이요, 거기에서 일어난 일이 인생의 전부다. 아빠가 그 일을 무시하면 아이는 세상에 내 말을 들어줄 사람이 없다고 생각한다. 아빠와 세상을 부정적으로 인식하여 '세상 참, 살기 힘들구나!'하고 생각한다.

고수는 아이가 무슨 말을 하든 "그렇구나!" 하며 호응한다. "아빠, 있잖아" 하면 "응, 뭔데? 하고 다가선다. 그런 아빠 아래서 자란 자녀는 사춘기에도 아빠와 대화를 잘한다. 아빠가 자녀의 애로를 이해하니 자녀가 신나게 말한다.

고수는 자녀의 인생을 단정하지 않는다. 아이가 시원찮아도 될성부른 나무는 떡잎부터 안다고 말하지 않는다. 인생에는 변수가 많은 까닭에 성인이 되어도 꿈을 믿어 준다.

고수는 자녀가 고민을 말하면 공감하며 들어준다. 아빠가 볼 때는 아무것도 아닌 말도 호응하며 들어준다. 사람에 따라 고민은 다르기 때문이다.

아빠가 자식을 믿지 않으면 자녀는 스스로를 못 믿는다. 자신을 못 믿으면 무슨 일을 하다가 고비를 맞아 그만두기 일쑤다. 일을 마무리하지 못하니 살면서 괜찮은 성과를 내기 힘들다. 아니, 업적을 내려고 도전하지도 못한다.

- 자녀와 맞장구를 치며 논다

아빠가 퇴근한 뒤 집에서 하는 말은 세 마디라고 한다.
"애기는?"
"밥 먹자!"
"자자."
집에서 저녁밥을 먹는 아빠라면 고수일 텐데 엄마에게 세 마디 던지고 만다. 아이와는 한마디도 안 한다. 남자는 입이 무거워야 한다고 믿어 딸이 "아빠앙!" 하고 아양을 떨어도 "바라는 게 뭐야?" 하고 용건만 묻는다. 딸도 썰렁해서 더 말을 안 한다.
하수는 아이가 자랑을 하면 다른 아이와 비교하여 아이의 콧대를 꺾는다.
"아빠, 나 백 점 맞았다!"
"아들, 장하네."
"아빠를 닮았나 봐!"
"당근이지, 순돌이는 몇 점인데?"
"백 점"
"문제가 쉬웠나 보네."

"…"

"반에서 누가 1등이야?"

"몰라!"

아들은 다시는 아빠에게 시험 이야기를 안 한다. 단짝 이름도 모르면서 1등이 누구냐고 물으니 어이가 없다. 하수는 칭찬보다 비교를 잘한다. 그나마 비교의 대상이 높다. 자녀가 백 점 맞은 과목을 말하면 전체 1등을 확인한다.

아이들은 부모에게 1등을 선물하고 싶다. 부모들이 자녀에게 1등을 강조하기 때문이다. 문제는 반에서 1등을 하면 학교에서 수석을 하기 바라니 부모의 욕망을 만족시킬 수 없다는 데 있다.

고수는 고등학생 자녀와 대화하며 진로를 함께 탐색한다.

"야, 그림 잘 그렸네."

"아빠 아들이니까."

"말풍선에 멋진 이야기를 넣으면 좋겠는데…"

"그게 그림보다 더 어려워."

"그러니까 책을 읽어야지."

"아는데 잘 안 돼."

"되는 길이 뭘까?"

고수는 만화가가 되려는 아들에게 그림은 물론 이야기를 잘해야 한다고 일러준다. 만화가는 그림만 잘 그리면 된다는 생각을 교정해준다. 고등학생이 되기 전에 그런 사실을 깨닫게 한다. 자녀의 그림을 칭찬하면서 스토리의 중요성을 이야기한다. 아울러 자녀와 함께 독서한다.

고수는 자녀의 문화를 존중한다. 만화를 예술로 인정하여 포부를 실현할 방안을 모색한다. 고수는 자녀가 스스로 길을 찾으면 갈수록 저력을 발휘한다는 사실을 안다. 그래서 자녀가 가는 대로 놓아둔다.

산업화시대를 향유한 아빠가 정보화시대를 살아가는 자녀에게 진로지도를 하기 어렵다. 고수는 자녀가 진로를 탐색하는 단계에서 취업하는 시점까지 자녀와 함께 공부한다. 새로운 직업세계를 공부한다는 자세로 진로를 알아본다.

고수는 자녀가 스스로 진로를 선택하고 책임지도록 한다. 자녀가 웹툰에 빠져 공부를 소홀히 해도 놀라지 않는다. 자녀처럼 만화를 예술로 여긴다. 자녀가 대학에 안 간다고 해도 이해한다. 『미생』의 작가 윤태호는 대학을 나오지 않았으나 대학교수가 되었다는 사실을 아는 까닭이다.

하수는 아이에게 주말에 전시회에 가자고 했다가 일방적으로 약속을 깬다. 그러면 아이는 아빠를 믿지 않는다. 아빠는 형편이 있어 약속을 못 지켰다고 생각하지만, 자녀는 아빠가 자신을 무시했다고 생각한다. 아이는 자기 중심적이라 아빠가 사정을 설명해도 아빠를 불신한다.

고수는 손해를 보면서도 약속을 지킨다. 엄마가 아이의 마음을 잠시 돌리려고 한 말도 지킨다. 증자(曾子)가 시장에 따라가려고 하자 그 엄마가 집에 있으면 돼지를 잡아주겠다고 달랜 뒤에 시장에 갔다. 시장에 다녀와 그 아빠가 돼지를 잡으려고 했다. 엄마가 놀라서 말리니 아빠가 말하기를 아이와 한 약속은 지켜야 한다고 하였다. 아이의 믿음을 얻으려는 전략이다. 증자는 좋은 아빠를 만나 거인이 된 셈이다.

하수는 아이와 체결한 약속을 어겨 신뢰를 훼손한다. 믿음을 얻으려면 오래 걸리는 데 견주어 십 년을 쌓은 믿음도 하루면 잃는다. 아이와 기초신뢰(basic trust)를 쌓지 않고, 아이와 약속한 것을 지키지 않으면 아이는 아빠를 불신한다.

아빠가 자녀의 마음을 이해할 때 자녀가 말을 한다. 고수는 자녀를 알려고 노력하니 자녀와 말이 통한다. 그는 형식보다 내용을 중시하며, 아이 말을 들으려고 입을 닫고 귀는 연다. 아이의 말허리를 자르지 않고 말을 끝까지 들어준다. 그래야 아이가 자신감과 자존감을 키운다고 보기 때문이다. 그 아이는 총체적인 능력을 길러 꿈을 이룬다.

자녀와 여러모로 통한다

- 함께 일하며 이야기한다

"열심히 일한 당신, 떠나라!"

현대카드에서 내보내던 광고 카피다. 그렇다. 여행은 일한 뒤에 떠나야 많이 얻는다. 사람은 경험과 지식을 넘어 생각하기 힘들다. 일해서 돈을 벌고, 지식을 갖춘 뒤에 여행을 떠나야 사고력과 실천력을 기른다. 서구적 안목을 교정하고 유럽을 여행할 때 현실을 직시한다. 서양문화의 세례를 받은 데다 서양을 선망하는 안목을 지니고 유럽으로 가니 견문을 승화하지 못한다. 오히려 환상을 키워오기 일쑤다.

여러 일을 하고 나서 세계를 누빈 한비야는 여행가로 태어났다. 많은 직장에서 돈을 벌어 여행을 가서 외국에서 일거리를 찾아왔다. 그는 지금 약자를 돕고 사람에게 꿈을 준다. 지식과 경험이 다양한 데다 그것을 잘 팔아 스타가 되었다. 일시적인 자기 만족에

그치는 여행자와 품격이 다르다.

한비야는 아빠 덕분에 세계를 혼자 돌아다녔다. 그 아빠는 기자였는데 딸에게 세계지도를 사주고, 수시로 딸과 함께 등산을 했다. 그는 세계를 열망하는 한편 돈을 벌면서 체력도 길렀다. 세계에 대해 공부한 다음에 직장에 사표를 던지고 여행을 떠났다. 그 지식과 경험을 바탕으로 길을 만들었다. 통찰력이 있어 여행을 남다르게 승화한 것이다.

아빠 돈을 들고 해외에 가면 놀고 오기 십상이다. 부모의 굴레를 벗어나 유혹에 빠지기 쉽다. 갓난아이 때부터 배운 서양 프레임에 따라 여행을 하니 일상에 들어서면 허전하다. 취업은 재미가 없는데 여행은 신이 나는지라 다시 떠날 궁리를 한다. 아빠는 외국을 다니며 야망을 키우라고 투자하는데 자식은 제 돈이 아니라고 그 뜻을 저버린다.

올해 초에 운이 첫 성과급을 받았다고 했다. 아내가 그 돈으로 학자금을 갚으라고 하자 쓸데가 있다고 하였다. 큰돈을 어디에 쓰려고 하느냐고 물으니 여행을 간다고 하였다. 운이 대학에 다니는 동안 내가 경제 활동을 접어 해외 연수는커녕 해외 여행도 못 보냈다. 자식이 돈을 벌어 여행을 간다고 하는데도 절반은 학자금을 갚고 나머지로 여행을 가면 어떠냐고 제안했다. 운은 그 말에 따라 아내의 학자금 상환을 도왔다. 그 바람에 유럽 대신 일본을 여행했다.

누구의 돈으로 여행을 하느냐에 따라 눈과 발이 달라진다. 무엇보다 마음이 바뀐다. 자기 돈으로 여행할 때 많이 배운다. 젊은이들은 부모에 견주어 해외여행을 많이 하지만, 여행을 진로와 연결하지 못한다. 서양을 많이 돌아다녀도 서구적 도전정신을 체득하지 않는다. 여행을 하며 자신을 혁신하지 못하고 부모의 돈을 축내기도 한다.

우리는 문화사대주의에 젖어 신윤복의 미인도는 몰라도 레오나르도 다 빈치의 모나리자는 잘 안다. 그래서 유럽으로 나가 루브르 박물관 앞에서 인증 사진을 올린다. 미인도를 모르는 사람도 거리낌 없이 모나리자와 데이트를 즐긴다.

나는 유럽에 가서 모나리자를 못 보았으나 경남 의령에 들러 이병철 생가의 곳간은 보았다. 이병철은 열심히 일한 뒤에 일본에 가서 산업 동향을 보고 일거리를 찾아왔다. 그 나이 73세에 사돈 기업 LG에서 전자사업을 하고 있었는데도 반도체 사업에 뛰어들었다. 그게 바로 삼성전자의 출범이다.

나는 이병철 생가에서 조금 떨어진 LG와 GS 창업주 생가도 살폈다. 이병철의 집을 빼고는 방문객이 거의 없었다. 나는 한국에서 기업을 일으킨 아빠들을 외국 예술가보다 더 좋아하여 그 자취를 더듬었다.

젊은이들은 서구 문명에 사족을 못 쓴다. 스타벅스가 진출한 75개국 가운데 미국, 중국, 일본, 캐나다, 한국에서 매출이 1조 원을 넘는다. 인구와 경제에 대비하면 한국이 압도적인 1위다. 그 소비의 60% 이상을 20~30대 여성이 차지한다. 그들이 해외 여행을 열망하고 외국인을 선호하는 것은 물론이다. 세상에서 가장 막기 어려운 일이 해외에 다녀온 여자의 입이라고 말할 정도다. 그 눈이 서양에 치우쳐 있고 지식과 경험이 얕아 들을 내용이 적다.

어릴 때부터 우리는 가정과 학교에서 서양 문화를 표준으로 삼아 외국 문물을 주체적이고 비판적으로 수용하지 못한다. 그 책임을 아빠가 져야 한다. 아빠가 자녀에게 우리 문화를 가르치지 않고 주체성을 심어주지 않았기 때문이다. 그에 따라 아이들이 현실을 몰라 삶을 망치기도 한다.

작년 보이스 피싱의 74%를 20~30대 여성이 당했다. 같은 연령대 남성의 열 배쯤이다. 현실을 모르니 사기꾼의 유혹과 협박에 넘어간다. 몇 년 고생하며 모은 결혼비용을 날린 여성도 많다. 외국보다 한국부터 똑바로 보아야 비극을 당하지 않는다. 고수는 딸에게 한국 현실을 직시하도록 한다. 환상적인 낚시에 걸리지 않도록 시력을 길러준다.

삶은 여행이 아니라 일이다. 여행은 일한 뒤에 휴식하고 충전하는 과정이다. 일도 안 해보고 떠나면 여행하기 전에 며칠 설렌 기억뿐 공항에 내리면 남는 게 없다.

일이 주연이요, 여행은 조연이다. 먹고살기 힘들 때는 일하면서 쉬고, 쉬면서 일을 준비했다. 그러다 보니 가까운 곳으로 가족소풍만 다녀와도 활력을 되찾았다.

나는 아버지와 함께 일한 적은 많으나 같이 여행한 경우는 거의 없다. 여름에 가족이 물놀이 몇 번 다녀온 추억이 있을 뿐이다. 고등학교에 다니면서도 농사철에는 학교에서 집에 오자마자 논밭에 나가 일했다. 일하면서 공부가 일보다 쉽다는 사실을 깨달았다. 열매는 심고 가꾼 대로 거둔다는 사실도 알았다. 그런 까닭에 여행보다 수십 배는 힘든 직업전환을 여러 차례 감행했다.

나는 공무원과 자영업, 정규직과 비정규직, 조직원과 프리랜서를 넘나들었다. 그런 일을 하며 얻은 지식과 경험을 바탕으로 자녀와 진로를 놓고 이야기한다. 자녀와 더불어 일하면서 삶을 말한다. 인생 여행을 자녀와 함께하는 셈이다.

진이 제대하고 복학하기 전에 나와 함께 수박, 사과 등을 가꿨다. 복학하면 농촌에서 일할 기회가 적을 테니 조상이 해온 일을 같이 해보자는 뜻이었다. 부자가 함께 사과를 솎으면서 선택과 집중을 배울뿐더러 인생 원리를 터득했다. 둘이 일하면서 도시에서 퇴화한 오감을 살려 딱따구리 소리, 뻐꾸기 소리를 들었다. 저녁에는 소쩍새 소리에 귀를 기울였다. 암수가 짝을 찾아 유전자를 남기려는 섭리를 확인했다. 나는 촌놈의 주특기를 살려 자녀와 이야기를 나눴다.

자녀와 함께 일하면 자녀가 아빠의 직업을 이해하게 되고 다른 사람과 더불어 일하는 이치도 안다. 아울러 자식이 일머리를 배워 목표와 계획을 실행하는 능력도 익힌다. 그리고 나서 여행하면 현실을 바탕으로 견문을 확장하게 된다.

하수는 자녀에게 자기 직업을 말하지 않는다. 그 자녀는 아빠가 무슨 일을 하는지 모른다. 그 아빠는 아이들을 위해 힘들게 일하고도 자녀에게 인정받지 못한다. 자녀가 "아빠 직장은 괜찮아?" 하고 물으면 "내 걱정 말고 넌 공부나 잘해!" 하고 말한다. 그 자녀는 아빠의 직업을 모를뿐더러 아빠를 창피하게 생각한다.

아빠가 자녀와 같이 일하면 서로를 이해하여 말이 통한다. 아빠가 제과점을 한다면 빵 하나를 놓고 그와 얽힌 분야를 이야기할 수 있다. 빵에는 앙꼬뿐 아니라 경제, 정치, 언어, 역사, 사회, 문화도 들어 있기 때문이다. 아빠가 자기 직업에 의미를 부여하면 더욱 좋다. 그럴 때 자녀는 아빠의 일을 도우면서 학교공부 못지않은 인생 학습을 하게 된다.

하수는 며칠 다녀온 유럽에 대해 몇 년 동안 이야기한다. 정작 수십 년 살아온 한국에 대해서는 몇 분도 말하지 못한다. 어떤 한국 음악도가 이탈리아로 유학을 갔다. 교수가 그에게 한국음악의 특징에 대해 말해보라고 했다. 그 학생이 모른다고 하자 교수는 그럼 학교에서 무얼 배웠느냐고 물었다. 서양음악을 배웠다고 이야기하니 그럼 서양음악에 대해 말해보라고 했다. 그 학생이 입을 열지 못하니까 교수와 학생들이 웃었다. 공부했다고 해놓고 무엇을 배웠는지 말하지 못하니 비웃은 것이다.

그런 유학생도 한국에 들어오면 이태리 가곡을 부른다. 한국에 오면 다시 한국인이 두려워서다. 사람들은 곡도 말도 모르니 그런 음악발표회에 가지 않는다. 그런 간판이 한국에서는 그런대로 통한다. 그들이 대학에서 자리를 잡으니 강단 음악이 부실해진다.

이제 유학파를 두려워할 일이 아니다. 국제적인 인물 반기문도 국내에서 한 방에 쓰러졌다. 그는 검증을 시작하기도 전에 꼬리를 내렸다. 한국과 정치를 몰라 며칠 헤매다 추락했다. 어떤 분야에서든 국제파도 제 발로 서지 못하면 동네에서도 자리를 못 잡는다.

- 여러 길로 자녀에게 다가선다

아이에게는 자기가 좋아하면 자기 것이고, 자기 손으로 잡으면 제 소유다. 그래서 다른 아이 장난감도 제 마음대로 하려고 하다 그 아이와 싸운다. 아빠가 아이와 놀면서 자녀에게 소유 개념을 알려주면 다른 아이와 사이좋게 논다.

하수는 자기 아이가 다른 아이의 장난감을 달라고 울면 다른 아이한테 자기 아이에게 장난감을 양보하라고 한다. 아이가 떼를 쓰면 누구의 것이든 자기 아이에게 준다. 그 아이는 떼를 쓰면 어떤 것이든 마음대로 할 수 있다는 인식을 갖는다. 이른바 '떼법'을 심신에 장착한다. 어릴 때 형성한 떼법은 헌법보다 강하다. 그 아이가 자라서 아빠 말을 듣지 않는 것은 말할 것도 없다.

아빠가 자녀와 약속한 대로 놀면 자녀와 친해질뿐더러 사회성도 익힐 수 있다. 아빠와 놀아본 아이는 밖에서 다른 애들과 함께 잘 어울린다. 다른 아이와 놀면서 규칙을 지키며 친분을 쌓는다. 아이와 노는 시간이 부족하다고 아빠가 아이 하는 대로 놓아두면 아이의 버릇이 나빠진다.

교육업체 윤선생에 따르면 아빠의 절반이 육아에 참여한다. 바빠서 육아에 불참하는 아빠가 많으며, 참여하는 아빠도 일주일에 두 시간쯤을 육아에 할애한다. 우석훈은 한국 남자의 육아 참여율이 16%라고 했다. 선진국의 절반 이하라 한다. 육아에 적극 참여하는 아빠가 적다는 말이다.

고수가 되려면 집에서 아이와 함께하는 시간부터 늘려야 한다. 아빠는 피곤하여 집에 오면 쉬려고 한다. 아빠들은 놀이와 여행을 중시하지만 일에 지쳐 주말에도 움직이지 않으려 한다. 어쩌다 아이와 함께 외출을 해도 자기 마음대로 하려고 한다. 그 자녀는 중학생이 되면 아빠와 따로 놀려고 한다.

고수는 자녀의 주도성을 살려주려고 여행 계획을 자녀에게 맡긴다. 지금 중학교에서는 자유 학기제를 실시하여 자기주도적인 학습이 중요하다. 아빠가 자녀에게 여행의 주도권을 넘기면 자녀는 여행을 학교 교육과 연계하는 셈이다. 아이가 여행을 주관해보면 실행력과 책임감이 생긴다. 여행할 때 자녀에게 식당을 찾고 메뉴를 고르게 하면 자녀가 선택하고 책임지는 힘을 기를 수 있다.

가족이 함께 문화를 향유하면 소통의 길이 생긴다. 언젠가 우리 부부는 운과 함께 '혹성탈출'을 보았다. 엄마가 운에게 "우리 영화나 볼까?" 했는데 운이 그 제안을 수용했다. 나는 영화를 거의 안 보는데 그때는 화목을 도모하려 영화를 보러 갔다. 나와 아내가 영화를 보며 대화를 많이 했더니 운이 밖에 나와 영화를 보면서 왜 그리 말을 많이 하느냐고 했다. 부모의 관람태도가 마음에 안 들었다는 뜻이다. 그 의사를 존중하는 의미에서 아무 대꾸도 하지 않았다. 그래야 다음에 함께 문화를 향유하리라 여긴 것이다.

자녀와 함께 공부해도 소통하는 데 도움이 된다. 나는 두 아들과 함께 공부하며 삶을 개척했다. 운은 나와 함께 국어공부를 하였으며, 나와 함께 원서를 내서 괜찮은 대학에 들어갔다. 진은 나와 국어와 영어는 물론 논술도 함께 공부했고, 수시 원서를 고려대에 질러 합격했다. 두 아들의 결정적 시기에 같이 공부하여 자녀를 지원했다. 국어와 논술에는 다양한 내용이 나와 그것을 놓고 대화하기도 했다.

아빠와 자녀 사이에는 소통경로가 많을수록 서로 잘 통한다. 두 아들과 나는 자취 생활이 겹친다. 아들이 자취하는 서울에 가서 이런저런 대화를 나눈다. 나도 자취하며 대학에 다닌 터라 공감할 일이 많은 까닭이다.

불편한 길로 자녀에게 다가가면 자녀와 가까워진다. 그런 점에서 전화나 문자보다 편지가 유용한 통로다. 나는 아들에게 하고 싶은 말이 있을 때는 편지를 보냈다. 편지로는 차분한 마음을 자녀에게 전할 수 있다. 답장은 거의 못 받아도 그 울림은 이메일보다 크다. 이메일은 사색하고 확인하는 과정이 짧은 데다 수많은 이메일과 섞여 그 가치가 떨어진다. 또한 즉흥적인 반응을 기반으로 하여 사고력을 저하시킨다. 그런 점에서 편지는 매력적인 소통 수단이다.

이메일도 남다르게 쓰면 소통에 기여한다. 어떤 아빠는 한 주에 한 번씩 자녀들에게 보낸 이메일을 출력하여 책으로 만들어 자녀들에게 나눠주었다. 그는 자녀와 특별하게 소통하려고 정성을 쏟는다. 이메일을 출력해서 책으로 제본하려고 의도한 터라 편지 못지않게 정성스럽게 쓴다.

하수는 자녀가 긴급 신호를 보내도 알아듣지 못한다. 자녀가 "아빠, 그동안 고마웠습니다" 하는 말을 듣고 '얘가 이제야 철이 들었구나!' 하며 좋아한다. 자녀가 극단적인 선택을 한 뒤에 그 말이 구조요청인 줄 안다. 아들은 아빠가 SOS를 못 알아들으니 세상에 믿을 사람이 아무도 없다고 하면서 목숨을 버린다. 아빠에게 그런 구조 요청도 안 하는 아이가 많다. 아빠와 평소에 소통한 적이 적어 자기 말을 알아듣지 못한다고 생각하는 것이다.

자살하면서 열에 여덟은 유언을 남기지 않는다. 그 둘도 대부분 엄마에게 유언을 남긴다. 그들은 마지막으로 말하고 싶은 사람으로 아빠를 떠올리지 않는다. 평소에 말이 통하지 않아 죽을 때도 아빠에게는 할 말이 없기 때문이다.

아빠는 자녀가 수학여행에서 무사히 돌아온 사실을 확인하면 그만이지만, 엄마는 그 이야기를 몇 달간 한다. 엄마는 자녀가 여행하는 동안에도 서로 영상 통화를 하며 화제를 축적한다. 돌아오면 그것을 보며 이야기한다. 본래 한 몸이었기에 분리가 된 뒤에도 여러 길을 통해 정을 나눈다.

고수는 엄마에게 자녀와 소통하는 방법을 배운다. 사소한 일을 놓고 아이와 수다를 떨며 논다. 따로 불러 대화하자고 하면 경계하니 아이가 좋아하는 이야기를 하면 된다. 그 아빠는 자녀와 어릴 때부터 소통의 바탕을 쌓아서 성장한 자녀와도 잘 통한다. 그 아이는 소통 능력이 뛰어나 다른 아이와 잘 어울린다.

소통은 관심이다. 마음이 없으면 수십 년을 같이 살아도 서로 아는 게 없어 먹통이 된다. 한 조사에서 결혼생활을 2개월, 2년, 20년 동안 영위한 부부의 상호이해도를 분석했다. 결과는 두 달짜리

신혼부부가 서로를 가장 잘 알았다. 그들은 배우자와 점심은 무엇을 먹고, 오늘은 누구를 만났는지 수시로 연락을 주고받았기 때문이다. 20년 동안 함께한 짝들은 서로 관심이 적어 소 닭 보듯 하고 산다. 이해도가 높을수록 소통이 원활한 것은 물론이다.

아빠가 자식을 알려고 하지 않으니 할 말이 없다. 체면을 지키려고 자기 고민을 자식에게 말하지 않으니 자식도 아빠에게 힘들다고 말하지 않는다.

나는 자식에게 되도록 투명하게 현실을 개방하여 동고동락하려고 했다. 집안 걱정하느라 공부에 지장을 주지 않도록 하는 한도에서 가정의 사정을 알렸다. 두 아들이 고등학교에 들어간 뒤로는 가정 형편이 어려우면 힘들다고 말했다.

고수는 자녀와 두루 통한다. 아빠가 자녀의 뜻을 받들기 때문이다. 평소에 소통하니 자녀가 긴급할 때 아빠에게 구원 신호를 보내면 고수는 그 뜻을 안다. 여러 길로 통하는지라 말을 안 해도 알아듣는다.

- 통해야 함께 산다

나는 군대에서 대대 무전병으로 복무했다. 연대와 중대를 잇는 일이다. FM 무전기는 장애물이 있거나 거리가 멀면 통하기 힘들다. 잡음이 많으면 상대의 말이 B인지 C인지 구분할 수 없다. 그러면 "부라보!", "챠리!"를 외쳐 B와 C를 구분했다. 그마저 안 들리면 중개소를 거쳐 소통했다. 중개를 거치면 직통보다 전달력이 떨어졌으나 다른 길이 없었다.

한번은 한미연합훈련을 마치고 부대로 복귀하다 미군 차와 우리 부대 차가 충돌했다. 강원도 홍천이라 우리가 주둔하는 인제와 가까웠다. 그러나 무전기를 메고 이리저리 뛰어다녀도 전파가 잡히지 않아 부대와 통할 수 없었다.

현장에 도착한 미군 헌병 책임자는 여군 중위였는데 그는 차량 무전기로 미국에 있는 사단본부와 연락하며 사건을 처리했다. 그 여군은 중개소를 통해서도 연대본부와 연락하지 못하는 나를 안타깝게 바라보았다. 35년이 넘었는데 그 중위의 눈길을 생각하면 지금도 얼굴이 달아오른다.

무전기도 주파수가 맞고 전파가 도달해야 서로 통하듯 아빠와 자녀도 맘과 말이 맞아야 상통한다. 아빠와 아들은 엄마의 중개를 거쳐야 겨우 소통한다. 아빠에게 고민을 이야기하는 아들이 1% 안팎이다. 우습게도 아빠의 60%는 아들이 자기에게 고민을 말할 줄 안다. 아빠와 아들의 인식 차이가 60배나 난다. 맘이 이렇게 다르니 말이 안 통한다.

하수는 자녀에게 코드를 맞출 생각을 안 하고 자녀가 자기 말을 알아듣기 바란다. 그래서 아빠와 자녀 사이가 먹통이 된다. 무전기와 달리 사람은 살아 있어 수시로 상황이 변하는데 아빠는 변화를 거부하여 통신을 두절시킨다. 상황을 악화시켜 서로 원수가 되기도 한다.

밖에서 다른 사람과 잘 통하는 아빠도 집에서는 자녀와 부딪치는 경우가 많다. 남에게는 주파수를 맞추는 데 견주어 자녀에게는 자기에게 코드를 맞추라고 강요하기 때문이다. 하수는 밖에서 천사처럼 살다가 집에서는 악마로 군림한다. 자녀가 자기 말을 안 들으면 불같이 화를 내며 밖에서 받은 스트레스를 자녀에게 쏟는다. 강자에겐 순종하고 약자에게는 군림하는 것이다.

한철이는 술을 마시면 자녀를 세워놓고 잔소리를 했다. 아내가 그러지 말라고 하면 아내를 때리고 물건을 부수곤 했다. 자녀들이 고등학교에 들어간 뒤에도 아빠가 술주정을 하자 큰아들이 야구 방망이를 들고 "아빠, 무엇을 부숴 드릴까요?"하고 물었다. 돌아보니 독 안에 든 쥐였다. 다른 가족 넷이 모두 적군이었다. 전황을 파악한 그는 아들에게 "잘못했다"고 말했다. 자녀가 용기를 내서 아빠의 술버릇을 고쳤다. 아빠는 아들 셋이 모두 엄마 편이 되었다는 사실을 직감하고 항복한 것이다.

아들과 부딪쳤다면 집안에 전쟁이 일어났을지 몰랐다. 그는 자기 잘못을 깨닫고 아들에게 미안하다고 사과했다. 군인답게 전세가 불리하자 손을 들었다. 그는 야구 방망이가 물건이 아니라 자기를 겨냥했다고 생각했다. 자존심에 상처를 입었으나 휴전하여 같이 사는 길을 찾았다. 그 순간 그도 부모에게 맞고 자란 시절이 주마등처럼 스쳤다. '장군도 자식은 못 이긴다'는 군대 우스개도 떠올랐다. 옛날 같았으면 집안을 뒤집었을 텐데 전세 따라 꼬리를 내렸다.

그는 부사관으로 집에서 아이를 군대식으로 다루곤 했다. 아이들에게 차려 자세를 시켜놓고 일장훈시를 하다가 자녀가 움직이면

군기가 빠졌다고 하면서 때렸다. 엄마가 말리면 두들겨 패고 살림을 때려 부쉈다. 엄마는 자식 때문에 이를 악물고 참았다. 그런 아빠가 아들에게 기습을 당했다. 다른 가족이 힘을 합하면 아빠에게 맞설 만하다고 생각하여 큰아들이 총대를 멘 것이다.

그 동안 힘이 없어 누구도 아빠에게 반항하지 못했다. 가족들은 군대 같은 집에서 벗어날 궁리를 했다. 세 아들은 속으로 분노를 키웠는데 마침내 넷이 합동작전을 펴서 아빠를 힘으로 제압했다. 제 편으로 알았던 아들에게 반역을 당했다.

한철이는 자녀교육에서 임전무퇴를 고수했다. 자식에게 밀린다는 생각은 꿈에도 안 했다. 그 항복은 의외였다. 새로 부임한 연대장이 진짜 군인은 집에서는 지고 전장에서 이긴다는 말을 떠올리며 투항했다.

아빠와 자녀들은 그 동안 못한 이야기를 했다. 아빠는 강한 체하던 모습을 버리고 약한 속내를 드러냈다. 그는 부모에게 맞으며 자랐고, 군대에서는 상명하복에 따라 살았다. 부사관이라 장교에게 불만이 많았다. 하나에서 열까지 계급으로 차별하는 게 싫어 아들에게 장교가 되라고 노래했다. 애들끼리 싸워도 계급이 깡패라 시비를 떠나 부사관이 장교에게 굽혀야 했다. 자존심이 너무 상해서 자녀에게 자기 기대를 이루어달라고 군대식으로 압박했던 것이다. 군대에 온 사병들이 예전 같지 않다는 것을 느끼던 차에 일이 터졌다.

엄마가 부모교육에 대한 책을 권하자 한철이는 그것을 읽었다. 그리고 좋은 아빠가 되려고 애썼다. 아들에게 충격을 받아 아내의 요구를 따랐다. 그는 아이들에게 잘못했다고 사과한 뒤에 군대에서 열심히 일해 원사가 되었다. 부하들 의견을 들어가며 근무한 덕분이다. 가족끼리 말이 통하자 자녀들이 안심하고 공부하여 가정이 화목해졌다.

고수는 자녀가 자신을 비판해도 화내지 않는다. 아이를 대화의 상대로 여겨 자녀가 무슨 말을 해도 화를 내지 않는다. 그 자녀는 아빠의 눈치를 살피지 않고 이야기한다. 자연히 자녀와 사이가 좋아진다.

가족끼리 말이 통하면 가족이 행복하다. 형식을 떠나 말이 통하면 가족이 행복하게 산다. 말이 시원하게 흐르니 가족 사이에 갈등은 줄고 얼굴에 생기가 돈다.

화를 말로 드러낸다

- 왜 화를 말로 못 푸는가

"아빠, 오늘 차표 없대."
"그러니까 어제 사라고 했잖아!"
"어제는 돈이 모자랄까 봐 그랬어."
"그래도 표부터 사놓고 놀아야지."
"대전으로 돌아갈까?"
"아니, 광주로 가서 타! 차 탈 때 전화하고!"
곁에서 내 말을 듣던 안사람이 한마디 던졌다.
"아이고, 옆에 있으면 큰일 나겠네."
"화 안 내게 됐어, 표를 예매하라고 했는데 말을 안 듣잖아."

진이 군복무할 때의 이야기다. 첫휴가를 나와 첫날은 선임병과 부산에서 놀고, 다음 날 집으로 온다고 하였다. 나는 진에게 주말에는 차표가 매진되니까 승차권을 미리 사놓으라고 말했다. 그런

데 이튿날 점심때가 한참 지나 전화하면서 차표가 없다고 하여 화를 냈다.

주말에 진에게 면회하러 가면서 버스표를 미리 사놓지 않아 애를 먹은 적이 있다. 그래서 진에게 주말에는 승차권을 예매해야 한다고 말했다. 그 말을 안 들어 화가 났다. 휴가를 나와 바로 집에 오지 않은 데다 전화를 늦게 하여 성을 냈다. 졸병이라 고참의 요구에 따랐을 텐데 내 생각대로 나무랐다. 마음이 평안할 때는 자식을 친구처럼 여기다가 내 말을 거스르면 분노한다.

나는 역시 보통 아빠다. 아빠노릇을 오래 했으며, 화를 말로 풀어야 한다고 생각하면서도 작은 일에 성질을 부렸다. 머리로는 아는데 몸이 말을 듣지 않아 나도 모르게 분노하곤 한다. 상황에 따라 무의식적으로 반응하는 정서 체계를 의식적으로 제어하지 못한다. 분노표출 체계가 신체작동 기제보다 빠르고 강하기 때문이다.

어릴 때는 남자도 여자처럼 여러 감정을 느낀다. 남자는 여자보다 사회생활을 많이 하는 터라 클수록 감정을 절제한다. 사회에 적응하다 보면 남자에게는 분노와 수치만 남는다. 그 가운데 수치는 숨기고 분노를 표출한다. 한국은 집단과 계급으로 작동하는 곳이라 남자는 질서를 잡으려고 분노를 애용한다. 실제로 분노를 못 참아 범죄를 일으키는 사람은 거의 모두 남자다.

남자는 화장실에서 소변을 보다 '남자가 흘려서 안 되는 것은 눈물만이 아닙니다'라는 표어를 보게 된다. 세상의 요구대로 남자는 감정을 억제한다. 인내가 한계를 넘으면 그 감정을 한꺼번에 터뜨린다. 남자가 즐겨 표출하는 감정이 분노인지라 축적한 감정을 분노로 전환하여 일시에 쏟아낸다.

하수는 밖에서 쌓은 감정을 안에서 가족에게 분노로 발산한다. 종로에서 뺨 맞고 한강에서 눈 흘기는 격이다. 가족 가운데 연약한 자녀가 분노의 표적이다. 아빠는 그런 식으로 부정적인 분노표출 방식을 자식에게 대물림한다. 자녀는 아빠에게 분노의 효용을 배워 그 후손에게 써먹는다. 자식이 분노의 피해자인 동시에 가해자가 되는 것이다.

상대가 분노하면 아빠들은 대응, 회피, 복수 가운데 하나를 골라 반응한다. 아이는 아빠가 분노에 반응하는 모습을 보고 분노 처리법을 배운다. 자녀는 분노할 상황에 처하면 아빠처럼 분노를 드러낸다. 나도 아버지가 분노하는 모습을 보며 자랐다. 그래서인지 자녀가 마음에 안 들면 자녀에게 버럭 화를 낸다. 그러지 않으려고 노력해도 나도 모르게 화가 솟는다.

지식 축적은 벼락치기로 할 수 있지만, 감정 처리는 하루아침에 배울 수 없다. 아쉽게도 우리는 지식은 쌓으려고 애쓰면서도 정서를 씻으려고 힘쓰지는 않는다. 정서표출 방식을 바꾸려고 노력하지 않으니 이전처럼 정서를 발현한다. 평소에는 괜찮다가도 다급하면 감정을 거칠게 드러낸다.

자녀에게 나쁜 분노처리 방법을 상속하지 않으려면 절제력을 길러야 한다. 절제력은 정서표출 방식을 혁신하려고 오랫동안 노력해야 길러진다. 자식에게 나쁜 감정처리 방식을 물려주지 않으려고 이를 악물어야 분노를 절제할 수 있다.

분노를 절제하려면 분노의 정체와 그 원인부터 알아야 한다. 분노는 자기애의 다른 모습이다. 타인을 통제하여 자기가 살려고 표출하는 감정이다. 생존욕은 식욕과 성욕도 가볍게 잠재운다. 바퀴벌레도 못 죽이던 병사가 적을 만나면 총을 쏜다. 그 80%쯤은 적군이 아니라 하늘에 발사한다. 생존본능이 공격의지보다 강하다는 뜻이다.

인류사는 전쟁사요, 전쟁은 남자가 수행했다. 그 승패는 총력이 갈랐다. 분노는 자신을 지키려는 총력이다. 남자는 생존하려고 분노를 전가의 보도처럼 휘둘렀다. 분노가 위계를 잡는 만능 열쇠였기 때문이다. 아빠는 가족의 총력을 높여 집을 지키려고 다른 가족을 지휘했다. 자기 집안을 다른 가문보다 낫게 만들려고 가족을 통솔했다. 자녀가 통제에 따르지 않으면 화를 냈다. 자녀의 자존심을 짓밟아서라도 전투력을 올려 가족 경쟁력을 올리려는 뜻이다.

자녀에게 분노가 안 먹히면 자녀를 때리기도 한다. 법률로 체벌을 제한하자 매 대신 화를 많이 쓴다. 분노를 비난하자 돈으로 자녀를 유인한다. 금력으로 자식을 못 부리면 다시 화를 낸다. 그만큼 분노를 절제하기 힘들다. 이제 전쟁의 양상이 달라져 분노의 효용이 떨어졌는데도 인류사에서 요긴하고 오래된 무기인지라 분노를 버리지 못한다.

아빠는 부정적인 감정을 엄마에게 쏟아내는 반면 엄마는 분노의 1할도 아빠에게 표출하지 않는다. 엄마가 아빠에게 감정을 쏟아내면 아빠에게 강력한 반격을 당하기 때문이다. 엄마는 다양한 통로로 감정을 털어내는 데 견주어 아빠는 화를 엄마와 자녀에게 쏟는다. 아빠가 엄마처럼 나쁜 감정을 말로 푼다면 가정은 천국이 된다. 그 자녀들은 감정을 아빠처럼 말로 드러내어 친구도 잘 사귄다.

엄마도 인내가 한계를 넘으면 아빠에게 분노를 극단적으로 표출한다. 청주 여자교도소에 수감된 죄수의 30% 가량은 남편을 살해한 여자다. 그 중에는 평생 남편에게 시달리다 배우자를 살해한 경우도 많다. 수십 년 억눌린 감정을 분노로 전환하여 남편을 죽인 것이다.

수천 년 동안 남자가 여자를 지배해 오면서 남자는 여자에게 나쁜 짓을 많이 저질렀다. 옛날 아빠들은 강자이면서 엄마와 아이에게 못되게 굴어 오늘의 아빠들이 곤욕을 치른다. 아빠가 이런 사실을 이해하고 엄마와 아이에게 친절을 베풀면 가정이 화평해진다.

남녀가 평등해져 아빠와 엄마가 서로 싸우는 경우가 늘어난다. 그 사이에서 아이는 정서가 불안해지고, 그 감정발로 시스템도 망가진다. 자녀교육의 실패 원인은 대개 아빠에게 있다. 아빠가 세상의 변화를 거부하여 가정을 불안의 도가니로 만들기 때문이다. 그 자녀들은 공부는 못하는 데 반해 분노는 잘한다. 당연히 사회에서 낙오하기 쉽다.

- 화를 말로 풀려면

고수는 자신을 이기고 원수를 용서한다. 그런 뒤에 화를 말로 푼다. 정조는 화를 말로 풀어 성군이 되었다. 그는 열한 살 때 아빠가 눈앞에서 죽는 모습을 지켜보았다. 정서가 예민한 사춘기에 심신에 치명상을 입었다. 임금이 되어서도 그 분노를 품고 살아야 했다. 소수파로서 아빠를 사지로 내몬 노론을 제거하기 어려웠기 때문이다. 그는 나라를 생각하며 분노를 삭이며 원수와 함께 일했다.

정조는 아빠가 죄인이라는 업보를 물려받았으나 위대한 업적을 많이 남겼다. 그는 세자 시절에 열심히 공부하여 정치를 잘했으며, 분노를 승화하여 임금으로는 유일하게 저서도 남겼다. 언어로 분노를 해소한 결실이다. 그는 독서를 많이 하여 수양을 쌓은 덕분에 외가마저 돌아선 구중궁궐에서 반대파와 더불어 위업을 이룩했다.

정조는 호학 군주로서 서얼 출신인 박제가, 유득공, 이덕무 등을 등용했다. 그들은 목숨을 걸고 일해 임금의 은총에 보답했다. 정조는 개혁군주답게 인사를 혁신했다. 신하와 밀고 당기며 조선후기에 문예부흥을 일으켰다.

정조는 부친과 자신을 연민하다 기혈이 막히면 기절하곤 했다. 28세인 아빠가 뒤주에서 죽어가던 광경을 떠올리며 그는 자신을 동정했다. 컴컴한 뒤주에서 이승을 떠난 아빠가 못다 한 꿈을 이루려고 그는 선정을 베풀었다.

연산군은 분노를 잘못 드러내다 궁궐에서 쫓겨났다. 어머니가 억울하게 죽었다는 사실을 안 뒤에 복수의 칼을 휘두르다 반정으로 왕좌에서 물러났다. 그에게 아빠는 짐이자 힘이었다. 그는 아빠가 신하에게 밀렸다고 생각하여 신하를 다잡으려고 했다. 왕권을 다지기 전에 칼을 빼들었다가 우군이 없어 용상에서 쫓겨났다. 그것도 측근들에게 추방을 당했다.

반정 세력이 역사를 왜곡했다는 측면을 감안해도 그는 실패한 임금이다. 그는 충효를 기반으로 하는 왕조에서 아빠의 통치방식을 부정하여 신하의 반발을 샀다. 그는 아빠 성종이 취약한 정통성을 보완하려고 신하의 의견을 청취했다는 사실을 간과했다. 아군에 견주어 사림이 강성한데 자신의 의도를 무리하게 펴다 적군을 양산하여 뜻을 못 이루었다. 의도는 좋았으나 전략이 어설펐다. 분노를 절제하며 신상필벌을 시행하지 못해 친위세력에게 하극상을 당했다.

전직 대통령 박근혜도 아빠 박정희에게 힘과 짐을 물려받았다. 그는 20대에 겪은 비극을 40년 동안 삭이지 못했다. 현실을 읽지 못하고 배신 트라우마에 시달리다 탄핵을 당했다. 다수파지만 전선을 넓혀 국민과 대결하다 청와대에서 쫓겨났다. 결국 박정희의 업적을 까먹고 아빠 얼굴에 먹칠을 했다. 지금 감옥에 갇혔는데 억울하게 생각하는 듯하다.

박근혜는 아빠와 엄마의 비극을 들먹이며 자기 연민에 싸여 살았다. 관료를 외면하고 비선인 최순실에게 의존했다가 나라를 나락에 빠뜨렸다. 최순실이 나쁜 사람이라고 지목하면 그는 국장도 쫓아냈다. 만인의 아버지 노릇을 해야 하는 사람이 아이처럼 일을 처리했다. 자신을 다스리지 못하면서 국민을 통치하겠다고 나선 일 자체가 역사의 아이러니다.

자식 이기는 아빠 없는지라 박정희가 그 말을 들어주어 고집을 키운 것 같다. 그가 박근혜에게 밥상머리 정치교육을 했다는데 딸바보라 딸을 다잡지 못한 게 분명하다. 박근혜는 측근들과 토론하지 않았는데 조선시대 같으면 용상에 앉기 어려웠을 것이다. 조선시대 임금은 날마다 신하들과 정책과 학문을 논의했기 때문이다.

노무현은 학력 콤플렉스를 부정적으로 풀었다. 명문대 출신에 대해 노골적인 분노를 드러냈다. 대통령 자리에서 물러난 뒤에 수뢰혐의로 수사를 받다 분노를 이기지 못해 스스로 세상을 버렸다.

김대중은 적대자에게 공격을 받아 여러 차례 죽을 고비에 이르렀으나 집권한 뒤에는 그들을 거의 용서했다. 전두환 부부도 그 시절에 편하게 지냈다고 말할 정도다. 그와 달리 김영삼은 반대파에 들어가 정권을 잡은 뒤에 전두환과 노태우를 처벌했다. 김대중은 호남인으로 기반이 약해 반대 세력도 두루 포용해야 했고, 김영삼은 영남인이라 배경이 든든해 자기 뜻을 펼 수 있었다. 그런 측면도 있으나 분노를 처리하는 방식이 상이하여 적대자를 다르게 처리했을 것이다.

만인지상에 오른 사람들도 분노를 제대로 다스리지 못했다는 말이다. 남을 다스리기에 앞서 자신부터 다스려야 하는데 수신이 치국 못지않게 어려우며, 그 가운데 분노를 제어하는 일이 무엇보다 지난하다는 증거다.

보통 아빠는 원수는 그만두고 자식의 사소한 잘못만 용서해도 괜찮다. 언젠가 시험 기간에 아들이 독서실에 공부하러 간다고 했는데 산책하다 독서실에 가보니 아들이 안 보였다. 근처에 있는 게임방에서 아들은 아빠가 온 줄도 모르고 게임을 즐기고 있었다. 옆에 가서 허리를 찌르니 깜짝 놀란다. 아들에게 나가자고 눈치를 줘서 밖에 나가서 물었다.

"하루 종일 게임했지?"

"아니, 잠깐 머리 식히러 왔어!"

위기를 모면하려는 거짓말이 뻔했다. 화를 누르고 자녀를 이해하려고 노력했다. 거짓말한다고 다그치면 자녀가 방어 태세를 취하기 때문이다. 위기를 만나 자신을 보호하려고 뒤집어쓴 방어막은 결국 자신의 방해물이 된다. 그때 자녀에게 "이번 시험 잘못 보면 알아서 해!"라고 말하면 또 다른 올무를 놓는 셈이다. 그 자녀는 그 말에 위축되어 공부에 열중하지 못한다.

자녀에게 시험기간에는 게임을 하지 말자고 하며 넘어갔다. 그 제안을 지키면서 신뢰를 얻도록 했다. 감정을 다스려 자녀가 스스로 잘못을 고치도록 했다. 남들이 보는 대로에서 부자가 험한 꼴을 보이지 않으려고 참았다.

시험기간에도 공부하다 친구와 함께 게임방에서 머리를 식힐 수 있다. 친구와 함께 게임을 하다가 게임하는 친구를 두고 먼저 공부하러 가기는 쉽지 않다. 게임이 즐겁고 또래가 중요하기 때문이다. 시험 기간에도 게임장에 가면 대부분 마음먹은 시간보다 게임을 많이 한다. 사방에 게임하는 아이들뿐이니 죄책감 없이 게임을 즐긴다. 그런 사정을 고려하여 자녀를 이해했다.

하수는 자녀에게 분노를 쏟아내고도 뒤끝이 없으니 괜찮다고 말한다. 자신은 감정을 토로하여 속이 후련할지 몰라도 자녀는 그것을 둘러 써서 고통스럽다. 하수는 아이가 어른처럼 분노를 삭일 줄 알기 때문에 아이에게 상처를 준다. 그러면서 아이에게 잘못된 분노 표출법을 대물림한다.

고수는 화가 나면 현장을 떠난다. 분노를 유발하는 상황을 떠나 감정을 가라앉힌다. 그는 피하는 게 상책이라는 사실을 안다. 아빠가 자녀에게 화를 내면 자녀가 잘못을 돌아보지 않고 반발하니 아빠가 현장을 떠나 분노를 삭인다. 아빠가 자녀의 감정에 상처를 주면 서로 충돌하므로 그 자리를 피하는 것이다.

- 화를 말로 푸는 법

"머리가 그게 뭐냐?"
"다른 애들은 더 길어요!"
"개 눈에는 똥만 보인다더니…"
"…"
"머리가 짧아야 공부가 잘되지."
"…"

중학생 시절의 아빠에 견주면 아들은 장발이다. 그러나 아빠가 표준은 아니다. 사람들은 환경에 적응하며 산다. 그런데 머리를 기른다고 자식을 개라고 하니 아들은 기가 막힌다. 자녀는 머리와 공부는 상관이 없다고 보는데 아빠는 머리가 짧아야 공부를 잘한다고 생각한다. 아빠의 가치관을 강요하니 기분이 나쁘지만 대꾸하면 부딪치니 참는다.

　머리는 신체의 일부요, 놔두면 자라니까 기르는 것도 아니다. 자녀는 남에게 피해를 안 주고 자신에게 위험하지 않은 터라 머리를 마음대로 하려고 한다. 사춘기엔 심신이 발달하여 외모에 민감한데 그 욕망을 억압하면 자존심이 상하여 공부할 마음이 달아난다.

　청소년은 친구따라 빗나가기 쉽다. 친구끼리 담배를 피우면 동질감을 느낀다. 그들과 어울리려면 담배를 같이 피워야 마음이 편하다. 심지가 굳어도 친구가 담배를 권하면 거절하지 못한다. 친구의 맘을 헤아리다 빗나가는 수가 많다.

　고수는 자녀에게 남과 다른 길로 가는 힘을 길러준다. 자녀의 앞날을 생각하여 자녀와 함께 규칙을 정하고 그것을 엄격하게 적용한다. 그 원칙에 따라 자녀에게 신상필벌을 분명하게 한다.

　다른 사람이 가지 않는 길로 가려면 의지가 강해야 한다. 아빠가 그런 힘을 길러주면 평생 줏대 있게 산다. 강요가 아니라 설득을 통해 그런 의지를 심어줘야 오래 간다.

　하수는 자녀의 머리를 자기 맘대로 잘라도 된다고 생각한다. 아빠에게 억압을 당한 자식이 아빠가 되면 자신의 자녀를 마음대로 하려 한다. 아빠의 잘못된 유산이 후손으로 이어진다. 아이를 억압하면 자발성이 약해져 성공하기 힘들다. 그 후손은 불리한 환경에 놓이게 된다.

　요즘 아이들은 아빠가 머리를 자르면 반발한다. 아빠의 훈육이 마음에 안 들면 부작용을 일으킨다. 사법당국은 강제 삭발을 신체

학대로 보아 아빠에게 책임을 묻기도 한다.

머리처럼 보이는 문제에 집착하다 자녀의 자존감을 무너뜨리지 말고 그런 문제는 자녀에게 맡겨 절제력을 기르도록 하면 좋다. 하찮은 일을 내주고 귀중한 것을 얻는 것이다.

고수는 자녀의 선택을 존중한다. 자녀에게 자기 생각을 말하고 선택은 자녀에게 맡긴다. 자식이 철학을 갖고 행동하도록 가르친다. 자녀에게 되도록 외모보다 내면으로 자신을 표현하도록 지도한다. 내면을 가꾸는 일이 외면을 화장하는 것보다 낫다고 설득한다. 아빠 스스로 외면 못지않게 내면을 가꿔야 그 말에 힘이 실린다.

공부는 목표를 설정한 뒤에 유혹을 절제하고 지속할 때 잘한다. 성적은 유전이나 환경이 아니라 절제와 지속에 달려 있다. 스마트폰을 절제하고 독서에 열중하면 공부를 잘한다. 스마트폰은 일방통행과 쌍방통행이 가능하여 꺼놓아도 공부에 지장을 준다. 스마트폰을 켜놓고 그에 대응하면서 공부하면 공부가 아니라 통화가 주업이 된다. 그러면서 공부를 잘하기 힘들다.

욕망을 절제하는 사람은 공부를 못해도 다른 일로 성공할 수 있다. 공부를 잘하는 사람보다 성실하고 절제하는 사람이 크게 성공하는 수가 있다. 시장의 승자는 대개 간판이 아니라 성실과 신용으로 위업을 이룬다. 위기를 물리치고 한 걸음씩 목표를 보고 나아가는 사람이 소원을 성취한다.

순간의 유혹에 넘어가 인생에 오점을 낳기도 한다. 2017년 2월 육군사관학교는 생도 3명을 성매수 혐의로 퇴교시켰다. 그 셋은 졸업을 하루 앞둔 4학년이었다. 그 아빠들이 땅을 치고 통곡할 일이다. 아빠가 자녀에게 절제 교육을 하는 일이 얼마나 중요한지 웅변적으로 말해준다.

고수는 분노를 말로 푼다. 타인이 부정적인 감정을 자극해도 절제하며 말로 대응한다. 내면이 강하기 때문이다. 넓게 보면 심신을 밖으로 드러내는 일이 모두 말이다. 문학치료, 음악치료, 미술치료, 운동치료, 댄스 치료 등이 모두 말로 분노를 치유하는 일이다.

위인은 분노를 언어로 승화한다. 사마천은 이릉을 변호하다 한무제에게 궁형을 당했다. 죽기보다 치욕스러웠지만 성기를 내주고 목숨을 건졌다. 아빠의 유언을 받들어 역사서를 남기려는 뜻이었다. 그는 임안(任安)에게 보낸 편지에서 치욕〔辱〕이란 말을 열아홉 번이나 썼다. 분노를 드러냈다가 목이 열 개라도 모자랄 판이라 자신을 돌아보며 치욕에 떨었다. 그는 치욕과 분노를 삭이며 20여 년 동안 『사기』를 집필했다. 한 자 한 자에 혼을 담은 터라 그 책은 불후의 명작이 되었다. 남자로서 분노를 훌륭하게 승화한 사례다.

그 뒤에는 든든한 아빠가 버티고 서 있다. 그 아빠 사마담은 그가 20대일 때 중국을 여행시키고, 관리로서 전국을 순행하게 했다. 죽을 때는 역사서를 서술하라고 유언했다. 아들의 재능을 보고, 그것을 키워준 뒤에 숙제를 남겼다. 사마천은 아빠의 유지를 목숨을 걸고 받들어 청사에 길이 빛나는 역사서를 저술했던 것이다.

엄마는 아빠보다 화를 말로 잘 드러낸다. 일제강점기에 징병이나 징용으로 끌려간 남자가 정신대로 끌려간 여자보다 훨씬 많다. 그런데 거기에서 얻은 분노를 말로 풀어낸 남자는 드물다. 반면에 정신대 할머니는 화를 말로 풀어낸 사례가 많다. 성적 학대를 당한 여성이 치욕적 분노를 언어로 표출한다. 글, 그림, 시위, 문화, 예술 등의 언어로 분노를 승화한다. 누구에게 배우지 않고도 화를 여러 길로 풀어낸다.

이 땅의 엄마들은 수천 년 동안 약자로 살면서 분노를 언행으로 정화했다. 빨래를 하면서 분노를 노래로 풀었다. 시집살이 노래를 하면서 며느리는 시어머니를 패듯이 방망이로 빨래를 내리쳤다. 방망이 박자에 맞추어 노래하면서 화를 풀었다. 그 피를 이어받아 엄마는 아빠보다 화를 말로 잘 푼다.

아빠들은 강자로서 기득권을 누렸기에 분노를 절제할 필요가 적었다. 남자는 분노로 다른 남자를 억압하여 서열을 정한다. 힘은 늘 바뀌므로 모든 남자의 반격을 대비한다. 그만큼 불안에 떤다. 여러 계단을 건너뛴 아빠는 이전에 자신을 억눌렀던 사람에게 화풀이를 한다. 우리는 고속으로 승진한 아빠가 힘을 휘두르다 추락하는 모습을 자주 본다. 그래서 예로부터 소년등과(少年登科)를 경계했던 것이다.

고수는 분노의 쳇바퀴에서 벗어난다. 세상이 평등사회로 바뀌고 분노를 혐오하기 때문에 스스로 분노를 삭인다. 화를 낼수록 자신은 물론 자기 가족이 힘들고 다른 가족에게 반발을 사니 분노를 절제한다. 화를 말로 풀며 가족과 상생한다.

어떤 지도자든 사람들에게 분노를 절제하라고 가르친다. 그러나 분노는 생존 전략의 하나요, 긍정적인 요소다. 잘만 조절하면 창의력의 원천이 된다. 분노는 자기 보존의 핵심 요소이므로 잘 다스리면 위기를 기회로 전환할 수 있다.

아빠들은 누구나 분노만 한 포부를 안고 산다. 그것을 푸는 사람에 따라 그 포부는 한으로 바뀌기도 하고, 성과로 드러나기도 한다. 분노를 잘 활용하면 가족을 살리고 잘못 쓰면 가문을 죽인다. 가족은 아빠가 분노를 어떻게 쓰느냐에 따라 부침한다.

고수는 분노를 승화한다. 화를 말로 푼 다음에 잔소리하지 않는다. 화를 참는 대신 자녀에게 부탁하지도 않는다. 분노를 억제하고 자녀에게 공부하라고 하면 자녀는 아빠가 화를 푼 이유가 성적 때문이라고 생각하는 연고다. 아빠가 그런 전략을 쓰면 자녀가 아빠를 부정한다. 고수가 되려면 자녀에게 약 주고 병 주는 일을 삼가야 한다.

자녀와 함께 웃고 운다

- 자녀의 감정을 알아준다

아빠와 자녀는 같은 일도 다르게 느낀다. 사람과 배경이 상이하기 때문이다. 진은 재학생 때 수능성적이 전국 1% 안팎이 나왔다. 그러나 고려대와 연세대에 응시했다 떨어져 재수해서 고려대에 들어갔다.

언젠가 진이 서울에서 재수하던 시절을 이야기하며 울먹였다. 나는 진이 재수하면서 걱정할 일이 없다고 생각했다. 스스로 서울에서 재수한다고 했으며, 재학생 시절에 지원한 대학에 모두 낙방했으니 기꺼이 재수한다고 보았다. 그런데 재수가 힘들었다고 하여 놀랐다. 비슷한 길을 걸은 터라 진의 마음을 안다고 생각한 게 착각이었다.

나는 삼수하여 대학에 갔다. 학원은 대구에서 두 달을 다녔다. 대구에서 공장에 다니던 숙부가 수강료를 대주어 누린 호사다. 학원에 계속 다니고 싶었으나 형편이 안 되어 못 다녔다. 그 뒤에 시골에서 일하며 공부해서 전북대학교에 들어갔다. 그때 누가 조금만 도와주었다면 명문대에 갔을 것이라는 생각이 든다. 그런 까닭에 나는 진을 한국 최고의 학원에 보내놓고 뿌듯하게 생각했다. 내가 못 이룬 꿈을 아들이 성취해주기를 은근히 원했던 것이다.

나는 전라도 사람으로 경상도에서 혼자 학원을 다녔다. 70년대라 영남과 호남의 감정이 나빠서 꽤 불편했다. 경상도 사투리 속에서 전라도 사투리를 드러낼 용기가 없어 정체를 숨기고 지냈다.

나와 달리 진은 전주에서 서울로 가서 고등학교 동창과 함께 재수했다. 전국에서 학생들이 모인 데다 지역감정도 이전보다 적으니 진이 우수한 학생들과 경쟁하며 실력을 쌓기 원했다. 나는 전북 진안에서 고등학교를 나와 대구에서 학원을 다니면서 강사들의 실력이 출중한 데 놀랐다. 거기에서 몇 달만 더 공부하면 성적이 쑥 오를 것 같았다.

진도 그렇게 생각하며 공부한 줄 알았는데 새로운 환경에 적응하느라 공부하지 못한 듯했다. 서울에서 지방감정을 겪었는지도 모른다. 사람마다 상황과 대응방식이 다른데 아들을 나처럼 생각한 게 잘못이었다. 해마다 강산이 변하는 세상에서 옛날 경험에 맞추어 자식을 바라보다 오판했다. 부자 모두 내성적이지만 아들은 나와 또 다른 고민을 한 것이다.

자식도 딴 몸이라 아빠와 여러모로 다르다. 아빠가 아들의 길을 먼저 걸었다고 하여 아들의 마음을 알지 못한다. 쌍둥이도 세대차가 나는데 아빠가 아들을 자기 잣대로 판단하면 고락을 함께하기 힘들다. 가난하여 대학에 가지 못한 아빠는 아들을 좋은 대학에 보내고 싶은데 아들은 생각처럼 공부를 안 한다. 아빠가 열심히 공부하지 않는다고 아들을 나무라면 자식은 아빠가 자기를 몰라준다고 원망한다.

개천에서 용이 된 아빠는 좋은 환경에서 공부를 못하는 자녀를 이해하지 못한다. 그는 자녀가 공부를 안 하면 정신상태가 글렀다고 나무란다. 자신에게 견주어 자녀에게 공부하려는 의지가 부족하다고 생각한다. 그는 공부를 열망한 터라 자식이 공부를 혐오하는 것을 이해하지 못한다. 그래서 자녀가 학교를 그만두고 다른 길로 가겠다고 하면 쓰러진다. 자기가 공부를 통해 성공하여 학교를 성역으로 알기 때문에 자식이 학교를 떠나면 실패한다고 여기는 것이다.

지금은 학교 말고도 공부할 곳이 수두룩하다. 공부의 개념도 옛날과 다르다. 넓게 보면 심신을 움직여 나와 남을 이롭게 하는 일이 모두 공부다. 게임도 공부인지라 게임 고등학교도 있다. 게임에도 여러 분야가 있어 공부할 길이 다양하다. 2016년을 기준으로 보면 문화콘텐츠 수출액의 절반 이상을 게임이 차지한다. 아빠가 이런 현실을 알면 게임에 미친 자녀와 진로를 놓고 이야기할 수 있다.

게임방송 진행자 중에는 한 해에 10억을 버는 사람도 있다. 바로 나동현인데 고졸자로 '대도서관'에서 게임을 생중계하여 거액의 수익을 올린다. 방준혁은 고등학교 2학년 중퇴생으로 2000년 게임기업 넷마블을 설립했다. 그는 지금 넷마블게임즈 의장인데 올해 주식을 상장하면 10조 이상을 벌어 주식부호 10위 안에 들어갈 것으로 내다본다.

게임으로 성공하려면 게임의 이론과 실제에 밝아야 한다. 게임 산업은 경쟁이 심할 뿐만 아니라 그 지식 수명이 짧으니 끊임없이 노력해야 그 길에서 살아남는다. 대학을 나오지 않고도 게임시장을 평정한 사람이야말로 위대한 승자다.

학교공부는 현실과 자신을 아는 데 도움이 된다. 그만큼 좋은 대학에 가면 성공할 확률이 올라간다. 게임 산업도 명문대 출신이 주도한다. 따라서 학교에서는 최선을 다해 학교공부를 하면 좋다. 다만 학교는 시대적 변화를 따라가지 못한다. 그래서 학교에서는 하고 싶은 공부를 하기 힘들다.

고수는 자녀가 학교를 거부하면 그 원인을 듣고 자녀와 함께 대안을 찾는다. 공부할 방법을 알아본 뒤에 자녀가 바라는 쪽으로 가도록 안내한다. 자녀가 하고 싶은 공부를 통해 성공하는 길을 찾아본다.

학교는 이제 선택이다. 학교는 아이들의 요구를 들어주는 데 한계가 많기 때문이다. 개성이 강하고 혼자 배우기를 즐기는 아이에게 학교는 선택사항이다. 첨단시대를 맞아 고수가 되려면 때로는 학교를 버려야 한다. 위험한 도박에서는 총체적인 실력을 갖춘 사람이 살아남기 때문이다.

승자 가운데 검정고시를 거쳐 대학에 진학하여 꿈을 이룬 사람이 많다. 정치인 중에 정세균 국회의장, 이재명 성남시장, 안희정 충남지사 등이 검정고시파다. 지금은 여건에 따라 학교 대신 검정고시를 거쳐 야망을 성취할 수 있다.

아빠가 자녀를 알려고 노력해야 자녀의 마음을 알 수 있다. 어릴 때 자녀와 감정을 교류하지 않은 아빠라면 자녀에 대해 공부해야 한다. 아들과 딸이 다르고, 한국과 미국은 상이하다. 같은 아들이라도 서로 다르며, 한국에서도 지역에 따라 차이가 난다. 아빠가 그런 현실을 알고 자녀를 바라볼 때 자녀가 제대로 보인다.

아빠가 자식의 고생을 아무것도 아니라고 하면 자녀도 아빠의 고생을 무시한다. 누구든 자기가 가장 힘들다고 생각하기 때문에 아빠가 자녀에게 애쓴다고 말하면 자녀가 마음을 연다. 그러면 말이 통해 서로를 알게 된다.

- 자녀의 감정을 존중한다

하수는 자녀의 의견을 무시하고 자기 지시에 따르라고 한다. 유교적 서열의식에 입각하여 자녀를 부하처럼 생각한다. 전근대적 가부장제에 기대어 자식에게 자기 말을 들으라고 한다. 자녀가 어릴 때는 아빠의 지시를 따르지만 커서는 아빠의 말을 어긴다. 아빠의 견해가 현실과 다르기 때문이다.

고수는 친구처럼 자녀의 감정을 받아준다. "에이 씨" 해도 그 감정을 헤아린다. 아이들은 대중매체를 보고 자라 감정표현이 거칠다. 아빠가 자녀의 언어 생활을 알면 자녀의 언어와 정서를 아울러 순화할 수 있다. 청소년은 불안과 분노를 욕으로 표현한다. 아빠가 그 마음을 공감해주면서 감정을 말로 풀도록 하면 자녀가 욕을 삼간다.

아빠가 자녀의 감정을 무시하면 자녀는 무력감을 느낀다. 그 자녀는 아빠의 말에 반발하지 않으나 공감하지도 않는다. 그 자녀는 집에서 공감능력을 익히지 못해 학교에서 다른 애들과 어울리지 못한다. 자존감도 떨어져 작은 시련에 실망한다. 세상을 힘든 곳으로 인식하여 신나게 살기 힘들다.

내가 어릴 때는 아빠가 자녀의 감정을 존중할 필요가 없었다. 아빠가 자녀의 감정을 억압해도 자녀가 반발하지 못했다. 자녀가 아빠의 말을 안 들으면 집에서 쫓아내기도 했다. 당시에는 학생이 밖에서 먹고 살 길이 적었다. 대개는 가출한 아이라는 굴레를 쓰고 살아갈 용기도 없었다. 때문에 아이들은 아빠가 맘에 안 들어도 아빠에게 복종하며 살았다.

요즘은 자식이 한둘인 데다 아이들의 권한이 커져 중학생 딸이 가출하여 아빠를 압박하기도 한다. 딸이 가출하여 스마트폰을 끄고 찜질방으로 떠돌면 아빠는 나쁜 일을 떠올리며 걱정한다. 가출한 뒤 며칠이 지나면 아빠는 불안에 떤다. 그 게임에서 딸이 아빠를 한번 이기면 그 뒤로는 딸이 가출 전략으로 아빠를 조종한다. 아빠가 마음에 안 든다고 가출 카드를 보여주면 아빠는 대개 꼬리를 내린다.

하수는 딸이 눈물을 흘리면 그 요구를 들어준다. 그걸 보고 딸은 눈물을 무기로 삼는다. 그런 딸은 심신을 무기화하는 데 뛰어나다. 아빠도 남자인지라 여자인 딸에게 잘 보이려고 하여 딸의 눈물 작전에 잘 넘어간다. 진화생물학적으로 여자가 남자보다 감정을 효율적으로 쓴다. 남자는 분노를 드러내다 목숨을 버리기도 하나 여자가 그런 경우는 드물다.

고수는 딸이 규칙을 어기고 가출하면 눈도 깜빡이지 않는다. 강심장이라 그런 공략에 반응하지 않는다. 한번 원칙을 세우면 자녀와 협상하여 바꾸기 전까지는 그대로 시행한다. 이게 말처럼 쉽지 않다. 자식이 한둘이라 위험 부담이 커서 원칙을 고수하기 힘드니까 고수가 드문 것이다.

하수는 아들과 딸을 불공정하게 대하다 집안을 쑥대밭으로 만든다. 아들이 아빠와 딸에게 적의를 품으면 집안이 엉망이 된다. 고수는 남녀의 차이를 알고 아들과 딸을 다르게 대한다. 남녀의 감정을 아는지라 딸과 아들 사이에서 중심을 잘 잡는다. 고수는 성별은 물론 개인차를 고려하여 대응한다. 그 가정은 상생의 보금자리가 된다.

홍길동이 팔도에서 문제를 일으키자 조정에서 그 아빠 홍판서를 불렀다. 지자막여부(知子莫如父), 곧 아들은 아빠가 가장 잘 안다고 하여 홍판서를 찾았다. 그는 아들의 겉과 속을 알았으나 기득권을 지키려고 아들의 간청을 외면했다.

홍판서가 길동이의 요구를 받아주려면 기득권을 내려놓아야 했다. 아들의 심정에 공감해도 그 맘을 푸는 일은 홍판서 혼자 감당할 수 없었다. 그가 아들의 혁명에 동조하여 형장에서 사라져도 적서차별 제도는 바뀌지 않기 때문이다. 하여 그는 대세를 따라 아들을 저버렸다.

지금도 아빠들은 홍판서처럼 처신한다. 자식의 혁명을 옹호하여 불이익을 받기보다 자식이 현실을 수용하기 바란다. 그 아빠를 비난할 수는 없다. 보통 아빠는 제도나 문화를 바꿀 수 없기에 자식이 사회적으로 용인하는 테두리 안에서 꿈을 펴기 바라는 것이다.

현대는 선거를 거쳐 제도를 바꿀 수 있으므로 자식의 주장에 동조할 수는 있다. 이를테면 선거연령을 낮추는 문제가 그렇다. 고수는 고등학생 자녀가 선거연령을 낮춰야 한다고 말해도 공부는 안 하고 쓸데없는 데 신경을 쓴다고 나무라지 않는다. 선거를 실시하는 대다수 나라가 만 18세면 투표권을 갖기 때문이다.

한국에서는 아빠 세대가 이익을 보려고 자녀 세대의 선거권을 막는다. 그러다 보니 자식 세대가 아빠 세대에게 밀린다. 아빠 세대가 복지 혜택을 누리려고 자식 또래에게 빚을 물려주는 셈이다. 아빠들은 자녀와 고락을 함께하기는 고사하고 자식을 힘들게 한다. 그는 자녀가 자신과 대등한 권한을 갖지 못하도록 제한한다. 가진 게 나이뿐인 아빠일수록 자식에게 참정권을 주지 않으려 한다.

나이야 세월만 가면 먹는다. 그런데 유교에서는 장유유서라 하여 나이 많은 사람에게 힘을 실어주었다. 강자에게 권력을 주어 신분제도를 굳건하게 지켰다. 요즘 들어 나이의 위력이 줄었으나 아직도 아빠가 자녀보다 강하다. 그래서 자녀가 아빠에게 자기 의견을 드러내기 어렵다.

고수는 자녀의 고민을 알아준다. 자녀와 함께 사는 길로 간다. 기득권을 내려놓고 자녀를 살리려고 부당한 세력에 맞선다. 손해를 보면서 강자와 대결하려고 힘을 기른다. 아빠로서 자식의 길을 열어주려고 노력한다.

고수는 자녀의 뜻을 존중한다. 감정을 말로 드러내며 자녀와 원활하게 소통한다. 자녀와 친하니까 감정을 표현하지만, 정서를 표출하다 보면 친해지기도 한다.

상대의 감정을 존중하는 일은 소통의 전제이자 감정 교류의 길이다. 동고동락하면 아빠와 자녀의 유대가 강해진다. 아빠가 아이와 함께 울고 웃으면 서로 친해져 갈등이 생기지 않는다.

- 자녀와 고락을 함께한다

아빠와 자식이 공감해야 고락을 함께한다. 아빠가 자녀의 마음을 이해할 때 자녀와 공감할 수 있다. 경험과 지식이 풍부한 아빠가 자녀를 이해해야 두 사람의 공감대가 넓어진다. 아빠와 자녀가 고락을 함께하면 가족이 하나가 된다.

역지사지(易地思之)하면 좋은데 아빠는 어릴 때를 망각하여 자식 처지를 외면한다. 어른의 입장에서 자식을 지배하려고 자식이 알지도 못하는 과거를 끌어들인다. 자식은 그 말을 알아듣지 못하니 아빠 말에 동의하지 않는다.

아빠는 엄마를 선택하여 자녀를 낳았다. 아빠가 자녀를 고른 셈이다. 아빠는 자녀의 인생을 모두 알지만, 자녀는 초등학생 이전에 겪은 아빠 삶을 알지 못한다. 이후에도 성인이 되기까지는 안목이 짧아 아빠의 인생을 직시하지 못한다. 그런 자녀에게 아빠 과거를 말해도 자녀가 알아듣지 못한다.

고수는 자녀의 인생을 모두 고려하여 자녀를 이해한다. 자녀에게

"옛날에 아빠가 말이야" 하는 말은 되도록 하지 않는다. 자녀가 보지도 못한 왕년을 알아달라고 이야기하기보다 자기가 자녀를 알려고 애쓴다.

나는 고등학교를 졸업할 때까지 통닭이 있는지도 몰랐다. 시골에서 가난하게 살았기 때문이다. 20대 후반인 두 아들은 초등학생 이후로 지금까지 통닭을 한 주에 한 마리쯤 먹었을 것이다. 나와 자녀는 서로 이방인이다. 부자가 동시대에 비동시성을 안고 살아간다. 말해도 옛날 이야기로 들을 테니 자녀들에게 그런 말은 안 한다. 두 아들이 이 책을 읽고 내 삶을 이해하면 보너스로 알겠다.

당연히 나와 자녀는 통닭에 대한 인식이 다르다. 나는 아무 통닭이든 잘 먹는다. 자식들은 맛을 따지며 먹는다. 애 엄마의 취향은 또 다른데 개성대로 네 마리를 불러 먹을 수 없으니 건강에 좋은 통닭을 먹자고 뜻을 모은다.

아버지는 근엄한 표정을 짓고 살았다. 나도 그 정서 유산을 물려받아 호탕하게 웃지 못한다. 자녀들과 함께 즐기려면 웃어야 하는데 그게 잘 안 된다. 감정 표현도 상속이 되므로 교정하려고 노력한다.

나는 지식과 경험을 활용해 자녀를 이해하려고 힘쓴다. 자녀들이 향유하는 문화를 알려고 한다. 두 아들은 노래를 좋아한다. 내 노래는 조용필에서 진화를 멈췄으나 자녀들이 즐기는 노래를 존중하며 그 효용을 인정한다.

고수는 아이가 울면 그에 응답을 잘한다. 그 아이는 자라서 아빠와 원활하게 소통한다. 아이가 울면 부모가 그에 반응하여 자녀가 무력감을 느끼지 않는다. 고수는 자녀가 자라는 대로 알맞게 대응하여 자녀와 죽을 때까지 동고동락한다.

우는 아이에 대한 반응에서는 시간보다 부모의 애정과 일관성이 중요하다. 아이가 운다고 너무 빨리 대처하면 아이가 울음을 무기로 삼기도 한다. 고수는 아이와 어릴 때부터 고락을 함께한다는 자세로 일관되게 대응한다.

아빠가 아이와 긍정적인 애착관계를 맺으면 동고동락하기 좋다. 아빠가 육아에 참여하면 가정의 행복을 기약한다. 육아휴직을 하는 아빠가 늘어나지만 아직도 많은 아빠가 바쁘거나 의지가 없어 육아에 소홀하다. 아빠가 육아를 엄마가 하는 일로 알면 아이도 자라 아빠를 모른 체한다. 다른 모임을 줄이고 육아에 동참할 때 가정이 화목해진다.

엄마가 아이의 요구를 외면하는데 아빠조차 그 말을 안 들어주면 자녀는 기댈 곳이 없다. 그런 자녀는 좌절을 거듭하다 부모 몰래 세상을 떠나기도 한다. 부모에게 알려야 소용이 없다 하며 말없이 자살한다.

자살 연구가에 따르면 자살하며 유서를 남기는 사람은 열에 하나 꼴이다. 세상에 자기 말을 들어줄 사람이 하나도 없다고 생각하니 대부분 그냥 세상을 떠난다. 부모도 내 말을 들어주지 않는다고 생각하니 세상을 붙든 손을 놓는다.

자살은 드라마에서처럼 단호하게 실행하지 않는다. 자살하는 사람은 아파트에서 뛰어내리기 전에 수많은 주저흔을 남긴다. 자살을 망설이는 발자국을 많이 남긴다는 말이다. 부모 가운데 하나만

제 말을 들어준다고 믿어도 그는 생사의 갈림길에서 살아남는 쪽으로 기울어진다.

작년에 야구해설가 하일성이 세상을 버렸다. 아내에게 보내려고 문자를 작성해 놓고 보내지 않았다. 평생을 함께한 배우자에게도 오래 고민하다 문자를 못 보낸 게 아닐까?

고수는 아내가 임신한 날부터 아빠가 할 일을 찾는다. 좋은 아빠가 되려고 아빠의 길을 공부한다. 산부인과에 예비 엄마와 예비 아빠가 함께 오는 비율이 열에 하나라고 한다. 그 부모는 고수가 될 것이다.

하수는 아내가 임신했을 때 스트레스를 주어 아내와 아이에게 동시에 점수를 잃는다. 엄마가 임신했을 때만 잘해도 괜찮은 아빠가 되는데 그런 사실을 늦게 알아 평생 아내의 원망을 산다. 그때 잃은 점수를 메우려고 노력해도 아빠의 길을 돌이킬 수는 없다. 늦은 때가 가장 빠르니 아는 대로 점수를 만회하려고 애쓰면 고수가 된다.

하수는 고수가 걸어온 길을 모르면서 운이 좋아 자식농사를 잘 지었다고 평가한다. 세상에 운 좋은 아빠는 없다. 운도 자식농사를 잘 지으려고 준비한 아빠가 잡는다.

아빠와 자식은 서로 자기를 즐겁게 해주기 바란다. 밖에서 남에게 시달렸다고 하며 가족에게 위로를 받으려 한다. 아빠는 직장에서, 자녀는 학교에서 고생했으니 자기를 알아달라고 아우성이다.

그러다 아빠와 자녀가 부딪치기 쉽다. 엄마까지 아빠에게 자기 고통을 호소하면 아빠는 화를 낸다. 가족이 서로 대립하니 가정이 공포의 도가니가 된다.

과거와 달리 지금은 가정이 자녀를 중심으로 돌아간다. 하수 엄마는 학교에서 돌아온 자녀는 상전처럼 모시지만, 직장에서 퇴근한 아빠는 헌신짝처럼 여긴다. 자녀도 아빠가 집에서 뒹굴면 봐주지 않는다. 아빠가 '아아, 옛날이여!'라고 노래해봐야 반발만 산다.

고수는 힘들어도 집에서 흐트러진 모습을 보이지 않는다. 가족과 고락을 함께하려고 고생을 감수한다. 이 또한 지나간다고 생각하며 아이에게 공부하느라 고생한다고 격려한다. 세월이 지나 가족이 아빠의 공로를 인정해주면 가정이 행복의 보금자리가 된다.

인간은 이성과 감성을 교차하여 선택한다. 인생이 걸린 판단도 감정적인 입장에서 내리는 수가 많다. 결혼도 감성적인 측면에 끌려서 결단하기도 한다. 갓난아이와 애착관계를 바람직하게 형성하면 이후의 자녀교육에도 적극적으로 참여한다. 그런 아빠는 자신을 희생하여 자녀를 키운다.

고수는 자녀가 맘에 안 들어도 힘껏 밀어준다. 자녀의 감정을 이해하니 엄마도 아빠를 고맙게 생각한다. 다른 가족이 아빠에게 감사하니 가족의 유대가 견고해진다.

아빠가 자녀의 감정을 받아줄 때 자녀가 마음을 연다. 아빠가 마음을 알아주니까 자녀가 아빠의 말을 잘 듣는다. 자녀는 자기 마음을 알아주는 아빠를 믿는다. 자녀와 아빠가 서로 믿으니 정을 주고받으며 동고동락한다.

잘못은 용서를 빈다

- 사람이요, 처음이라 잘못한다

자녀는 아빠에게 매달려 사는지라 아빠가 탄압해도 참는다. 공자는 자녀의 생사여탈권을 거머쥔 아빠에게 힘을 실어주었다. 상하질서를 확고하게 세우려는 뜻이다. 그는 아들이 아버지의 범죄를 관청에 신고하면 불효라고 주장했다. 효도를 충성보다 높게 보았으니 그야말로 극악무도한 죄악이다. 한국은 공자의 나라 중국보다 공자의 말을 잘 들었다. 아빠들이 죽은 공자에 기대어 산 아이를 많이 죽였다.

세종 때 발간한 『삼강행실도』에는 고려장 이야기가 나온다. 아빠가 할머니를 생매장하고 돌아왔는데 손자가 할머니를 지고 갔던 지게를 다시 가지고 왔다. 아빠가 아들에게 왜 지게를 버리지 않느냐고 물었다. 아들이 다음에 아빠를 버릴 때 쓸 거라고 대답했다. 아빠가 그 말을 들은 뒤에 잘못을 뉘우치고 할머니를 집으로 데려왔다는 이야기다.

중종이 발간한 『속삼강행실도』에서는 고려장 설화를 뺐다. 당시 조정에서는 공자 이념을 세종 때보다 철저하게 반영하여 잘못한 아빠보다 아빠를 고발한 아들을 나쁘게 보았다. 강자를 도운 공자 못지않게 나쁜 위정자가 많았다. 그들은 유교적 위계질서를 유지하려고 못된 짓을 많이 했다.

조선시대에는 역모를 꾀한 아버지보다 그 아버지를 고발한 아들을 더 엄중하게 처벌했다. 아빠의 권력을 바탕으로 나라를 지탱한 연고다. 지금도 자녀가 아빠의 범죄를 고발하면 어른들은 아빠보다 자녀를 더 비난한다. 누구보다 아빠가 자녀에게 배반을 당했다고 분노한다.

이병철의 아들 가운데 하나가 삼성이 사카린을 밀수했다는 사실을 청와대에 투서했다. 그 투서사건을 보고받은 박정희는 아들이 아빠를 고발하면 안 된다고 나무랐다. 평소에 유교를 비판하던 그가 유교에 기대어 이병철의 잘못을 두둔했다. 세태에 적응하며 살아남은 사람답게 임기응변식으로 문제를 해결했다. 이병철이 삼성그룹을 삼남 이건희에게 상속한 일에도 다른 아들에 대한 배신감이 작용했다고 한다.

올해 3월에 헌법재판소에서 박정희의 딸 박근혜를 대통령직에서 파면했다. 군사부일체이니 자식이 아버지를 몰아낸 셈이다. 탄핵 반대파는 하늘이 부여한 왕권은 누구도 빼앗을 수 없다고 주장한다. 임금은 잘못해도 백성이 쫓아낼 수 없다는 논리다. 21세기에 봉건시대 의식을 들이댄다.

내 고향 부근에서 일어난 일이다. 한 아빠가 딸을 때리자 딸이 아빠를 경찰에 신고했다. 아빠는 딸에게 배신감을 느낀 데다 동네 사람들에게 창피하다고 하면서 자살했다. 어른들 중에는 딸이 아빠를 죽였다고 비난하는 경우가 있었다.

미국에서는 아빠가 자녀의 성적표를 자녀보다 먼저 보아도 자녀가 사생활 침해로 아빠를 고발할 수 있다. 그러면 경찰이 아빠를 입건하기도 한다.

한국은 유교적 서열구조에 따라 강자에게 힘을 주었고, 미국은 기독교적 평등주의에 따라 약자를 도왔다. 우리는 여자와 아이를 탄압한 반면 미국인은 여자와 아이를 보살폈다.

제멋대로 하자면 한국의 아빠노릇처럼 편한 일도 없다. 아빠의 잘못을 자녀가 지적하면 세상이 자녀를 욕하기 때문이다. 이래서 아빠가 자녀에게 잘못하고도 미안하다고 하기는커녕 과실도 인정하지 않는다. 가부장제에 기대어 자신을 성찰하지 않아도 탈이 없으니 하수는 잘못을 반복했다.

고수는 자녀에게 잘못하면 용서를 빈다. 사람인 데다 아빠노릇이 처음인지라 잘못하기 일쑤다. 자격증이 없을뿐더러 아빠노릇을 배운 적도 없으니 실수한다. 고수는 아빠노릇을 잘하려고 하다 잘못해도 자녀에게 미안하다고 말한다. 과오를 반성하고 자식과 관계를 새롭게 맺는다.

하수는 자녀에게 미안하다고 말하면 굴복하는 줄 안다. 잘못을 시인하면 자녀를 책임져야 하니까 부인하는 수도 있다. 더러는 자녀에게 잘못했다고 하면 권위가 무너진다고 생각한다.

아빠가 잘못을 자녀에게 빌면 자녀들은 대부분 아빠를 용납한다. 잘못을 인정하는 사람을 강하다고 보아 아빠를 존경한다. 아빠에게 보답하려고 자녀들은 열심히 공부한다.

자녀가 초등학생만 되어도 아빠의 품격을 가늠한다. 생존을 아빠에게 의탁한 터라 그 수준을 말하지 않을 뿐이다. 자기 위상도 깎이니까 입을 다물기도 한다. 요즘은 매체가 발달하여 아이들이 고수를 많이 보고 자란다. 다른 아이들과 이야기해보면 자기 아빠를 바로 평가할 수 있다.

나쁜 아빠와 사는 자녀일수록 좋은 아빠를 그리워한다. 그들은 아빠가 조금만 나아져도 고마워한다. 아빠가 사회적으로 초라해도 좋아지려고 힘쓰면 아이는 아빠를 존경한다. 그 아이는 자라서 아빠를 훌륭하게 생각한다.

아빠노릇을 제대로 못하면서 자녀한테 잘하라고 하면 자녀가 반발한다. 중학생만 되면 아빠의 허점을 알아 부당하게 탄압하면 덤빈다. 이제 자녀가 부모를 때리는 일은 뉴스거리도 안 된다. 자녀에게 맞으면 아빠는 누구에게 하소연도 못한다. 그 원인이 자신에게 있기 때문이다.

자녀가 한둘이라 시행착오를 겪으며 아빠노릇을 배울 기회가 적다. 아빠가 잘못을 반성하고 자녀에게 친절하면 관계가 좋아진다. 반대로 아이가 잘못을 빌었을 때 아빠가 용서하면 사이가 좋아진다.

아빠 점수는 자녀가 매긴다. 자녀가 "아빠가 나한테 해준 게 뭐냐?"고 하면 빵점 아빠가 된다. 원통해도 자녀의 평가를 받아들여 "미안하다"고 말하는 게 좋다. 아빠로서 최선을 다했다면 스스로 점수를 올리면 된다. 자녀가 철이 들면 아빠의 성적을 제대로 평가하니 자녀를 원망할 것 없다.

- 부권은 자녀가 부여한다

고독사가 늘어난다. 자녀가 많은데도 쪽방에서 아빠 혼자 죽는 경우가 증가한다. 서울시 통계에 따르면 고독사하는 아빠가 엄마의 여덟 배가량이다. 엄마는 아이에게 잘못하면 시인하는 데 견주어 아빠는 잘못하고도 큰소리치다 죽기 때문이다. 고독사하는 아빠 가운데 일부는 장례도 시체를 발견하는 사람에게 부탁한다. 그런 아빠일수록 장례비는 남겨도 자녀의 연락처는 남기지 않는다. 자식에 대한 원한을 안고 이승을 떠나는 것이다.

일본에는 고독사자의 유품을 처리해주는 업체가 수천 개라고 한다. 한국에는 고독사자의 유품정리업체가 없어도 고인의 물건이야 아무나 정리해 주지만, 자녀와 얽힌 갈등은 누구도 풀어주지 못한다. 하수는 부권을 내세워 아빠노릇을 잘못하고도 자식을 저주하며 눈을 감는다.

하수는 하늘이 부여한 부권은 누구도 빼앗지 못한다고 주장한다. 부권을 신성불가침의 권한으로 알고 자식을 함부로 다룬다. 실제로 부권은 박탈하기 힘들다. 그리하여 아빠노릇은 안 하고 자녀가 사고를 당하여 보상금이 나오면 그 돈을 노리는 하수가 나온다. 대형 사고가 터질 때마다 그런 아빠가 나타난다. 자녀들이 아빠로 인정하지 않아도 법원에서 친권을 보장하니 그 아빠가 보상금을 받아 간다.

실체가 없는 하늘이 아빠에게 부권을 줄 수 없다. 부권은 자녀가 아빠를 인정할 때 생긴다. 자녀는 아빠노릇을 잘해야 부권을 인정한다. 자식들은 자기 역할을 팽개친 아빠를 부인한다. 자식을 괴롭힌 아빠는 자식들이 내친다. 그들은 아빠가 세상을 떠나도 찾아가지 않는다. 아빠가 잘못한 경우에는 사람들도 자식보다 아빠를 비난한다.

옛날에는 아빠가 밖으로 떠돌다가 병들어 집으로 돌아오면 엄마가 맞아주었다. 그 자식들은 어쩔 수 없이 아빠를 받아들였다. 지금은 그런 엄마가 드물뿐더러 엄마가 아빠를 용서하려고 해도 자식들이 말린다. 아빠노릇을 게을리해도 자식들이 아빠의 잘못을 지적하는 세상이다.

위정자들이 아빠에게 힘을 실어주는 바람에 잃은 부분이 많다. 그 때문에 권한만 알고 의무와 책임을 외면한 아빠가 많이 나왔다. 아빠의 권한이 막강하여 아이가 아빠에게 학대를 많이 당했다. 아빠가 자식의 인생을 망가뜨리는 수도 많았다. 엄마도 아빠를 제어하기는커녕 아이와 함께 탄압을 당했다. 오늘날 아빠가 다른 가족에게 왕따를 당하는 원인이 오래된 원한에 있는 것이다.

하수는 지금도 유교를 부권의 근거로 삼는다. 시대적 소명을 다한 이념에 기대어 권한을 휘두르려 한다. 이제 세상은 바뀌었다. 아빠가 잘못하면 자녀들이 부권을 부인한다.

아빠가 잘못을 빌면 자녀들은 아빠에게 권위를 돌려준다. 고수는 잘못을 인정하고 자녀의 신뢰를 얻어 부권을 회복한다.

부권은 타고나는 게 아니라 아빠가 만든 권한이요, 자녀가 아빠를 믿을 때 생긴다. 부권은 받을 만한 자격을 갖춰야 얻는다. 아빠 자격이 없는 사람이 부권을 휘두르면 아이가 심신에 상처를 입는다. 상흔이 많은 '내면 아이'를 지닌 자녀는 성인이 되어서도 정상적인 사회활동을 못한다. 잘못은 아빠가 했는데 고생은 아이가 하는 셈이다.

모든 아빠는 자녀가 자기보다 잘되기 바란다. 대부분의 자녀는 아빠의 기대를 채우지 못한다. 그런다고 아빠가 자녀를 무시하면 서로 대립한다. 아빠와 자녀는 특수한 관계인 터라 한번 틀어지면 바로잡기도 힘들다.

어떤 아빠는 아들을 잘 가르치려고 걸핏하면 매를 들었다. 의도는 좋았으나 방법이 나빴다. 자녀 하나가 중학생 때 집을 나간 뒤에 일이 안 풀리자 아빠에게 손을 벌렸다. 머리를 숙이고 애걸했으나 아빠는 그 간청을 외면했다. 아빠는 재산이 많았는데 욕심이 많은 데다 자식이 더 고생해야 철이 든다고 보았다.

그 아들은 아빠 때문에 인생이 꼬였다고 생각했다. 아빠가 잘못 가르쳐놓고 사업에 실패했는데도 도와주지 않았다고 원망했다. 그는 아빠에게 보복할 궁리를 했다. 막다른 고비에서도 아빠가 도와주기는커녕 못된 놈이라고 나무라자 집에 불을 지르려고 휘발유를 사 왔다.

자녀가 집에 불을 지르려고 위협해도 아빠는 자녀를 나무랐다. 다른 집 애들은 못 배웠어도 성공했다고 말하며, 자기는 자식 복이 없다고 한탄했다. 아들이 살기를 띠고 휘발유를 뿌려도 물러서지 않았다. 오히려 무슨 짓이냐고 호통을 쳤다. 부권을 무시한 아들에게 그 말이 통하지 않았다. 아들은 방에 불을 질러 아버지와 함께 죽었다. 사람들은 그 애비에 그 아들이라고 수군거렸다. 돈에 눈이 멀어 자식을 죽였다고 하며 그 애비를 욕했다.

한국에서는 부권이 절대적이다 보니 자녀가 아빠를 증오해도 극단적인 사태를 떠올리지 않는다. 위기에서도 부권이 통할 줄 안다. 부권이 막강하다 보니 아빠가 자녀와 극단적으로 갈등하다 공멸하는 수가 생긴다.

옛날에는 아빠가 딸을 성폭행해도 흐지부지되는 수가 있었다. 어른들은 딸에게 아빠를 용서하라고 말한다. 엄마도 책임을 느끼는 데다 가정을 지키려고 사건을 덮으려 한다. 할아버지와 할머니도 너만 참으면 가족이 산다고 회유한다. 이유를 떠나 사람들은 여자가 몸을 버렸다고 매장하니 딸은 하소연할 곳이 없다. 가장 믿는 아빠에게 성폭행을 당하고 구원을 요청하지 못하는지라 딸이 삶을 포기하기도 한다.

요즘은 그런 일을 세상에 드러내는 경우가 있다. 아빠의 힘이 줄고 자식의 힘이 커졌기 때문이다. 아동 학대를 신고하는 비율이 4%에 지나지 않을 정도로 대부분은 학대를 당해도 신고를 안 한다. 여전히 아빠가 자식보다 막강하기 때문이다.

이혼과 재혼이 늘어나면서 부권의 양상이 복잡하다. 대체로 계부는 친부보다 의붓자식에게 위험하다. 친모가 제 자식을 외면하면 더욱 그렇다. 어떤 엄마는 친딸이 의붓아빠에게 성폭행을 당했다고 호소해도 아빠와 같이 살려고 딸에게 합의서를 쓰라고 강요한다. 엄마가 부당한 부권을 지켜주니 아이는 배신감에 치를 떨며 아무도 믿지 않는다. 그 딸은 정상적인 생활을 하기 힘들다.

학교에서 교사로 근무할 때 내가 담임한 반에 보육원생이 하나 있었다. 그 마음을 사려고 여러모로 애썼으나 그는 무심하게 대응했다. 심리적으로 거리를 두어 접근하기 어려웠다. 나는 초보 선생에다 총각이라 어찌해야 할지 몰랐다. 보육원에 가게 된 사연은 몰랐으나 부모가 그에게 무릎을 꿇고 용서를 빌어도 마음을 열기 어려울 것 같았다.

어릴 때 부모와 기초 신뢰(basic trust)를 구축하지 못한 자식은 마음을 굳게 닫는다. 그들은 부모도 믿지 않고 배신을 극도로 증오한다.

고수는 세상을 뜨기 전에 자식에게 잘못을 고백하여 부권을 회복한 뒤에 하늘로 떠난다. 그 자녀들은 아빠의 말년을 기억하고 열심히 산다. 아빠의 끝이 좋았으니 아빠의 삶을 괜찮게 평가한다.

– 아빠가 미안해!

김종기 씨는 학교폭력으로 자녀를 잃었다. 그 뒤에 학교폭력을 막으려고 청소년폭력예방재단을 설립하여 20년 넘게 이끌었다. 신원그룹 전무이사를 그만두고 정부도 피하는 사업을 지속한다. 하나뿐인 아들을 학교폭력으로 잃고 나서 자녀의 영혼을 위로하려고 그 일에 매달린다. 아들이 목숨을 버릴 만큼 힘들었는데 아빠가 아들을 지켜주지 못해 미안했던 것이다.

그는 죽은 아들 대신 다른 학생들을 돕는다. 정치권이 학교폭력에 관한 법률을 제정하도록 하고, 스스로 학교폭력 SOS 지원단을 조직하여 활성화했다. 당국에서는 학교폭력을 덮으려고 하는 데 견주어 그는 학교폭력을 드러내서 막으려고 뛰어다녔다. 다시는 아들과 같은 사람이 나오지 않기를 바라는 마음으로 그 일을 계속한다. 아들에게 속죄하는 마음으로 그 일에 매진한다.

학교폭력으로 아이를 잃은 아빠는 많다. 그 가운데 김종기 씨처럼 학교폭력을 막으려고 직장을 버리고 나선 아빠는 드물다. 그만큼 그는 위대하다. 자기 자녀가 아니라 다른 아이를 살리려고 그는 오늘도 거룩한 일에 힘쓴다.

그는 아들을 훌륭하게 키우려고 직장에 다니느라 아들이 학교폭력을 당하는지도 몰랐다. 자녀가 고등학생이라 학교폭력은 꿈도 꾸지 않았다. 자녀가 자살하자 충격이 하도 커서 학교폭력을 막는 일에 인생을 걸었다.

아빠는 자녀가 학교에 가기 싫다고 하면 대개 그 까닭은 묻지도 않은 채 참고 다니라고 한다. 자식이 세상에서 살아남으려면 학교에 적응해야 한다고 보기 때문이다. 학교는 사회에 견주어 생활하기 쉽다고 여겨 학교에서도 적응하지 못하느냐고 나무란다. 군대에서 살아남아야 하니 아빠로서 자식을 걱정해서 하는 말이다. 그러니 자녀는 학교에서 폭력을 당한다고 아빠에게 말도 못하고 극단적인 선택을 한다.

아들이 자살하고 나면 아빠는 자녀를 지켜주지 못했다고 자책한다. 죽을 때까지 자녀에게 미안한 감정을 품고 산다. 자녀를 책임진 아빠로서 자녀가 생사를 놓고 고민할 때 못 도왔다는 죄책감에 시달린다. 다른 가족도 죄의식을 느끼지만 아빠는 누구보다 크게 자책한다. 가장으로서 아이를 못 지켰다고 생각하기 때문이다.

아빠는 죽은 자식을 가슴에 묻는다. 자식에게 잘못한 일이 떠올라 일상 생활을 제대로 못 한다. 고등학생이면 다 키웠다고 생각하다 자식을 먼저 떠나보내니 아빠는 인생의 의미를 잃는다. 자식이 병사해도 잊지 못하는데 자식이 스스로 목숨을 끊으니 아빠는 죽을 때까지 죄책감에 시달린다.

아빠와 자녀가 신뢰를 쌓지 못한 탓에 자녀가 고민을 말하지 못한다. 아빠가 자신을 믿지 못한다고 생각하여 자식이 혼자 고민하는데 아빠는 자녀의 비극을 예감하지 못한다. 어릴 때 자녀가 고민을 말하다 혼난 경험이 있으면 자녀가 고민을 감춘다. 그러니 아빠는 자녀의 고민을 알지 못한다.

어떤 아빠는 자녀가 왕따를 당하면 나서서 문제를 해결해준다. 조직폭력배를 동원하여 가해한 학생들을 때리는 경우도 있다. 학교에서 가해 학생을 제대로 처리하지 않으니 아빠가 직접 해결하는 측면도 있다.

최선은 아빠가 자녀에게 대응력을 길러주는 일이다. 차선은 학교에 알리는 방안인데 해결이 안 되는 수가 많다. 여러모로 애써도 문제가 안 풀려 자녀가 학교에 다니기 힘들다고 판단하면 학교를 쉬도록 하는 게 좋다. 공부할 길이 많으므로 학교를 떠나 비극을 피하는 전략이다.

선진국에서는 학교폭력이 생기면 가해자 부모까지 불러 계도한다. 그 부모가 학교 방침에 협조하지 않으면 친권도 박탈한다. 우리는 가해자 부모는커녕 가해 학생도 봐주니 피해자 부모가 가해자를 협박하는 수도 있다.

전교생이 20여 명인 시골 중학교에서도 폭력이 일어난다. 학생과 교사는 물론 부모들도 누가 폭력을 휘두르는지 알지만, 누구도 그를 계도하기 힘들다. 아빠에게 물려받은 폭력성을 남이 바꾸기 어렵다. 그는 학교에서 자기를 제재하지 못한다는 사실을 알고 설친다. 다른 학생들은 그를 피한다. 문제아를 처벌하지 않으니 선량한 학생이 피해를 입는다.

문제 아빠는 자녀를 잘못 길러 학교를 불안하게 만든다. 문제 아빠를 계도하기는 힘들다. 당국에서 그런 부모를 교육하려고 해도 문제 아빠는 그곳에 가지 않는다. 그는 자식에게 문제가 있다는 사실을 인정하지 않는다. 그도 부모에게 나쁜 언행을 습득하여 자기 잘못을 모를뿐더러 문제를 지적하면 화를 내기 일쑤다.

하수는 경제적 책임이 아빠노릇의 전부인 줄 안다. 그는 부양 책임을 다하면 자기 자녀를 제 마음대로 해도 괜찮다고 생각한다. 자녀에게 미안한 마음을 갖지 않은 터라 아이가 극단적인 선택을 해도 담담하게 생각한다. 자기는 책임을 다했는데 자녀가 잘못하여 비극이 일어났다고 본다.

아빠에 견주어 엄마는 자녀에게 여러모로 미안하게 생각한다. 임신했을 때부터 자녀에게 잘못한 일을 아는지라 엄마는 죄책감을 많이 가진다. 훌륭한 엄마에 견주어 자신을 부끄럽게 생각한다. 태교에서 지금까지 자기가 잘못한 점부터 떠올린다. 자기보다 좋은 엄마를 만났으면 자식이 성공했을 텐데 못난 엄마를 만나 고생한다고 여긴다. 죄책감이 심한 엄마는 자녀 앞에서 죄인처럼 굴기도 한다. 엄마는 육아를 자기 책임으로 알아 자녀에게 미안한 마음을 갖는다. 게다가 엄마는 현실에 따라 유연하게 대응한다.

어떤 언론기관에서 엄마들에게 수, 우, 미, 양, 가로 자신을 평가하라고 하니 수, 우는 드물고 미, 양이 8할이었다고 한다. 엄마는 자신을 부족하다고 본다. 때문에 엄마는 아이의 요구를 자기가 나서서 해결하려고 노력한다. 그에 비해 아빠는 자기는 책임을 다했는데 엄마와 아이가 문제라고 나무란다. 자녀부양 말고는 모두를 외면하는 것이다.

나는 십 년 넘게 경제활동을 거의 접고 저술에 매달려 자녀를 제대로 지원하지 못했다. 두 아들을 지방에서 서울에 있는 대학으로 보냈는데 반지하 방에서 살다 1층에 원룸으로 옮겨 살았다. 운이 취업한 뒤로 월세를 분담하는 바람에 투룸을 얻어 동생과 방을 따로 쓴다. 고맙고 미안할 뿐이다. 하지만 자녀들이 결핍체험을 하고 성취감을 맛보며 성공원리를 익히는 셈이기도 하다. 하여 미안하게 여기지만 죄책감은 갖지 않는다.

나는 돈이 안 드는 부분에서 아빠노릇을 잘하려고 노력한다. 이를테면 자녀와 소통을 원활하게 하려고 힘썼다. 아울러 읽고 쓰는 일에서 성과를 내려고 최선을 다했다. 부양을 제대로 못하니 다른 영역에서 좋은 아빠가 되려고 한다.

고수는 자녀에게 잘못하면 미안하다고 말한다. 사과는 항복이 아니라 반성이다. 고수는 자녀에게 잘못했다면 용서를 빈다. 화해하고 잘해보자는 제안이니 자존감이 상하지 않는다. 자녀에게 용서를 비는 아빠야말로 자존감이 강하다.

자식에게 미안하다는 말을 남발하면 안 된다. 못된 자식은 아빠가 미안하다고 말하면 잘못을 인정하고 책임지겠다는 선언으로 본다. 그런 자녀는 아빠의 죄책감을 이용하여 자신을 합리화하니 잘못했을 때만 미안하다고 해야 한다.

2장

모범이 왕도다

가족과 사이좋게 지낸다

- 아빠가 최고의 배경이다

아빠는 자녀에게 최고의 환경이다. 엄마는 공로를 과장하는 데 견주어 아빠는 자기 성과도 엄마에게 돌린다. 그래서 사람들은 엄마가 혼자 자식농사를 지은 줄 안다. 하지만 대부분의 엄마는 아빠를 배경으로 삼아 아이를 키운다.

왕후장상의 씨가 따로 없으나 여전히 든든한 아빠 아래서 쟁쟁한 자식이 나온다. 엄마가 아빠의 지원을 많이 받아 자녀를 엄격하고 슬기롭게 가르칠 때 자녀가 공부를 잘한다. 아빠가 시원찮으면 엄마가 똑똑해도 자녀교육에서 성공하기 힘들다. 아빠는 자녀교육에 절대적인 요소다.

아빠가 자녀에게 지원은커녕 학대를 하면 자녀는 불안해서 공부를 못한다. 아동 학대의 절반은 직업인의 3% 안팎인 단순노무직과 무직 아빠가 일으킨다. 그 자녀는 서울대에 2% 안팎이 진학한다. 한편, 직업인의 10%인 전문직 아빠 자녀가 서울대 신입생의 절반 내외를 차지한다. 전문직 아빠는 자녀를 물심양면으로 돕는다. 좋은 짝을 만나 자녀교육에서 상승효과를 낸다. 교육의 원리를 잘 알뿐더러 자녀를 직접 가르칠 수 있으니 그 자녀가 공부를 잘한다.

아빠가 자식에게 풍족하게 투자하고 자식이 그에 부응하면 자식 농사에 풍년이 든다. 아빠와 엄마가 사이좋게 지내면서 자녀에게 좋은 교육 서비스를 제공할 때 자녀가 공부를 잘한다. 자식농사가 돈으로 하는 외주산업이 되면서 자녀교육에 금력이 학력보다 영향을 많이 미친다. 박사 아빠도 가난하면 자식을 좋은 대학에 보내기 힘들다. 최근 통계에 따르면 서울 소재 상위권대학 11곳 신입생의 8할 안팎이 소득상위 20%에 든다.

고수는 가족을 천하보다 귀하게 여긴다. 1,000억 개의 은하계 가운데 우리 은하계에만 별이 1,000억 개다. 지구의 70억 중 한 여자를 만나 헤아릴 수 없이 많은 정자 가운데 몇 개를 수정하여 자식을 낳는다. 부모가 로또 1등보다 높은 경쟁률을 뚫고 나온 자식을 만나 가족을 이룬다. 가족은 수억 조의 확률을 통과한 기적들의 모임이다.

누구는 로또 1등이 가족보다 낫다고 한다. 로또에 당첨되면 몇 달은 기쁘고, 몇 해는 편하게 지낼 수 있다. 자식보다 로또가 효자인 경우도 많다. 하지만 로또 1등은 맘대로 되지 않는다. 로또 번호를 확인하는 아빠를 보며 자란 아이는 삶을 하늘에 맡긴다. 아빠가 로또로 거액을 받으면 아이는 아빠가 돈을 공짜로 얻었다고 생각한다. 주운 돈인데 많이 안 준다고 아빠를 욕하기 십상이다.

복권연구가에 따르면 복권당첨자의 말로는 대체로 비참하다. 돈을 놓고 가족과 다투다 돈과 사람을 한꺼번에 잃기 때문이다. 로또에 당첨되면 가장 먼저 하고 싶은 일이 이혼이라고 하는 부부가 많을 정도로 횡재는 불행의 원인이기도 하다. 아빠가 요행을 바라면 자녀가 아빠를 무시할뿐더러 그 또한 돈을 쉽게 벌려고 한다. 티끌 모아 태산을 만들려고 하지 않고 한 방에 부자가 되려고 한다. 로또에 당첨되기 전에 가족이 그릇되게 살아 집안이 무너진다.

고수는 가족을 우연이 아니라 필연의 공동체로 여긴다. 피를 나눈 우주이자 자연이라 생각한다. 가족이 바로 국가요, 세계라고 하며 가정을 일으키려고 열심히 일한다.

고수는 가족과 화목하게 지낸다. 자식을 바라보기도 아까운 보물로 생각한다. 그 아이들은 아빠의 사랑을 듬뿍 받으며 편안하게 공부한다. 아빠가 자녀를 잘 키우려고 집에서 모범을 보이는지라 자녀도 열심히 공부한다. 가족이 서로 본보기가 되려고 애쓰는 사이에 가정이 흥한다.

하수는 아이들을 귀찮게 하니 아이들은 제 방에 들어가 나오지 않는다. 엄마도 아빠를 외면하면 아빠는 누구 때문에 고생하는데 나를 무시하느냐고 화를 낸다. 자녀들은 부모와 환경을 혐오한다. 아울러 자기 외모와 성격도 싫어한다.

하수는 나쁜 배경이 되어 가족을 불행하게 만든다. 가정의 기둥이 흔들리니 집이 무너진다. 그런 집에서 훌륭한 자녀가 나올 까닭이 없다.

자녀교육에서 유전과 환경의 영향은 절대적이다. 부모에게 좋은 유전자를 타고나서 유리한 환경에서 자랄 때 자녀가 잘된다.

아빠가 유전은 바꾸기 어려우나 환경은 아빠가 노력하여 개선할 수 있다.

하수는 나쁜 환경을 대물림한다. 자녀에게 상처를 주어 그 흔적을 후손에게 물려준다. 아이들은 아빠의 악행을 잠재의식에 간직한다. 그 불행의 씨앗은 후손에게 영향을 미친다. 그들은 부족한 배우자를 만나 자식농사에 실패한다. 아빠처럼 하지 않으려 해도 무의식적으로 자식을 학대한다.

고수는 자녀의 성적에 일희일비하지 않는다. 아이가 스스로 목표와 계획을 세운 뒤에 공부하므로 갈수록 성적이 올라간다. 엄마가 자녀교육을 주도하는 터라 엄마는 아이의 성적에 민감하다. 어떤 엄마들은 쪽지 시험 결과에도 신경을 쓴다. 고수는 교육에 조예가 깊어 엄마에게 길게 보고 자식농사를 짓도록 조언한다. 엄마가 느긋하게 자녀교육을 하니 자식은 자발적으로 공부한다.

고수는 엄마와 조화를 이루며 자녀교육을 한다. 서로 성장배경이 다른 까닭에 아빠가 엄마와 교육관을 조정하면서 자녀교육을 돕는다.

고수는 아이가 싫어해도 필요한 공부는 가르친다. 이를테면 공부의 기초인 독서에 힘쓴다. 아이에게 연령에 적절한 독서를 하도록 지도하여 학교공부의 바탕을 다진다. 아이가 초등학생일 때는 성적향상보다 독서에 주력한다. 아울러 한자를 가르쳐 이해의 기반을 다진다. 독서와 한자학습은 공부의 만능열쇠이기 때문이다. 초등학교 시절에 공부의 도구를 잘 갖추면 성적이 떨어져도 중학교에 가서 바로 따라잡는다.

엄마는 자녀가 옆집 아이에게 성적이 뒤지면 초조하게 생각한다. 아이 성적이 자기 책임이라고 여겨 아이를 다그치기 쉽다. 고수는 엄마에게 아이가 학습동기를 발견할 때까지 기다리도록 한다. 고수는 자녀를 느리게 가르친다. 그래야 교육과정에 따라 학습동기를 유발할 수 있기 때문이다.

고수는 엄마의 교육정보에서 진수를 골라낸다. 그는 총체적이고 현실적인 데다 교육의 이론과 실제에 밝아 엄마에게 휘둘리지 않는다. 그는 지식과 경험을 활용하여 교육정보에서 옥석을 가린다. 정보 선별력을 유지하려고 꾸준히 공부한다.

엄마가 교육정보를 많이 안다고 하나 아빠가 신문만 자세히 읽어도 그 정도는 바로 따라잡는다. 내가 학원을 하면서 보니 수준 높은 아빠 아래 우수한 자녀가 있었다. 그런 아빠는 고수 엄마와 살았다. 그들은 자녀교육을 놓고 싸우지 않았다. 아빠 수준이 자녀 성적을 갈랐던 것이다.

고수는 자녀교육을 가족과 합의하여 시행한다. 합리적인 가정에서 자란 터라 자녀는 다른 사람의 의견을 존중한다. 다른 학생과 사이좋게 지내니 마음이 편안하여 공부를 잘 한다.

- 싸운 뒤엔 화해한다

성장배경이 다른 남녀가 같이 살다 보면 여러모로 다투게 된다. 나는 농촌의 농부 아들이요, 아내는 도시의 장사 딸이다. 배경이 상이한 만큼 마늘도 다르게 본다. 나는 고향에서 가져온 마늘을 부모의 땀으로 보는 데 견주어 아내는 시장에서 몇 푼만 주면 사는 채소로 본다. 때문에 내가 마늘이 썩는다고 화를 내면 쩨쩨하게 생각한다. 나쁜 감정을 자극하면 마늘을 넘어 전면전으로 번진다.

아이가 있는 데서 내가 큰소리를 치면 아내는 나를 끌고 다른 곳으로 가려고 했다. 애들에게 싸우는 모습을 보이지 말자는 뜻이었다. 나는 화가 나면 애들 앞에서도 참지 못했다. 아이들에게 부정적인 영향을 미친다고 생각하면서도 분노를 절제하지 못했다. 아버지가 가끔 어머니에게 화내는 모습을 보아서 그런 것 같다.

산부인과 의사들에 따르면 4개월이 넘은 태아는 부부가 싸우는 소리를 듣는다고 한다. 태아가 그 소리에 놀라 한쪽으로 피한다는 것이다. 뇌과학자들은 아이들이 부모가 싸운 사실은 기억하지 못해도 그 광경과 당시 감정을 심신에 새긴다고 말한다. 그것이 아이의 언행에 영향을 미친다고 본다. 무의식에 담긴 부모 언행이 아이의 반응방식을 결정한다는 말이다.

갓난아이도 아빠와 엄마 가운데 자기를 위기에서 구해줄 사람을 안다고 한다. 낯선 사람이 오면 그 쪽으로 간다고 한다. 고난이 닥치면 자신을 보호해줄 사람에게 목숨을 맡긴다는 말이다. 그때 아이의 심신에 입력한 사람이 아이와 평생 함께한다. 많은 아이들이 그 시절에 엄마를 구원자로 고른다. 아이가 말을 하면 "엄마가 좋아, 아빠가 좋아" 하고 물어봐야 소용이 없다. 승패는 오래 전에 결판난 상태이기 때문이다.

아이가 아무것도 모른다고 생각하고 그 앞에서 싸우면 심신에 깊은 상처를 남긴다. 아빠가 엄마를 몰아붙일수록 아이는 아빠를 싫어하고 엄마를 좋아한다. 그런 터라 아빠와 겨룰 만하면 아빠에게 대든다.

고수는 자녀 앞에서 엄마와 싸우지 않는다. 부모가 싸우면 자녀가 두려워하기 때문이다. 삶을 맡기고 있는 의지처가 흔들리면 아이는 공부의 기초를 다지지 못한다. 생존이 시급하니 미래를 준비하는 공부를 생각할 여유가 없다.

나는 기독교인이요, 사범대학에서 교육학을 배운 뒤에 교사가 되었으나 하수였다. 둘 다 교육계에 종사하여 우리 부부는 자녀교육을 놓고도 서로 자기 방식을 고집했다. 각자 살아온 길에 따라 자녀와 교육을 다르게 보았기 때문이다. 자녀에게 열악한 교육환경을 제공한 셈이다.

고수는 자녀 앞에서 싸운 뒤에는 자녀에게 그 까닭을 설명한다. 아이는 엄마와 친해서 부모가 싸우면 대체로 아빠가 잘못했다고 생각한다. 아빠가 엄마와 싸운 까닭을 자녀에게 말해주면 아이에게 점수를 더 이상 잃지는 않는다.

나는 아내와 싸우고 나면 먼저 화해를 시도했다. 싸운 이유를 아들에게 말한 적은 없으나 아내와 사이좋게 지내려고 노력했다. 그걸 보고 자녀가 불안에서 벗어나도록 했다. 자녀의 갈등을 빨리 해소하려고 노력했다.

부모가 싸운 다음에 말을 안 하고 지내면 자녀는 부모의 눈치를 본다. 부모의 눈치를 보고 자란 아이는 자신감이 떨어진다. 삶의 초점을 남에게 맞추기 때문이다. 아이의 생존권을 거머쥔 부모가 냉전을 벌이면 가정은 갈등의 소굴이 된다. 아이는 살아남는 일에 집중하며 다른 사람을 경계한다. 자녀가 자존감을 키우지 못해 다른 아이에게 뒤진다.

　고수는 아내가 싸움을 걸면 그 자리를 떠난다. 피신은 패배가 아니라 휴전이다. 고수는 부딪치는 쪽보다 자리를 뜨는 길로 간다. 고수는 1분만 참으면 싸움을 피하고, 10분을 참으면 감정이 가라앉는다는 사실을 아는 연고다. 아이들이 어릴 때는 아빠가 엄마에게 진다고 본다. 그러나 크면서 자신을 이기는 일이 힘들다는 사실을 알면 아빠를 강자로 본다.

　아이가 세상에 나와 처음 만난 남자와 여자가 아빠와 엄마다. 가족이 바로 사회이니 아이는 부모가 바람직하게 살 때 건전한 인간관과 사회관을 갖는다. 고수는 자식에게 바람직한 세계관을 심어주려고 노력한다. 자기가 자녀의 인생에 영향을 준다고 생각하여 언행에서 모범을 보인다.

　고수는 엄마가 자녀에게 "네 애비처럼 살지 마!"라고 말해도 웃어넘긴다. 그 말을 듣고 "당연히 나보다 잘되야지!" 하면 아이들은 아빠가 너그럽다고 생각한다. 하수는 아내에게 그런 말을 들으면 집안을 공포의 도가니로 만든다. 모욕을 당하면 엄마를 몰아붙인다. 그런 집에서 훌륭한 자녀가 나오기를 바라는 것은 나무에서 고기를 구하는 격이다.

고수는 자식에게 "나처럼 살지 마라!"고 말하지 않는다. 가정에서 유일한 남자 모델을 스스로 부정하면 아이가 사회의 절반을 잃는 까닭이다. 더구나 자기를 비하하는 아빠 아래서 자란 아이는 아빠를 부정할 뿐만 아니라 자존감도 잃는다. 고수는 자식에게 상처를 남기지 않으려고 자신을 존중하며 살아간다. 남들이 하찮게 여겨도 자신을 괜찮은 사람이라고 생각한다. 자기가 하는 일도 소중하게 인식한다.

정주영의 아빠는 농부로서 아들이 최고의 농부가 되기를 바랐다. 스스로도 최고 농사꾼이 되려고 힘썼다. 정주영은 아빠의 꿈을 자기화하여 한국 최고의 기업인이 되었다. 정주영의 아빠가 "너는 절대로 농사는 짓지 마라!"고 했다면 정주영은 농사가 아닌 직업을 찾는 데 매달렸을 것이다. 그러면 그도 평범한 직장인에 머물렀을 가능성이 크다.

부모가 싸우면 아이는 극도로 긴장한다. 그런 과정을 많이 겪으면 아이는 정서적으로 불안해진다. 정서가 공부의 바탕이므로 그 아이는 공부를 못한다. 아빠가 가정의 분위기를 책임진다는 측면에서 자녀를 망친 주범이다.

술주정꾼 아빠 아래서 목사와 깡패가 나온다. 수용태도에 따라 그 길이 갈린다. 아빠처럼 술을 마시고 인생을 낭비하지 않겠다고 생각하면 성직자가 된다. 아빠의 영향은 강한 데 견주어 아이의 의지는 약한지라 주정꾼 아빠 아래서는 주정뱅이 아들이 나오기 쉽다. 그런 아빠 아래서 자라면서 엄마와도 반목하고 살았다면 그 아이는 자라서 젖처럼 술을 마신다. 한국인이 애정 결핍에 걸려 술을 많이 마시는 게 아닐까?

아빠는 인생의 근원이다. 아이의 유전과 환경을 조성하는 주체다. 아이는 아빠를 잘 만나야 성공한다. 고수는 아이가 바라는 대로 해주려고 노력한다. 아이를 강자로 존중하여 아이가 눈치만 해도 알아서 긴다. 그 아이는 자라서 자신에게 좋은 유전자와 환경을 제공한 아빠를 업어준다.

아이의 운명은 사주팔자가 아니라 아빠에게 달려 있다. 아빠에 따라 아이는 천사도 되고 악마도 된다. 문제는 아빠의 품격이다. 아빠가 명품이면 아이의 수준은 저절로 올라간다. 자식 성패의 열쇠는 아빠가 쥐고 있는 것이다.

– 아빠는 분위기 메이커

가정의 분위기는 아빠가 만든다. 아빠가 집에 있어도 자녀가 편안하게 활동한다면 그 가정은 분위기가 좋은 셈이다. 고수는 가족과 사이좋게 지낸다. 아이들이 자신을 의식하지 않도록 집에서도 없는 듯이 생활한다.

하수는 자녀를 부하로 여겨 자녀를 못살게 군다. 이것저것 묻고, 밀린 훈계를 몰아서 한다. 아이를 귀찮게 하니 아이는 짜증을 낸다. 그런다고 아빠가 자식을 나무라면 가정 분위기가 썰렁해진다. 그 자녀들은 아빠가 집에 있으면 불편하게 생각한다. 무슨 명령이 떨어질 줄 몰라 아무것도 못한다.

아이에 따라 "아빠, 언제 와?" 하는 전화의 뜻이 달라진다. 대체로 어릴 때는 빨리 오라는 전화지만, 초등학교 고학년을 넘어서는 늦게 오라는 말이다. 자녀는 자랄수록 아빠를 감시자로 생각한다. 어릴 때는 같이 게임을 해놓고, 커서는 게임만 한다고 잔소리를 하기 때문이다.

하수는 어릴 때는 마음대로 하게 놓아두다가 커서는 자식을 자기 뜻대로 움직이려 한다. 그러니 아이와 부딪친다. 고수는 세 살 버릇을 잘 들여 커서도 원만하게 지낸다. 그는 어릴 때부터 자녀의 게임을 제한한다. 자녀와 규칙을 정하여 그에 따르도록 가르친다.

유대인 아빠는 아이를 생애 시간표에 따라 가르친다. 『탈무드』에서 5세는 성경을, 10세는 율법을, 13세는 계명을 배울 나이라고 했다. 12~13세에 성인식을 치른 뒤에는 나이에 따라 스무 살까지 토론, 혼례, 생계를 책임지라고 교육한다. 공자처럼 15세에 뜻을 세우고, 30세에 서라는 식으로 막연하게 목표를 제시하지 않는다. 유대인의 생애교육이 우리 현실에 부합하지 않으나 그 취지는 따를 만하다.

되는 집안은 아빠를 중심으로 돌아간다. 엄마와 자녀가 아빠를 존중한다. 아빠의 자리를 마련하여 주고 그 위신을 세워준다. 그에 따라 아빠가 행동하니 가족이 마음 놓고 제 일에 집중한다. 아빠는 가족의 기대에 부응하려고 열심히 일한다. 가족이 함께 집안을 일으키는 셈이다.

유대인은 아빠 자리를 마련하여 주어 아이들이 앉지 못하도록 하고, 죽은 뒤에도 그 의자를 그대로 둔다고 한다. 인생이 과거와 현재, 그리고 미래로 이어진다는 의식을 심어주며, 아빠가 떠나도 아이가 아빠를 의식하며 현재에 충실하도록 하는 것이다. 그들은 이렇게 하여 디아스포라, 곧 2,000년 동안 세계를 떠돌면서도 민족의 정체성을 유지했다. 그 결과 지금은 세계 최고의 민족이 되었다.

하수는 아들과 딸을 차별하여 가정의 분위기를 깬다. 딸이 잘못하면 눈 감아 주고, 아들이 실수하면 나무란다. 아들은 아빠가 없으면 누나를 괴롭힌다. 누나가 그런다고 아빠에게 이르면 아빠가 아들을 혼낸다. 아빠가 집에 있으면 아들은 제 방에서 나오지 않는다. 아빠가 미워 피하는 것이다.

하수는 뚱뚱한 아들을 돼지라고 놀린다. 아들이 그 말을 듣고 날씬해지라는 뜻이다. 하수는 아들이 싫다고 해도 그만두지 않는다. 다른 아이들이 있는 데서도 별명을 불러 애들이 따돌리게 만든다. 아이는 왕따 원인을 제공한 아빠를 싫어한다. 아빠는 아이가 그 말을 농담으로 받아들이기 바라지만 아이는 농락으로 수용하기 때문이다.

개도 주인이 좋아해야 남도 예뻐한다. 천하보다 귀중한 아이를 돼지라고 천시하면 그 아빠 역시 돼지가 된다. 그야말로 동반추락이다.

엄마와 누나까지 아빠를 거들면 아들은 빗나간다. 엄마가 어설픈 페미니스트로 잘못된 남녀관을 주입하면 문제가 심각해진다.

여성 언론인 가운데 우물 안 개구리처럼 대롱으로 세상을 보면서 남성을 폄하하는 사람이 있다.

그렇지 않아도 아들은 고단하다. 아들은 중학생 때까지 딸에게 성적이 뒤지는 경우가 많다. 유치원에서 중학교까지 대부분 여자 선생님을 만나므로 아들은 남자아이의 특징을 존중받지 못한다. 남자의 길을 걸어보지 않은지라 여선생은 남자아이들이 산만하고 유치하다고 차별한다. 가정과 학교에서 여자에게 혼나다 보면 남아들이 여자에게 적개심을 품는다.

세상도 남아에게 불리하게 돌아간다. 사회가 근력보다 뇌력을 중시하니 밖에서 마음껏 뛰어놀지도 못한다. 직업에서도 남녀 차이가 줄어든다. 아들은 안팎에서 남자 속성을 숨기고 살아야 한다. 아빠마저 아들의 사정을 몰라주면 아들은 너무 외롭다. 자신을 알아줄 사람이 없으니 공부할 맛이 안 난다. 남자는 삶의 터전인 자신감과 자존감을 지키는 일부터가 난제다. 그것을 아빠가 알아줄 때 아들이 안심하고 공부한다.

고수는 아들이 직면한 현실과 그 심리를 안다. 자기가 걸어온 세상을 현실에 맞게 직시한다. 때문에 아들을 격려하며 아들에게 양성성(兩性性)을 갖추도록 한다. 아들의 애로를 들어주고 그 사회성을 길러준다. 인생 선배로서 아들을 바람직한 길로 안내한다.

하수는 밖에서 남에게는 양처럼 순한데 집에서 아들에게는 호랑이처럼 사납다. 아들은 절망하여 살아갈 힘을 잃는다. 아이는 그런 아빠에게 정당한 요구도 못한다. 말해봐야 핀잔만 듣기 때문이다.

고수는 자녀에게 생존전략을 잘 가르친다. 밖에서 일하면서 집에서 자녀교육에 힘쓰니 자녀가 바르게 자란다. 아빠가 가족을 부양한다고 생색을 내지 않아도 자녀가 자라면 그 내막을 안다. 따라서 아빠를 고맙게 생각하고 열심히 공부한다. 철이 들수록 노력하여 뒤로 갈수록 성과를 낸다.

고수는 가족끼리 서로 도와 가정의 총력을 키우도록 한다. 어떤 경우에도 가족의 심신에 상처를 주지 않는다. 가정의 기둥이 서너 개인지라 한 사람만 빠지면 집이 쓰러지므로 연약한 기둥인 자녀에게는 부담을 주지 않는다. 가정의 최고책임자로서 집안을 슬기롭게 이끄는 것이다.

고수는 엄마를 동반자로 생각하고 사이좋게 지낸다. 가정을 생각하며 개인적인 희생을 감수한다. 그런 집안에서 자란 자녀들은 학교나 직장에서도 잘 적응한다. 자기 역할을 열정적으로 수행한다.

나는 5남 1녀의 장남인 데다 초등학교 5학년 때부터 여학생과 따로 공부했다. 대학에서 동기생의 8할쯤은 여학생이어서 여자를 아는 데 도움이 되었다. 오랫동안 자취하여 여자의 길을 이해한다. 학교나 학원에서 만난 부모의 9할은 엄마였다. 내가 볼 때 여자의 소원은 행복한 가정이다. 그 꿈을 자녀교육으로 이루려고 한다.

한국 여자들은 남자들이 제정하고 집행한 규제를 따르며 살았다. 나는 이 땅에서 남자가 여자를 얼마나 많이 탄압했는지 아는지라 여자의 소망을 이해한다. 어릴 때는 동네 엄마들에게 "저게 계집애였어야 하는데…" 하는 말을 많이 들었다. 가난한 집에 장남으로 태어났는데 줄줄이 남동생이 나와 내가 첫딸이었으면 어머니가 편했을 것이라는 말이었다. 그런 말을 듣고 나는 어릴 때부터 어머니를 도우려고 힘썼다. 동생을 돌보고 밥도 곧잘 했다.

지금은 십 년 넘게 집에서 읽고 쓰며 아빠 주부로 산다. 아내와 역할 교환을 했으니 가사를 수행한다. 두 아들에게 가사 분담의 모범을 보이면서 가정을 화목하게 이끌려고 한다. 뿐만 아니라 내 길을 닦고 싶다.

발로 말하고 오래 기다린다

- 거실을 서재로 꾸민다

"나도 남들처럼 꾸미고 싶어!"

안사람의 불만이자 소망이다. 내 거실 서재에는 소파와 TV는 없고, 책상과 책장이 가득하다. 복사기도 있어 영락없는 사무실이다. 아내는 교사인데 퇴근해서 다시 교무실 같은 거실에서 지내야 하니 짜증날 만하다.

내가 거실을 서재로 사용하여 아내가 누린 혜택도 있다. 거실에서 내가 읽고 쓰는 바람에 두 아들이 그런대로 공부하여 모두 괜찮은 대학에 들어갔다. 자녀교육은 엄마의 업적으로 여기니 아내가 내 덕을 본 셈이다.

언젠가 진의 고등학교 친구들이 우리 집에서 자고 간 적이 있다. 그들은 우리 거실 서재를 신기하게 생각했다. 대체로 긍정적으로 보았는데 한 친구는 여기에서 공부하면 좋겠다고 말했다. 그들이 돌아간 뒤에 나는 아내에게 말했다.

"거 봐, 애들은 좋다고 하잖아."

물론 반대 사례도 있다. 소독업체 여직원 하나가 우리 집을 소독하고 나가면서 "꼭, 암흑세계 같네" 하고 중얼거렸다. 침묵하는 사람들 가운데는 그 여자처럼 생각하는 쪽이 많을 터이다.

아내는 거실은 포기하고 베란다에서 다육식물을 키운다. 다육식물 화분 수십 개를 들여놓고 그걸 수시로 지켜본다. 나는 오늘도 거실에서 읽고 쓰며 내 인생에 복무한다. 아내와 자식을 생각하며 내 길을 만든다.

고수는 서재에서 자녀와 함께 공부한다. 고광림은 고경주와 고홍주를 미국교포 자녀 가운데 최고위직으로 키웠다. 그는 공부방에서 가족과 함께 공부했다. 그 자녀 여섯이 모두 하버드대와 예일대 등을 나오자 미국정부에서 그 가정을 주목할 정도였다. 그 엄마 또한 자녀와 함께 공부하며 아빠 못지않게 가족의 품격을 올렸다.

유대인은 대개 거실을 서재로 만들어 TV 대신 책을 본다. 거실에서 자녀와 함께 음식을 먹으면서 공부한다. 영상으로 시간을 조각내지 않고, 덩어리 시간에 독서하고 토론한다. 가족과 더불어 공부하여 세계 최고의 지식집단이 되었다.

유대인 아빠는 가정의 성직자이자 교육자다. 안식일마다 가족을 이끌어야 하니 그들에게 공부는 필수다. 그들은 '하브루타', 곧 논쟁하며 공부했다. 그들은 신의 선물인 자식을 잘 기르려고 지속적으로 학습했다. 자녀교육의 성과에 따라 신에게 상벌을 받는다고 보아 자식에게 정성을 쏟았다.

유대인 아빠는 발로 말하고 오래 기다린다. 자식을 제 몸처럼 사랑하며 어떤 상황에서도 그를 믿고 기다린다. 나치의 수용소에서 가스를 마시고 죽어가면서도 민족의 번영을 아이에게 걸었다. 거기에서 살아남은 아빠는 그 체험을 승화하여 자기 세계를 개척했다. 이를테면 빅터 프랭클은 수용소에서 살아난 뒤에 『죽음의 수용소에서』를 저술했으며, 로고테라피(Logotherapy)를 창시했다. 동족인 프로이트와 아들러에 이어 심리학의 새 지평을 열었다.

유대인 아빠들은 나라를 잃고 세계를 유랑할 때도 절망하지 않고 신앙을 지키며 공부했다. 생존하려고 외국어를 익히고 장사를 했다. 그 후손들도 조상의 언행을 본받아 민족의 품격을 유지하려고 노력한다.

일본 고수도 책을 사랑한다. 일본의 건축사 야노 케이조는 『부자의 방』에서 일본 부자 4,000명의 집을 둘러본 결과, 부자들은 거실에 텔레비전이 아니라 책장을 배치한다고 했다. 자기 취향에 맞게 서재를 꾸몄다고 말했다.

한국의 고수 또한 거실 서재를 꾸미고, 책장은 전집이 아니라 단행본으로 채운다. 가족 각자에게 책장을 분배하여 읽은 책을 꽂도록 한다. 서로 무슨 책을 읽는지 알도록 하는 전략이다. 그 자녀는 독서 능력은 물론 선택하고 책임지는 힘도 기른다. 읽은 책만큼 성취감도 올라간다. 그 가족은 책에 대해 서로 이야기한다. 그 아이들은 자연스럽게 독서 습관을 체득하고 토론 능력까지 기른다.

고수는 서재를 아이가 하는 대로 놓아둔다. 서재는 놀다가도 바로 책을 볼 수 있도록 지저분해도 그대로 놓아둔다. 서재는 좁고 막혀 있을 때 독서에 몰입하기 쉽다. 인체공학적으로 탁월한 조명과 안락한 의자를 구비하면 책을 오래 읽어도 심신이 피곤하지 않다.

나는 제재소에서 켜온 판자로 아파트에서 책장을 짰다. 아내에게 목공소를 차렸느냐고 하는 말을 들으며 몇 달 동안 서재를 꾸몄다. 내 손길이 깃든 책장에 둘러싸여 오늘도 읽고 쓴다.

아빠가 서재에서 책을 읽으면 자식도 게임 대신 독서를 한다. 백 마디 말보다 한 걸음 발이 낫다. 아빠가 입을 다물고 책을 읽는 동안 자식들은 무언의 압박을 받는다. 아빠가 말없이 독서하니 자녀도 그를 따라 책을 본다. 적어도 TV나 스마트폰을 자제한다.

방송통신위원회에 따르면 TV가 없는 세대가 4%다. 우리 집에는 TV가 없으며, 나는 책을 한 해에 300권 넘게 읽는다. 그래도 부족하여 더 열심히 공부하려 한다. 누구든 TV를 없애고 십 년만 자기 영역을 파고들면 전문가가 된다. 한국인의 평균 독서량이 10권 안팎이니 한 해에 30권만 읽어도 지식인층에 들어간다.

나는 아버지가 낮에 일하고 밤에 성경을 읽는 모습을 가끔씩 보며 자랐다. 그 덕분에 박사학위까지 받았다. 초등학교 2학년 중퇴생인 아버지를 보고 진로를 잡은 셈이다. 아버지는 초가에서 6남매를 키우면서 때로 주경야독을 했다. 서재는커녕 책상도 없어 밥상에서 성경을 읽었다. 농번기에도 저녁에 졸음을 참으며 독서하던 모습이 지금도 눈에 선하다. 나는 그 태도를 본받아 낮에는 눕지 않고, 밤에도 늦도록 독서한다. 아버지가 교회 직분을 수행하느라고 보여준 광경인데도 자식의 일생에 영향을 미친다.

아버지는 되로 배워 섬으로 쓴 셈인데, 나는 섬만큼 배워 되로 쓰는 것 같다. 나도 아버지처럼 지식과 경험을 효율적으로 사용하려고 노력한다. 아버지처럼 저 높은 곳을 향하여 한 걸음씩 올라간다.

아버지에 견주면 나는 너무 좋은 환경에서 공부한다. 아버지가 2년 다닌 학교를 나는 24년 다녔다. 교육현장을 떠나 혼자 공부해보니 아버지처럼 독학하는 공부가 최고다. 박사학위야 독학에 견주면 종이에 불과하다. 나는 아버지를 보고 집에서 학습의 기초를 다진 셈이다.

공부는 농사보다 쉬운데 잘하면 존경까지 받는다. 그래서 나는 공부를 직업으로 삼았다. 나도 아버지처럼 자식에게 공부하라고 잔소리하지 않고 모범을 보이려고 노력했다. 그러나 번번이 실패했다. 발보다 말이 빨랐던 것이다.

아버지는 자식들에게 가난할수록 배워야 산다는 의식을 심어줬다. 나는 아버지가 사는 모습을 보고 내 인생 지표를 세웠다. 학교를 오래 다니거나 선생을 많이 만나서가 아니라 아버지의 열정과 끈기를 보고 공부했다. 아버지가 일하듯이 공부하면 언젠가 열매를 맺으리라 믿는다.

나는 아들에게 돈을 써야 할 때 나에게 투자했다. 아버지가 하늘에서 6남매의 장남이자 두 아들의 아빠가 뭐하는 짓이냐고 꾸짖을 텐데도 나는 이 길을 걸어간다. 머잖아 괜찮은 곳에 이르기를 바랄 뿐이다.

내가 거실에서 공부해도 자녀들은 게임에 빠졌다. 게임을 못하게 하려고 컴퓨터를 거실에서 안방으로 옮겼다. 고3인데도 운은 자정 무렵 집에 오자마자 안방으로 들어가 게임을 즐겼다. 나는 말없이 그 모습을 지켜보았다. 학교에서 공부로 달아오른 머리를 집에서 게임으로 식힌다고 생각했다. 수험생이라 심신을 이완할 틈이 없으니 집에서 잠시라도 게임을 해야 긴장이 풀린다고 보았다. 발로 말하고 기다리면 말귀를 알아들을 날이 오리라 여겼다.

그러던 운은 대학에서 정보통신을 전공했다. 명문대에는 못 갔으나 명문대생이 선호하는 회사에 취업했다. 명문대 출신과 일하느라고 힘들지 않으냐고 물으니 버틸 만하다고 말한다. 하기야 간판과 업무는 상관이 적다. 내가 학원을 오래 운영하면서 절감한 바다.

아내는 내가 애들에게 발휘하는 인내력의 절반만 자신에게 보여주면 좋은 짝이 될 거라고 말한다. 애들 꼴은 그리 잘 보면서 자기에게는 가끔 욱한다는 말이다. 아버지도 어머니에게는 화를 내도 자녀에게는 화를 안 냈기 때문에 그러는지 모른다. 버려야 할 유산마저 아버지에게 물려받은 터라 못 버리는 것 같다.

- 발로 뛰는 모습을 보여준다

어떤 대형교회 목사가 신도들에게 중보기도를 해줄 테니 제목을 써내라고 했다. 그것을 모아 분석해보니 8할 이상이 자녀에 대한 내용이었다. 부모의 소원은 자식 성공이라는 뜻이다.

고수는 스스로 뛰는 모습을 보여준다. 입이 아니라 발로 이야기한다. 남에게 손을 내밀거나 기도를 부탁하지 않는다. 모범의 효과는 늦게 나타나 길게 간다고 보고 본을 보이고 오래 기다린다.

나는 아버지가 칠십 평생을 농사에 전념하던 태도를 본받아 공부한다. 아버지 기대에 부응하려고 꾸준히 농사를 짓듯이 읽고 쓴다. 근검하며 공부하려고 스스로 채찍질한다.

독서와 저술을 병행하며 자녀와 함께 자라는 일이 내 꿈이다. 자녀에게 발걸음을 보여주고 괜찮은 성과도 내려 한다. 세상을 떠나는 날까지 최선을 다하고 싶다.

아빠는 최초이자 최고의 스승이다. 자녀는 아빠의 말이 아니라 발을 보고 배운다. 아빠가 열심히 일하면 자녀도 공부에 몰입한다. 자녀는 아빠가 일하는 태도를 보고 공부하는 자세를 결정하기 때문이다.

어떤 아빠는 자녀를 서울대에 보내려고 관악산만 올라간다. 등산하면서 사찰과 사당에 들러 자식을 서울대에 가게 해달라고 기원한다. 아이에게 서울우유만 먹인다. 서울대에 들어간 친구 자식 이야기를 자녀에게 해주고, 서울대 입학정보를 가져다준다. 지성을 들이는 일도 좋으나 자기가 하는 일은 제대로 해야 그 정성이 효험을 본다.

내가 살펴보니 수재의 아빠들은 자기 분야에 최선을 다한다. 그 가운데 하나는 중학교를 나와 지방경찰청에서 2인자가 되었다. 입

지전적인 인물로 학자 못지않게 책을 많이 읽었다. 독서하는 분야도 다양했다. 그는 경찰대 출신과 대졸자 경찰이 즐비한 속에서 실력으로 성공했다. 그 자녀들은 일하면서 공부하는 아빠를 보고 열심히 공부했다. 그 자녀들이 좋은 대학에 들어간 것은 말할 것도 없다.

한국 아빠들은 자녀를 안전한 조직으로 유도한다. 그 자녀는 아빠의 바람대로 집단에서 생존하는 데 그친다. 아빠가 자녀에게 길게 살아남는 일을 강조하기 때문이다. 공직자 아버지 아래서 자란 김우중은 대학을 나와 대기업을 세웠으나 위기를 맞아 쓰러졌다. 그에 견주어 정주영은 농부의 아들로 초등학교를 나와 창업하여 대성했는데 후대에서도 잘 나간다. 그 후손들도 창업주를 닮아 도전 정신을 불태우기 때문이다.

물론 김우중은 팔순인데도 베트남에서 청년사업가를 육성한다. 그 불굴의 의지는 본받을 만하다. 그는 샐러리맨으로 신화를 이룩했다. 다만 전문가들은 그가 정부에 기대어 독단주의와 확대정책을 펼치다 좌초했다고 평가하는 추세다.

거인 뒤에는 도전적인 아빠가 버티고 있다. 아인슈타인의 아빠는 패망한 기업인이다. 그는 유대인으로 여러 차례 실패했으나 재기하려고 몸부림쳤다. 아인슈타인은 아빠를 보고 특허청에 다니면서 논문을 써서 위업을 이루었다. 자기 세계를 구축하려고 노력하는 아빠를 보고 불리한 환경에서 새로운 학문을 개척한 것이다.

한국 아빠도 유대인 아빠 못지않게 자녀교육에 열정적이다. 아쉽게도 유대인 아빠처럼 후츠파, 곧 도전 정신을 발휘하지 못한다. 유대인은 아빠에게 모험심을 배워 교육뿐만 아니라 경제에서 새로운 세계를 이룩했다. 구글, 페이스북, 오라클, 인텔, 애플, 마이크로소프트 등을 그들이 주도하여 일으켰다. 아빠가 말이 아니라 발로 가르친 덕분에 그 자식들이 과감히 창업했다. 그들이 세계를 지배하는 셈이다.

전문직 아빠는 자녀를 가르치는 데 유리하다. 그들은 공부를 통해 전문직이 되었으며, 자녀에게 모범을 보인다. 자녀에게 학습 동기를 제공할 뿐만 아니라 공부를 도와준다. 그들 역시 자녀에게 모험보다 안전을 강조한다.

그런 점에서 안철수의 아빠는 위대하다. 그의 아빠 안영모는 의사인데도 아들에게 도전정신을 심어주었다. 그는 아들에게 명예, 선행, 선심을 강조했다. 부산의 가난한 동네에서 빈자들에게 오랫동안 인술을 베풀어 그 덕목을 몸소 실천했다. 아빠의 발을 따라 안철수는 의사, 교육자, 사업가, 정치인으로 변신했다. 안정적인 자리를 떨치고 나와 모험을 감행하며 살아간다. 많은 재산을 사회에 환원하고, 자기 자원을 선용하겠다고 천명한다.

10만여 명에 이르는 의사 가운데 안철수처럼 좌충우돌하며 자기 영역을 구축한 사람은 드물다. 금수저를 타고났으나 무능한 상속자처럼 아빠에게 기대지 않고 흙수저처럼 치열하게 살아간다.

고수는 장사를 하면서도 책을 읽는다. 그 자녀는 아빠의 언행에 감동하여 열심히 공부한다. 아빠가 가게에 책만 갖다놓아도 교육효과가 크다. 자녀가 가게에 와서 그 책을 보고 아빠는 일하면서 책을 읽는다고 생각하기 때문이다. 그게 자녀에게 공부타령을 부르는 일보다 낫다. 아무 말을 안 해도 아빠가 책을 읽는다는 낌새를 아이에게 풍기면 아이도 책을 좋아한다.

자녀교육 전선에서 다른 조건이 불리할수록 아빠 경쟁력을 높여야 자녀가 공부를 잘한다. 빈자 아빠로서 교육 양극화를 줄이려면 부자 아빠보다 열심히 공부해야 한다. 자녀의 장래를 유전과 환경이 결정한다고 가정할 때, 부족한 금력을 아빠가 실력으로 보완해야 자녀가 성공한다. 아이는 아빠만큼 자라기 때문에 아빠가 솔선수범하면 자녀도 열심히 공부한다. 백점 아빠 아래서 백점 아이가 나오는 법이다.

빈자 아빠도 자녀를 슬기롭게 가르치면 자녀를 부자로 길러낼 수 있다. 아빠가 부자를 칭찬하면 그 자녀도 부자에게 호감을 갖는다. 그 자녀는 아빠의 가치관에 입각하여 부자를 열망하며 부자가 되려고 노력한다. 빈자 고수는 자녀에게 부자 마인드를 심어준다. 부자의 줄에 서서 부자에게 부자가 되는 정석을 배워 자녀에게 전수한다. 자녀를 통해서 인생을 역전하려고 여러모로 정성을 기울인다.

- 고난도 모범을 보여준다

고수는 TV보다 책을 많이 본다. TV 시청은 쉬우나 독서는 어렵다. TV와 달리 책은 총력을 기울여야 정보를 얻기 때문이다. 공부에서 독서는 보약이요, TV는 독약이다. TV는 잘못된 가치관을 심고 자극적인 재미를 준다. 그것은 과거 지향적이고, 목적 추구적인 데다 과정을 무시하고 결과를 좇는다. 그 선정성, 폭력성, 환상성에 빠지면 심신이 황폐화하기 쉽다. 그에 따라 사고력과 현실감이 떨어질뿐더러 시간을 낭비하니 인생에서 낙오하기 쉽다.

하수도 이런 사실을 알기에 자신은 TV를 보면서도 자녀에게는 독서를 권한다. 자녀는 아빠의 언행을 따라가므로 그 자녀도 아빠처럼 영상을 탐닉한다. 아이를 거실에서 쫓아내면 제 방에서 스마트폰을 들여다본다. 좁은 화면을 몇 시간 바라보니 집중력이 떨어진다. 그런 다음에 공부하려고 책을 잡아도 영상이 어른거려 읽는 내용이 머리에 안 들어온다.

고수는 집에 오면 책을 본다. 직장에서 돌아온 아빠가 피곤해도 책을 읽으니 그 자녀는 게임을 하기 힘들다. 고수는 아이가 말이 아니라 발을 따르는 줄 아는 까닭에 힘들어도 모범을 보인다. 그 자녀는 아빠를 보고 열심히 공부한다.

고수는 공부와 거리가 있는 일을 하면서도 독서를 넘어 책을 쓴다. 구건서는 택시 운전을 하며 공부하여 노무사 시험에 합격했다. 그는 노무사 공부를 집은 물론 택시에서도 했다. 운전대에 교재를 오려 붙여놓고 손님이 없거나 신호에 걸렸을 때 그것을 보고 공부했다. 그러다가 여러 차례 사고를 일으킬 뻔했고, 동료들에게 미쳤다는 말을 들었다. 누가 무슨 뒷담화를 해도 그는 목표를 향해 달렸다. 마침내 노무사가 되고『나는 기적을 믿지 않는다』도 발간했다.

찾아보면 택시기사 작가도 많다. 김기선은『즐거워라 택시인생』을 썼고, 백중선은『사랑의 택시 인생극장』을 저술했다. 이창우는『어느 지독한 택시기사의 이야기』라는 책을 두 권이나 냈다.

그들은 택시에서 바라본 사람을 조명했다. 최고의 상담가는 택시기사라고 하듯이 사람들은 기사에게 속내를 드러낸다. 그들은 보통 사람들과 나눈 이야기에 자기 생각을 더하여 책을 썼다. 찾아보면 그런 고수가 세상에 즐비하다.

난이도가 높은 모범일수록 자녀에게 미치는 영향력도 크다. 자녀들도 글쓰기가 어려운 줄 아는지라 택시를 운전하는 아빠가 책을 쓰면 아빠를 닮아 공부를 잘한다. 그 자녀들은 친구들에게 우리 아빠가 작가이자 택시기사라고 자랑한다. 그 자녀들은 자존감이 높아 무슨 일에서든 전문가를 꿈꾼다. 그들은 어려움을 헤치고 꿈을 이룬다. 아빠를 생각하며 발로 뛰면서 살기 때문이다.

하수는 택시기사가 쓴 책은 보잘것없다고 무시한다. 그 책을 읽지도 않고 자기가 쓰면 그보다 잘 쓴다고 장담한다. 그 사람보다 책을 발간한 기사가 훨씬 위대하다. 고수는 말이 아니라 발로 실천하는 까닭이다.

말이 통하는 택시기사와 이야기하다 보면 목적지에 즐겁게 도착한다. 고수 기사는 손님의 품격을 올려주며 안전하게 목적지에 데려다준다. 그에 견주어 하수 기사는 말도 안 되는 생각을 손님에게 주입하려 든다. 그 차를 타고 가는 길은 멀고 험하다. 손님은 바로 내리지만 그 자녀는 그가 운전하는 가정에서 내리지 못한다. 그 말을 자녀가 안 들으면 가정을 난폭하게 운행할 테니 자녀는 하고 싶은 말도 못한다. 집이 택시보다 더욱 답답한 감옥이 된다. 그 자녀는 아빠와 갈등하는 바람에 공부를 못한다.

독서나 저술은 그만두고 영상 문자 가운데서 좋은 글을 읽어도 괜찮다. 하지만 영상 문자는 짧고 가벼워 그것을 즐기면 뇌가 길고 어려운 글을 해독하지 못한다. 두뇌가 영상 문장에 최적화할수록 사고력이 떨어진다.

논술학원을 경영하면서 영상문화가 번창하는 만큼 학생들의 논술실력이 떨어지는 현상을 확인했다. 1990년대 학생과 달리 요즘 학생들은 논제를 파악하는 일도 싫어한다. 생각 자체를 혐오하여 논제가 몇 줄만 넘어가면 무엇을 묻는지 명확하게 모른다.

영상시대를 맞아 아빠가 책을 읽어도 아이는 영상에 중독되기 일쑤다. 영상에서는 감각적인 쾌락을 바로 얻는 데 견주어 독서에서는 그 효과를 늦게 보기 때문이다. 고수는 자녀가 영상에 빠지는 것을 막으려고 책을 읽는다. 아빠가 자식의 장래를 생각하며 모범을 보인다.

아빠가 거대하면 자녀가 위축되기 쉽다. 예로부터 거부(巨父) 아래서 거자(巨子)가 나오기 힘들었다. 자식이 아빠에게 눌려 아빠를 뛰어넘기 어려워서다. 우리는 이순신의 자녀가 누구인지 잘 모른다. 반면에 보통 아빠는 하찮은 일에서 역량을 발휘하면 자녀가 그 태도를 본받아 열심히 산다. 그 자녀는 아빠를 딛고 더 높은 곳으로 간다. 문제는 보통 아빠 가운데 그런 사람이 드물다는 데 있다. 자신을 낮게 볼뿐더러 여건이 나빠 안 된다고 포기하기 때문이다.

운이 대기업 두 곳에 합격했을 무렵의 이야기이다. 우리 부부는 회사에서 보낸 축하 꽃바구니를 받고 기뻐했다. "야, 대기업은 역시 다르구나!" 하는 탄성이 절로 나왔다. 얼마 뒤에, 운이 회사 인사서

류에 가족사항을 쓰려고 내 직업을 물었다. 나는 그 전화를 받고 조금 우울해졌다.

'학교에서 끝난 줄 알았는데 기업에서도 아빠 직업을 묻는구나!'

"아빠 직업 뭐라고 써?"

"응, 작가라고 해!"

운이 내가 하는 일을 몰라서 물은 게 아니다. 십 년 넘게 열심히 읽고 쓰는 모습을 보았지만, 열매가 없으니 뭐라고 써야 할지 고민하다 물었을 것이다. '아들도 작가로 인정하지 않는데 누가 나를 작가로 인정할까…' 살짝 서운했다. 아직 무명작가이지만, 무직이라고 쓰는 것은 내 존재를 스스로 무시하는 일이다. 아들의 자존감을 훼손할 것도 같았다. 때문에 작가라고 쓰라고 말했다.

'내일은 내가 뜬다.'

미부(微父) 아래 거자(巨子)가 나오기 바라며 이처럼 다짐했다. 자녀 앞에 디딤돌 하나 놓는 심정으로 오늘도 읽고 쓴다. 자식이 아빠를 따라 하다 꿈을 이루기도 하지만, 아빠가 자식에게 자극을 받아 뜨기도 한다. 이게 가족의 상생 원리가 아닐까?

문제를 풀면서 나아간다

- 문제는 스스로 푼다

진이 고등학교 지원서를 내려할 때, 나는 진에게 1지망으로 전주고를 쓰라고 권했다. 전주고는 전라북도에서 동문이 튼실했기 때문이다. 진은 그런다고 하더니 1지망을 다른 학교로 바꿨다. 학교배정이 끝난 뒤에 이상해서 물어보고 나서 그 사실을 알았다. 진이 배정받은 학교도 1지망이 넘쳐 전주고를 1지망으로 썼다면 배정된 학교에 못 들어갈 상황이었다. 진에게 왜 1지망을 변경했느냐고 하니 지원 학교의 급식이 좋아서 그랬다고 대답했다. 어이가 없었으나 스스로 골랐으니 거기 가서 잘 먹고 공부나 열심히 하라고 했다.

나는 아들에게 동문이 좋은 학교를 추천했다. 내가 시원찮은 고등학교를 나와 동문에 한이 많아서다. 나는 전라북도 진안에서 초·중·고를 다녔다. 진안은 마이산이 있는 곳으로 전북에서도 오지다. 내 고등학교 동창 200여 명 가운데 나 혼자 전북대학교에 진학했다. 나보다 더 좋은 대학에 들어간 친구는 물론 없다. 동창 중에 변호사나 의사는커녕 교사도 둘뿐이었다. 같은 동네에 내 또래가 열댓 명인데 내가 유일하게 정규대학에 들어갔다.

자긍심을 가질 만한 상황인데 나는 대학에 다니며 열등감에 시달렸다. 새로운 마당에서 살아남아야 했기 때문이다. 당시는 고교 입시를 시행하여 대학에서 고등학교 동문끼리 어울리는 경향이 강했다. 명문고 출신들이 부러웠으나 내가 모교를 바꿀 수는 없었다.

내가 고등학교에 다니던 70년대에는 교복과 교모를 착용했다. 내가 다닌 진안고 교복과 교모는 전주고와 비슷했다. 모표와 배지의 형태가 유사한 데다 거기에 새긴 글자조차 전고와 진고이니 아주 흡사했다. 학교에는 전주에 교복을 입고 나갔다가 여학생에게 창피를 당했다는 소문이 퍼지곤 했다. 전주에서 학교를 다닐 형편이 안 되어 전고는 꿈도 안 꾸었으나 그 위세는 나도 잘 알았다. 그때 전고는 전북은 물론 전국에서도 유명했다. 대학에서 나는 전고 말고도 쟁쟁한 고등학교가 많다는 사실을 알고 촌닭처럼 살았다.

자식들은 나처럼 살지 않도록 하려고 두 아들에게 전주고에 지원하라고 권유했다. 운은 내 의견을 따랐으나 추첨에서 탈락했다. 진에게 기대를 걸었는데 진은 아예 내 말을 무시했다. 화가 났으나 아버지를 떠올리며 참았다. 나도 아버지 뜻을 가끔 어겼는데 그런다고 나무란 적은 없었다. 아버지는 화를 잘 내는 편인데도 그런 나를 보아 주었다.

그 무렵에 나는 학원을 운영하여 학생들이 급식에 관심이 많다는 사실을 알았다. 고교 평준화가 오래되어서인지 그들은 동문 의식도 약했다. 진처럼 동문을 일용할 양식보다 하찮게 평가하는 학생도 꽤 있었다. 그래서 나는 진의 선택을 용납했다. 자식 이기는 아빠 없다는 사실을 절감하면서.

나는 아들에게 선택하고 책임지는 힘을 길러주려고 애썼다. 옷이나 신발은 자녀들이 마음대로 고르게 했으나 고등학교는 내가 정해주려고 나섰다. 선택에 책임을 지려고 그랬는지 진은 고등학교에서 열심히 공부해서 고려대 경영학과에 들어갔다. 지방 일반고생으로서 대학에 가보니 절반은 특목고와 자사고를 나온 학생 같다고 했다. 서울에서 문화충격을 받은 데다 영어 실력이 달려 적응하느라 애를 먹었다. 엘리트 교육을 받은 학생이 즐비할 뿐만 아니라 수시 합격생을 깔보는 분위기였으니 자존심이 상했을 터이다. 내가 시골에서 전주로 나와 헤맸듯이 아들은 지방에서 서울로 가서 고생했다. 진은 군복무를 마치고 복학했는데 그 동안 쌓은 경험과 지식을 바탕으로 문제를 풀며 나아간다. 고난을 헤치면서 자라기 바랄 뿐이다.

아버지는 6남매의 장남인 나에게 고등학교를 나와 공무원이 되라고 주문했다. 빨리 돈을 벌어 동생을 거들라고 했으나 나는 그 뜻을 어기고 대학에 들어갔다. 동생들도 나를 따라 공부하는 바람에 아버지는 오랫동안 고생했다. 아버지는 나를 질책하지 않고 수많은 난제를 풀면서 나아갔다.

아버지의 반대를 무릅쓰고 들어간 대학에서 나는 애를 많이 먹었다. 그 시절에 삼수까지 해서 사범대학에 합격했는데 거기에서 열망했던 국어교육과에 턱걸이로 들어갔다. 70년대에 국립대학 사범대학은 등록금이 고등학교 수준이라 가난한 수재들이 선호했다. 나는 겨우 입학한 터라 그 속에서 가까스로 살아남았다.

결핍을 보완하려고 공부하여 박사학위를 취득했다. 교수와 갈등한 데다 동문을 따지는 풍토가 싫어 대학을 떠나 학원을 차렸다. 학원에서도 연줄을 이용해 학원생을 모았다. 고교 동문을 많이 이용했는데 나는 연줄보다 실력으로 성공하려고 노력했다. 그 덕분에 좋은 성과를 냈다.

문제가 많아 살아남았다는 말을 하려고 낯간지러운 이야기를 꺼냈다. 나도 인연을 만들려고 노력한 적이 있으나 체질에 맞지 않고 공부에 방해가 되어 그만두었다. 무소의 뿔처럼 혼자 가기로 했다. 공부는 혼자 하는 일인지라 그 전략이 유효했다.

동문이 튼튼한 사람은 자생력이 약할뿐더러 선후배의 눈치를 보느라 제 목소리도 못 낸다. 서울대 교수는 9할 안팎이 동문이라 경쟁하며 실력을 키우지 않는다. 우물 안에서 최고라고 착각하다가 세계적인 석학은 고사하고 한국에서도 이류에 머물기 일쑤다. 서울대 교수는커녕 서울대 학생이 되기도 어려운데 참으로 안타까운 일이다.

나는 심신이 자유로와 무슨 말이든 한다. 현실을 있는 그대로 보며, 흠을 메워 힘으로 만든다. 잃을 게 없는지라 새로운 일에 뛰어들어 성패를 거듭하며 배운다. 비주류로서 창의적으로 문제를 해결한다. 언제 어디서 어떤 스승이든 만나서 통찰과 지혜를 습득한다. 아웃사이더의 축복을 만끽하며 읽고 쓰는 가운데 성장한다.

일반고 출신은 자사고나 특목고 출신처럼 공부에 물리지 않아 대학에서 재미있게 공부할 수 있다. 부모가 과도하게 보호하지 않은 데다 문제를 혼자 풀어야 하니 성장할 기회가 많다. 기회를 살리면 자생력이 강한 능력자가 된다.

자사고나 특목고는 200여 곳으로 고등학교 전체의 1할 안팎인데 그 학교 출신들이 외무고시의 절반, 행정고시와 사법고시의 20%가량을 차지한다. 그들은 기득권층이 되어 목소리를 크게 낸다. 따라서 아빠들은 되도록 자녀를 특목고나 자사고에 보내려 한다. 그곳에 자녀를 보낸 아빠들은 학벌 사회가 이어지기 바란다. 그러나 그들이 능력 사회의 도래를 막지 못한다. 세상이 능력 사회로 변하기 때문이다.

나는 자녀를 자사고나 특목고에 보낸 아빠를 십분 이해한다. 선택권을 제약하는 한국에서 그런 학교에 가야 학생들이 소박한 자유나마 누리는 까닭이다. 더러는 동문의 후광이 여전하다고 생각하며 신흥명문고에 자녀를 보내려고 한다. 사교육기관에서 그런 의도를 부추기면 초등학생 자녀에게 명문고 입시를 대비하도록 한다. 그 또한 선택이며, 나는 그것을 존중한다.

현실적으로 아빠의 십중팔구는 자녀를 일반고에 보낸다. 일반고에서는 괜찮은 대학에 가기 힘들뿐더러 명문대에 가서도 적응하는 일에 애를 먹는다. 문제를 잘 풀면 크게 성장하니 서러워할 것은 없다.

특목고나 자사고에 들어간 학생은 자생력이 떨어진다. 부모가 문제를 해결해주기 때문이다. 그 부모들은 기숙사에 가서 청소도 해줄 정도다. 우스개로 그런 고등학교를 나온 판사는 엄마에게 물어본 뒤에 판결하려고 재판을 자꾸 연기한다고 한다. 그들은 스스로 판단하지 못한다는 말이다.

부모가 만든 영재는 위기에 취약하다. 2010년에 삼성의 모 부사장이 자살했다. 그는 한국과 미국에서 최고의 대학을 나와 삼성의 핵심 인물이 되었다. 정신과 의사들은 회사에서 그를 실장으로 임명하자 그 인사를 좌천으로 알아 극단적인 선택을 했다고 분석했다. 문제를 딛고 일어선 경험이 없어 실패를 극복하지 못했다는 말이다. 산전수전을 겪으며 자존감을 기르지 못해 문제를 극단적으로 해결한 듯하다.

부모의 지원을 지나치게 받은 자녀는 대체로 나약하다. 사법연수원에서도 부모의 지원을 적게 받은 연수원생이 두각을 드러낸다고 한다. 특목고나 자사고 출신이 사법고시 합격점수는 높으나 연수를 마칠 때는 다른 학교 출신에게 성적이 뒤진다는 말이다.

- 해결한 문제만큼 자란다

박근혜의 승패 뒤에는 아빠가 있다. 그는 박정희의 후광에다 많은 사람의 지원을 더해 대통령이 되었다. 그러나 스스로 문제를 풀어본 적이 없어 최순실에게 기댔다가 탄핵을 당했다. 아빠를 잘 만나 평탄하게 사는 바람에 나라를 다스릴 만한 실력을 못 길렀던 것이다.

생사를 넘나들며 살다간 박정희에 견주면 박근혜는 온실에서 자랐다. 보통 사람이 생애주기에서 만나는 일을 거의 겪지 않았다. 문제를 해결하는 힘은커녕 현실을 보는 눈도 갖추지 못했다. 엄마가 죽은 뒤에 그는 영부인을 대행하며 의전 정치를 익혔다. 그래서 외모와 외교에 치중했다. 박정희가 밥상머리 정치 교육을 하고, 육영수는 박근혜에게 대통령 자질이 있다고 했으나 그건 부모의 안목일 뿐이다. 그는 업적은 고사하고 숱한 과제를 남기고 청와대를 떠났다.

그는 분리나 배신을 극도로 증오했다. 아빠에게 의존하여 살았다는 반증이다. 대통령이 되어 수첩을 보고 인사하는 바람에 실패를 거듭했다. 사람 보는 눈이 모자라 변호사마저 무능한 사람을 선정했다는 비판을 듣는다.

삼국시대 이래 지금까지 아빠의 은택을 입어 벼슬길에 나간 사람이 즐비하다. 손바닥만 한 땅에서 여자는 배제하고, 당과 땅으로 사람을 가르며 가문까지 따지다 보니 좋은 사람을 찾지 못했다. 아빠를 업고 환로에 나간 자제는 대체로 실력이 떨어졌다. 실학자들은 우리가 중국보다 폐쇄적으로 인사한다고 신랄하게 비판했다.

오늘도 대통령에서 구멍가게 주인까지 아빠의 영향을 많이 받는다. 무능한 사람이 아빠를 등에 업고 성공하니 나라의 꼴이 우습게 되었다.

영화 '25시'의 주연 앤서니 퀸은 멋진 영화배우가 되려면 문제 많은 삶을 영위해야 한다고 말했다. 그 아들이 영화배우가 되겠다고 하자 그는 자식이 유복하게 살았는데 그런 꿈을 꾸다니 이해할 수 없다고 하였다. 자식에게 배우의 자질이 없다고 딱 잘라 말한 것이다. 연기도 문제를 많이 해결한 사람이 잘하는데 하물며 인생에서이랴.

우리나라 연예계에는 부모 후광을 타고 무대에 오른 사람이 많다. 우리는 아빠 후광을 업고 태어난 사람을 선망한다. 위인예정설, 곧 위인은 타고난다고 믿기 때문이다. 우리나라 위인은 명문가에서 태어나 신동으로 자라 시련을 극복한 뒤에 위업을 달성한다. 이른바 영웅의 일생을 향유한다. 우습게도 미천한 사람이 성공하면 영웅에 걸맞게 생애를 각색한다. 대통령이 되면 대개 신화를 쓴다. 신분 세탁과 학력 개조, 그리고 인격 미화를 시도한다. 그 허울이 벗겨지면 자서전을 써서 흠을 감추려고 애쓴다. 그러다 보니 전직 대통령의 자서전이 나올 때마다 시끄럽다. 요즘은 전두환 자서전이 나와 여러 시비가 일어난다.

우리와 달리 서양에서는 인생의 진폭이 클수록 존경한다. 링컨이 그렇고, 클린턴과 오바마도 마찬가지다. 클린턴은 아빠 얼굴도 모르며, 오바마는 아빠가 엄마와 자신을 버리고 떠났다. 서양인들은 아빠를 일찍 여의고 성공한 사람을 영웅으로 본다. 바닥에서 정상에 오른 사람을 아빠의 후원을 받아 꿈을 이룬 사람보다 높게 본다.

동서의 위인이 상이한 까닭은 가치관이 서로 다르기 때문이다. 우리는 유교적인 인물을 숭상하고, 서양은 기독교적 인물을 신봉한다. 우리는 신분제에 기초하여 사람을 판단하는 데 비해 서양은 민주주의에 입각하여 인간을 평가한다. 우리는 선천적인 재능을 믿어 고정적 인간관을 따른다. 그와 달리 서양인은 후천적인 능력을 신뢰하여 성장적 인간관을 기린다. 그러다 보니 한국에서는 조금 뜨면 결점을 가리고 미화와 과장에 열을 올린다.

김종필은 조작한 신화를 신랄하게 비판했다. 박정희와 육영수는 흠이 있었는데 박근혜는 부모의 단점만 닮았다고 혹평했다. 그는 육영수가 만들어진 이미지와 달리 인정이 없다고 일갈했다. 미화와 과장을 벗기고 그 민낯을 드러냈다. 주관적인 견해나 본인이 포장한 말보다는 믿을 만하다.

아버지는 10대에 가장이 되어 자녀 여섯에다 삼촌과 고모 셋을 부양했다. 할머니도 둘이나 모셨다. 어머니까지 포함하면 식솔이 12명이었다. 자녀 둘을 뒷바라지하며 쩔쩔매는 내가 볼 때 기적의 주인공이다.

아버지는 근검으로 난제를 해결했다. 쓰러지는 날까지 일했으나 당신을 위해서는 돈을 쓰지 않았다. 어머니가 용돈을 드려도 그대로 가지고 있다가 다시 돌려줄 정도였다.

어머니는 장자인 나에게 아버지가 쓰던 지갑을 물려주었다. 그 속엔 만오천 원이 들어 있었다. 아버지에게 상속받은 현금의 전부인데 그 돈을 나는 15억 원으로 여긴다. 그 돈이 화수분처럼 내 주머니를 채워주는 까닭이다. 나도 아버지처럼 근검으로 고비를 넘긴다. 정약용도 아들에게 '근검(勤儉)' 두 글자를 상속했다는 사실을 떠올리며 근면하고 검소하게 살려고 애쓴다.

쉰 살이 되면서 나는 학원을 닫고 '인생성형'을 열었다. 사람들과 더불어 삶의 슬기를 나누고 싶어서다. 새로운 마당에서 내 지식과 경험을 바람직하게 쓰려고 한다. 도움을 안 받아도 될 만큼 위대한 사람은 없고, 돕지 못할 정도로 초라한 사람도 없다고 보아 이 일을 시작했다.

나는 가난한 부모 아래서 태어나 좌충우돌하며 살았다. 대학을 나와 여러 교육현장에서 학생과 함께 성장했다. 이제 세상에서 남과 함께 삶을 가꾸려 한다. 30여 년간 인생성형에 성공한 사람을 연구했다. 내가 얻은 지혜와 통찰을 사람들과 공유하고 싶다.

살면서 여러 차례 직업을 전환했는데 어떤 일보다 이번 시도가 어렵다. 시련을 극복하는 만큼 성장한다고 믿으며 오늘도 나아간다. 이렇게 힘들 줄 모르고 시작했으나 고난을 극복하고 성과를 내면 그만큼 빛나리라 믿는다.

'인생성형'은 나와 남을 가꾸는 일이다. 흠을 힘으로 바꾸는 일인지라 나는 거절에도 감사한다. 출판사의 사양 편지를 보고 내 필력을 알았으며, 그 덕분에 많은 결점을 보완했다. 그것을 읽고 나를 성형한 뒤에 남을 혁신하려 한다.

나는 어제보다 나아지려고 애쓴다. 경험의 학교에 수업료를 지불하고 실력을 닦은 다음에 이 책을 낸다. 아빠노릇은 내가 겪고 배운 바라 구체적으로 기록할 수 있었다. 아빠들에게 한마디라도 도와주려고 나름대로 애썼다.

아버지에게 배운 바를 바탕으로 나는 다른 아빠와 더불어 자라려고 한다. 다른 아빠가 그 원리를 나름대로 받아들이기 바랄 뿐이다.

사람은 누구나 자기가 힘들게 살았다고 생각한다. 언젠가 서울대 교수를 지낸 사람이 어렵게 살았다고 하는 말을 듣고 웃은 적이 있다. 그 아빠는 대학에서 학장까지 지낸 유명 시인이다. 그런데도 가난해서 고생했다고 말했다. 초등학교 2학년 중퇴생이자 농부인 아버지 아래서 자란 나는 지식인의 미화와 과장을 보며 씁쓸했다. 자식이 아빠를 생각하는 마음으로 이해하려고 해도 지나치다는 느낌이 들었다.

하기야 재벌 자식도 아빠 때문에 힘들게 살았다고 하면 도리가 없다. 세자에게 물어보면 세상에 나처럼 힘든 사람은 둘도 없다고 할 것이다. 실제로 제왕 수업을 생각하면 스트레스가 상상을 초월한다. 자기 평가는 주관적인 데다 자기가 바늘에 찔리는 게 남이 창에 찔리는 것보다 더 아프니까 자기가 가장 힘들다고 하면 그야 어쩌지 못한다.

예로부터 불후의 명작은 궁핍한 상황에서 나왔다. 이중섭은 일본에서 처자와 생이별한 뒤에 한국에 돌아와 삼 년 동안 미친 듯이 그림에 몰두했다. 그 그림이 필생의 걸작이 되었다. 그는 소, 닭, 가족을 주로 그리다 40세에 사망했다. 핍절한 처지에서 아빠의 마음을 예술로 승화하고 떠난 것이다.

십 년에 걸쳐 책을 두 권 냈으나 여전히 나는 무명작가다. 다만 저술 속도는 많이 빨라졌다. 힘들게 읽고 쓴 보람인 듯하다. 나는 이 길을 꾸준히 걸어간다. 독자의 눈을 의식하며 저술을 지속한다. 내 강점을 살려 자리를 잡으려 한다. 내 삶을 바탕으로 나는 새로운 길을 낸다. 배경이 좋은 사람보다 뜨는 데 오래 걸리겠으나 뜨면 길게 가리라 여긴다.

　고수는 삶으로 길을 만든다. 다른 사람이 알아주지 않아도 문제를 풀면서 나아간다. 어떤 길이든 선택하고 책임지는 자세로 걸어간다. 자신에게 기대를 걸고 꾸준히 걸어가면서 길을 닦는다. 자식을 도와주지 못하면 자식에게 문제를 해결할 기회를 많이 준다고 생각하면 된다. 자식이 목표를 바라보며 꾸준히 걸어가면 뒤로 갈수록 자라게 된다.

　- 난제를 풀면서 나아간다

　패자들이 가장 많이 드는 실패 원인은 가난이다. 정작 가난은 성공 요인도 되고 실패 요소도 된다. 문제는 사람이다. 가난을 뛰어넘으려고 하는 사람은 실패를 딛고 일어선다.
　하수는 개천에서 용이 나오지 않는다고 믿는 터라 개천에서 벗어나려고 노력하지 않는다. 그는 개천에 갇혀 바다가 있는지도 모르고 산다. 그에 비해 고수는 가난해도 용이 될 수 있다고 믿는다. 그는 바다에 가서 부자가 되며, 그 자녀에게 자신을 넘어 거부가 되도록 한다.
　한동철의 『부자학개론』에 따르면 상속형 부자는 5% 미만이다. 자수성가형이 60%요, 전문가형이 35%다. 그는 부자 자녀가 서민 자녀보다 부자가 될 확률이 일곱 배쯤 높다고 했다. 자식이 아빠를 넘어 인생을 역전하기 어렵다는 말이다. 예로부터 개천에서 나온 용은 드물었다.

하수는 이제 개천에서는 미꾸라지도 못 산다고 이야기한다. 여러 이유를 나열하며 계층 이동이 막혔다고 외친다. 그는 자녀에게 부자가 못 된다는 생각을 심어 자녀를 빈자로 키운다. 그는 위로 올라간 사람들이 사다리를 치웠다고 비난한다. 그 자녀도 아빠처럼 기득권층을 욕하고 위로 올라갈 생각은 안 한다. 당연히 개천을 벗어나지 못한다.

한국에서 1조 이상의 부자는 8할이 상속형이다. 그들을 사례로 들어 빈자는 부자가 못 된다고 하면 안 된다. 더구나 그 중에는 고등학교 중퇴자도 있다. 바로 넷마블게임즈 방준혁 의장이다. 그는 올해 상장할 주식이 10조 원을 상회하리라 예측한다. 그러면 한국 10대 주식부호에 들어간다.

고수는 개천에서 나온 용을 보고 가난에서 벗어나려 한다. 듣고 싶은 이야기가 아니라 자신에게 꿈을 주는 말을 듣는다. 그는 성공 요소 가운데서 자신을 가장 중요하게 생각한다. 자신을 믿는 만큼 성공을 거머쥔다.

하수는 한국에 비전이 없다고 한다. 인간은 부정적인 경고에 민감한 데다 여러모로 힘드니까 다수가 그 메시지를 받아들인다. 그 음모에 넘어가 실패의 늪에서 헤맨다.

조선시대에는 신분을 바꾸는 일이 거의 불가능했다. 오늘날 한국은 OECD 회원 국가 가운데 신분상승이 용이한 편이다. 한국에는 계층 상승을 실현할 계단이 있다. 그런 방안을 외면하고 자신을 울타리에 가두면 거기에서 살다 간다. 스스로 그은 한계는 누구도 치울 수 없다.

개천에서 나온 용은 숱한 난제를 풀면서 성공했다. 그들은 가난하고 못 배운 데다 지방에서 태어났기에 꿈을 이루었다. 난제를 해결하고 용이 된 뒤에 그들은 가난한 부모에게 감사한다. 만인이 안된다고 하는 일을 이룬 터라 그들은 강력하고 냉혹하다. 그야말로 독종이다.

한국 대통령은 거의 모두 지방 출신이며, 그 아빠는 대부분 미천하다. 노무현은 17회 사법고시 출신 60명 가운데 유일한 고졸자다. 그나마 상고 출신인데 명문대 출신을 제치고 대통령이 되었다. 전두환, 김대중, 이명박은 실업계 출신이자 지방 사람이다. 그 부모들 또한 한미하다. 재벌 창업주도 거의가 지방 출신이요, 대부분 대학을 못 나왔다.

오늘도 개천에서 용이 나온다. 하나은행과 외환은행을 통합한 KEB하나은행을 '시골 촌놈' 함영주가 끌고 간다. 두 현직 은행장을 제치고 한국 최대 은행의 수장을 삼류 출신이 맡았다. 그는 논산 강경상고와 단국대 야간부를 졸업했다. 가문과 학벌이 시원찮으나 그는 문제를 잘 해결했다.

상고 출신 은행원은 돈이나 헤아릴 줄 알지 사람은 모른다고 말한다. 함영주는 하나은행 충청영업그룹 대표로 일하면서 직원 1,000여 명의 생일과 가족관계까지 파악했다. 고객과 소통하며 문제를 해결하여 관리직에 올랐다. 직원을 섬기며 은행의 경쟁력을 확보함으로써 그는 사통오달의 달인이 되었다.

그는 고등학교 2학년 때 전기가 들어온 오지에서 농사짓는 부모를 보고 자랐다. 그는 소처럼 우직하게 걸어갔다. 사람 냄새를 풍기다 보니 배경이 튼튼한 경쟁자를 물리치고 통합은행의 최초 수장이 되었다. 그가 처음에 들어간 서울은행은 하나은행에 통합되어 아웃사이더가 되었다. 연줄로 얽힌 금융계에서 많은 약점을 극복하고 사람들의 신뢰를 얻어 개천에서 승천한 용이다.

함영주는 간판이 아니라 능력으로 성공했다. 은행에서는 치열한 경쟁에서 살아남으려고 충직한 일꾼인 그를 은행장으로 세웠다. 얼굴 마담을 은행장으로 삼았다가 자칫하면 거대한 은행도 한 방에 쓰러지기 때문이다.

그는 21세기에 어울리는 리더십을 개천에서 배웠다. 인생의 진폭이 넓고 깊은지라 누구와도 소통할 수 있다. 그가 말하는 성공 비결을 들어본다.

"가정 형편이 어려워서 상고를 졸업하고 은행에 들어갔다. 공부에 대한 아쉬움으로 주경야독으로 야간대를 졸업했다. 우직하게 앞만 보고 걸어온 덕분에 이 자리까지 올 수 있었던 게 아닐까."

약점을 메우는 과정에서 성공했다는 겸양이다. 그는 사람을 배려하며 동료들에게 친화력과 성실성을 보여준 덕분에 정상에 올랐다. 그가 은행장이 되려고 스펙을 쌓는 데 힘썼다면 그 자리에 앉지 못했을 것이다.

남의 일이라 쉽게 말하지만, 그 동안 그의 발은 얼마나 아팠을까. 우보천리(牛步千里), 곧 소걸음이 천 리를 간다. 느려도 꾸준히 걸어가면 정상에 도달한다. 정상은 말이 아니라 발로 오른다.

이런 소식이 세상에 울려 퍼져도 하수는 안 듣는다. 마음이 없으니 그런 말에 귀를 기울이지 않는다. 개천에서 용이 나왔다고 하면 옛날 이야기라고 하며 외면한다. 더러는 피곤하게 살지 않겠다고 말한다. 속으로는 부러워하면서도 겉으로는 그래 봐야 월급쟁이라고 깎아내린다. 특수한 사례라 자기와 상관이 없다는 반응도 보인다. 자신을 합리화하려고 개천의 신화를 무시하기도 한다. 대부분 도피 전략이다.

개천에서 나온 금융 거인이 꽤 있다. KB국민은행장 윤종규도 바닥에서 시작하여 정상에 올랐다. 그는 전남 나주에서 태어나 광주상고를 나와 성균관대학교 야간대학에 다녔다. 행정고시에 합격했으나 학내 시위에 연관되었다고 하여 탈락했다. 숱한 고난을 이겨내고 뜻을 이루었다.

육사가 판치는 군대에서 이순진은 삼사 출신으로 합참의장이 되었다. 별을 달기도 힘든 삼류가 대장에 올랐다. 15만 경찰의 수장도 검정고시 출신으로 순경에 입문한 사람이 차지했다. 그는 바로 이철성인데 경찰이 된 뒤에 학업도 병행하여 국민대를 졸업했다.

세탁기에 40년 미친 고졸 청년 조성진은 LG전자 부회장이 되었다. 부족한 부분을 노력으로 보완하여 성공했다. 그야말로 개천에서 용이 나왔다. 충남 대천에서 용산공고를 나와 부회장에 올랐으니 말이다.

인생성형가의 눈에는 개천에서 나온 용이 별처럼 많이 보인다. 길게 보면 금수저가 저주도 되고, 흙수저가 동력도 된다. 박근혜에게 탄핵을 선고한 이정미도 흙수저 출신이다. 그는 농부의 6남매

가운데 막내인데 고려대를 나와 사법고시에 합격했다. 박근혜는 세월호가 침몰하던 시간에도 미용사를 불러 머리를 만진 데 견주어 이정미는 탄핵심판을 하는 재판장에 헤어롤을 달고 출근했다. 그 정도로 바쁘게 일하며 수많은 문제를 푸는 사이에 황금수저가 되었다.

나는 개천에서 나온 용을 성과만 보고 평가하지 않는다. 그들이 개천에서 벗어나기까지 많은 난관을 겪었다고 생각한다. 특별한 주인공이기에 그들을 높게 본다. 노력을 강조하여 희망 고문을 하려는 뜻이 아니다. 신분을 상승시킬 수 있다고 보는 사람이 성공할 가능성이 크다고 말하고 싶을 뿐이다. 사람은 가치관에 따라 움직이기 때문이다.

나는 실패 원인을 밖이 아니라 안에서 찾는다. 아버지는 주어진 여건에서는 상대적으로 보아 나에게 많은 지원을 했다. 우리 동네만 보아도 아버지보다 부유하지만, 자녀를 고등학교에도 안 보낸 경우가 흔하기 때문이다.

관련 통계를 보니 빈곤층의 8할은 최근 10년 동안 그 자리에 머물렀다. 가치관으로 빈곤에서 벗어나기 어렵다는 증거다. 부모나 국가, 그리고 제도를 원망한다고 가난에서 벗어날 수 없다. 위기의 원인을 밖으로 돌리면 마음이 편한 데다 자기가 해야 할 일은 줄지만, 고난에서 벗어날 확률은 그만큼 떨어진다. 현실을 직시하고 원인을 찾아 스스로 해결해야 위기를 넘어 성장한다. 문제를 해결하지 못한다 해도 그런 과정을 겪으며 배우는 만큼 가난을 떨치고 부자가 된다.

아직도 좋은 자리는 SKY(서울대, 고려대, 연세대) 출신이 많이 차지한다. 이를테면 100대 기업의 최고경영자(CEO)를 SKY가 절반가량 점유한다. 간판이 좋아야 인맥 공화국 한국에서 사업하기 좋은지라 회사는 그들을 선호한다. 오죽하면 조폭 두목도 명문대를 나와야 한다고 하는 우스개가 나올까.

명문대 출신은 인지 능력을 시험하는 데서 실력을 발휘한다. 다만 실행 능력은 인지 능력과 달라 경험이 다양한 삼류가 뛰어난 수가 많다. 하워드 가드너가 말했듯이 인간은 다중지능을 가지고 있으며, 인지 능력은 그 일부다. 시험에 취약하면 다른 지능을 찾아 꿈을 이루면 된다.

좋은 가문에서 태어난 일류보다 문제를 해결하며 나아가는 삼류가 더 훌륭하다. 명문가의 명문대 출신이 아니면 난제를 풀면서 거인이 되면 된다. 힘들어도 정상에 오래 머무니 해볼 만하다.

아빠가 문제를 풀면서 나아가면 자녀도 고난을 뚫고 정진한다. 그 자녀는 난제를 만나도 해결하며 나아간다. 아빠가 문제를 많이 풀면 자녀도 거인이 될 가능성이 높다. 자녀가 집에서 최고 모델에게 배우는지라 실패를 디딤돌로 알고 나아가는 까닭이다.

혁명적인 문명은 전쟁처럼 극한 상황에서 나온 경우가 즐비하다. 통조림, 마취제, 수술, 물류, 비행기, 컴퓨터, 인터넷, 내비게이션, 레이더, 웨어러블 등이 군사적인 목적에서 시작했거나 발달했다. 목숨이 걸린 문제에 봉착하면 인간은 살아남으려고 초인적인 능력을 발휘하기 때문이다.

아빠가 게처럼 옆으로 가면서 자녀에게 앞으로 가라고 외쳐도 자녀는 아빠의 발을 보고 옆으로 간다. 자녀는 아빠의 말이 아니라 발을 따른다. 아빠가 모범을 보이면 죽은 뒤에라도 자녀가 그 영향을 받아 바람직하게 살아간다.

바람직한 태도로 살아간다

- 가꾼 대로 거둔다

아버지는 일흔까지 농사를 짓다가 별세했다. 자식들에게 가꾼 대로 거둔다는 이치를 보여주고 떠났다. 유언도 못했지만 인생 자체가 웅변이다. 나는 그 뜻을 이어가려 한다.

아버지는 가꾼 만큼 거두며 살았다. 시골교회 장로로서 다른 사람의 부탁을 거절하지 못했다. 그리하여 보증을 섰다가 채무자의 돈을 대신 갚은 적도 있다. 남의 말을 잘 믿어 동네 사람에게 속기도 했다.

아버지의 인생을 세속적으로 평가하면 초라하다. 50호 남짓인 동네에서도 가난한 편이었으며, 초등학교를 중퇴한 농부였다. 같은 마을에 사는 이종사촌은 대학을 나와 군수를 지냈다. 성공은 사촌보다 잘 사는 일인데 평생 열등감에 시달렸을 것이다. 다른 여건은 비슷했으나 가난한 아버지를 만나 재능을 못 폈다. 자식에게 기대를 걸었을 터라 나는 아버지의 기대에 부응하려고 노력했다. 아버지가 바라는 대로 살지는 못했으나 지금도 그 소망을 안고 살아간다.

갑돌이는 장사를 하여 돈을 많이 벌었다. 저울을 속이고 가격을 조작했다. TV와 전화도 귀한 시절이라 그게 통했다. 그는 자녀들에게 어떻게든 돈만 벌면 된다는 의식을 심었다. 그 자녀들은 학교에 다니며 친구들에게 말썽을 일으키곤 했다. 그때마다 그는 자식의 잘못을 두둔했다.

그의 자녀 하나가 사업을 한다고 하면서 친구들에게 돈을 빌리고는 갚지 않았다. 그 행실을 모르는 친구들이 그에게 속았다. 한때 유명한 식당을 인수하여 싸구려 재료를 쓰고, 음식의 양을 줄여 돈을 벌었다. 사람을 잠시 속일 수 있으나 오래 속일 수는 없었다. 그 사실이 드러나면서 장사가 안 되자 다른 사람에게 가게를 넘기려고 했다. 그 일이 잘못되어 재산을 많이 까먹었다.

그는 아빠에게 어릴 때 배운 이치를 버리지 못했다. 아빠에게 돈이 전부라고 배운 터라 사람을 저버려 망했다. 아빠에게 배운 대로 부자가 되려고 하다 추락했다.

하수는 도와줘야 성공한다고 보고 자식을 끝까지 밀어준다. 자신은 고생을 헤친 덕분에 성공해놓고 자식은 고생하지 않고 성취하기 바란다. 그 자식은 아빠에게 기대어 먹고 살려고 한다. 제 밥벌이도 안 하고 부모의 재산을 노린다. 심신에 의존심을 장착하여 창피한 줄도 모르고 부모에게 의탁하여 산다.

유대인은 부모에게 기대는 일을 부끄럽게 여긴다. 자립하지 못하면 무능하다고 생각하여 자존감을 잃는다. 부모가 그렇게 가르친

연고다. 부모는 자녀의 체면을 세워주려고 대학등록금도 빌려준다고 말한다. 슬기롭게 자녀의 학습동기를 유발하여 자녀 독립을 촉구한다. 그들은 자식농사에 실패하면 나라에 강도를 내놓는다고 생각한다. 자녀교육을 민족 공영의 사업으로 여기는 것이다.

한국 아빠들은 자녀에게 대학등록금은 물론 결혼자금도 대주어야 잘 산다고 본다. 그에 따라 자녀들도 아빠가 결혼까지 책임져야 한다고 생각한다. 아빠가 자녀에게 노예 근성을 길러주어 가정은 물론 국가가 몰락한다.

관련 조사에 따르면 아빠가 은퇴한 이후에도 가족에게 경제적 지원을 하는 비율이 80%가 넘는다. 일본의 4배 이상이다. 아빠가 자식에게 의존심을 심은 탓에 자식은 퇴직한 아빠에게 매달려 살면서도 부끄러운 줄 모른다. 아빠가 그런 태도를 보이는 자식을 증오하다 극단적 사건을 일으키기도 한다. 바로 황혼분노사건이다. 늙은 아빠가 중년 자식을 죽이는 사건인데 요즘 들어 늘어난다.

2016년 10월 인천에서 70대 아빠가 40대 아들을 죽였다. 부자가 동거하다가 아빠가 밥벌이도 못하는 자식을 죽였다. 늙은 아빠가 자식을 더는 못 봐줄 때 황혼분노사건을 저지른다. 누구에도 말도 못하고 분노를 쌓았다가 자식이 터뜨릴 빌미를 주면 우발적으로 자식을 살해한다.

국민연금연구원 발표에 따르면 분가한 자녀는 한쪽 부모에게 한 달에 8만 원쯤을 준다. 또 다른 조사에서는 분가한 자녀 절반이 부모에게 용돈을 한 푼도 안 준다고 한다. 이로 보아 자녀에게 너무 많이 투자하면 노년에 고생한다.

자영업자 아빠 가운데는 국민연금에 가입하지 않는 경우가 많다. 가입한 아빠도 그 기간이나 가입 액수가 직장인의 절반도 안 된다. 그들이 자식농사까지 실패하면 노후에 빈곤하게 산다. 안타깝게도 자영업자는 자녀교육을 하는 데 불리하다. 주말에 일하는 경우가 많아 자식이 게임중독에 빠져 공부를 못하는 수가 많다. 자식에게 미안하다 보니 용돈을 많이 주어 경제 개념이 약한 경우가 흔하다.

고수는 자녀에게 경제교육을 철저히 실행한다. 용돈도 나중에 벌어서 갚으라는 암시를 준다. 용돈을 일한 대가로 주어 일해야 돈을 번다는 의식을 심어준다. 자녀에게 일하기 싫으면 먹지도 말라고 가르친다. 세상에 공짜가 없다고 알려 자녀의 독립을 재촉하는 것이다.

유대인 아빠는 자녀가 12~13세에 성인식을 치러 자식에게 독립 정신을 고취한다. 그 이후에도 체계적으로 독립 훈련을 실행한다. 그 결과 세계 최고의 부자 가운데 유대인이 즐비하다. 그들은 거액을 사회에 기부한다. 자녀에게 상속을 바라지 말고 아빠처럼 스스로 서라고 독려하는 것이다.

우리는 유대인을 공부의 달인으로 알지만, 유대인은 세계를 주무른다. 언론과 금융은 물론 문화도 그들이 주도한다. 그들은 세계적인 언론사를 경영하고, 할리우드 7대 영화사 가운데 6개를 창립했을 정도다.

홍익희는 KOTRA(대한무역투자진흥공사)에 근무하면서 유대인이 세계경제를 좌우하는 모습을 보았다. 그곳에서 나온 뒤에 『유대인 경제사』 10권을 집필했다. 그는 유대인의 강점으로 독서, 질문과 토론, 융합과 복합, 후츠파 곧 도전 정신으로 대변되는 수평적 문화를 들었다. 유대인은 그것을 바탕으로 도전적이고 창의적인 민족이 되었다고 갈파했다. 우리처럼 교육을 스킬이나 수단으로 보지 않고, 신앙에 기초한 철학으로 여겨 세계를 주름잡는다는 말이다.

고수는 자기가 번 돈은 되도록 자기가 쓰고 간다. 평균수명이 늘어 자녀에게 물려줄 것이 적을뿐더러 자녀에게 물려주면 자녀가 무능해진다고 보는 까닭이다. 실제로 아빠의 재산을 믿는 자식은 취업하기 어렵고, 직장에 들어가서도 조금만 힘들면 나온다.

고수는 스스로 가꾸지 않은 재산을 독이라 생각한다. 그는 자녀들이 재산을 놓고 다툴 여지를 없앤다. 부자 고수는 자녀를 가난하게 키운다. 가난한 사람을 이해하고 재산을 보존하도록 하려는 뜻이다.

심고 거두는 일보다 가꾸기가 수십 배는 더 어렵다. 인삼 경작에 7년이 걸린다면 인삼을 심고 거두는 일은 한 주로 족하다. 경작지를 마련한 뒤에 심고 가꾸는 작업이 인삼 농사의 전부다. 농사는 뿌린 대로가 아니라 가꾼 만큼 거둔다. 막판에 잘못 가꾸면 7년 농사가 한두 달에 날아간다. 잘 가꾸어도 하늘이 말리면 손해를 본다. 거둘 때까지 변수가 많은데 그에 따라 인삼 농사의 풍흉이 갈린다.

자식농사도 씨야 몇 분이면 뿌리지만 20년 넘게 가꾸어야 거둔다. 고수는 그런 사실을 알고 자녀와 함께 꾸준히 가꾼다. 오랫동안 열매가 안 달려도 늦게 거둔다고 생각하며 가꾼다. 십 년을 하루같이 하루를 십 년처럼 자식을 가꾼다.

- 바람직하게 일한다

아버지는 소를 식구처럼 돌보았다. 어머니는 아버지가 자식보다 소를 아낀다고 말할 정도였다. 논밭을 갈아줄뿐더러 송아지까지 낳아주는지라 암소를 재산목록 1호로 대우했다.

나도 아버지처럼 하는 일마다 정성을 쏟았다. 대학을 나와 교사, 조교, 시간강사, 그리고 학원장으로 일하며 학생에게 열정을 기울였다. 학원에서도 학생들을 자식처럼 생각하며 교육했다.

학생과 그 부모가 그것을 인정하고 학원 소문을 좋게 내주는 바람에 학생들이 학원으로 몰려왔다. 한 반에 학생이 하나일 때도 열정적으로 가르쳤다. 손해를 보아도 약속을 지키자 학생과 그 부모가 학원을 신뢰하여 선전을 해주었다. 그 결과 학원이 번창했다.

흔히 학교에 근무하면 교육자요, 학원을 운영하면 장사꾼으로 본다. 사실은 학교에도 문제 교사가 있고, 학원에도 좋은 강사가 많다. 학원은 날마다 평가를 받는 데 견주어 학교는 평가를 거의 받지 않는다. 학원에서는 고객이 강사를 해고하고, 학교에서는 교사가 학생을 좌우한다. 학원은 강사끼리 학생을 잘 가르치려고 다투는 데 반해 학교는 고객인 학생끼리 겨루도록 압박한다. 그만큼 학교에는 문제 교사가 숨을 곳이 많다.

공교육과 사교육을 넘나든 내가 보니 학원에는 강점이 많다. 학교는 학생을 배정하는 데 견주어 학원은 학생이 고른다. 학원은 강사가 교육을 책임진다. 수강료에 걸맞게 교육해야 살아남는다. 나는 학원에서 토론수업을 하여 학생들의 창의성과 사고력을 길러 그들이 좋은 대학에 가도록 도왔다. 학생들과 논박하며 공부한 덕분에 나도 작가로 성장했다.

정부에서 교사를 보호할수록 문제 교사가 많이 생긴다. 서울의 어떤 고등학교 교사는 수업시간에 여학생에게 원조교제를 하자고 해도 학생들이 반발을 못했다. 그 교사는 학생이 하품을 하고 방귀를 뀌어도 벌점을 주었다고 한다. 그래도 일부 학생을 제외하고는 대부분이 그 학교에 다녔다. 그곳이 학원이었다면 학생이 모두 떠났을 것이다. 그 전에 학원장이 문제 강사를 해고한다. 학원과 달리 학교는 문제 교사를 안고 간다. 문제 교사가 스스로 학교를 떠나는 일은 거의 없다. 동료도 그를 쫓아낼 수 없다.

공교육 당국이 선망하는 핀란드 교육은 학원과 유사한 부분이 많다. 교사가 서로 잘 교육하려고 경쟁하고, 학생이 학교를 선택하기 때문이다. 한국에서는 핀란드 학교를 찬양하면서도 교사들이 그런 제도와 문화는 외면한다. 교육 제도는 여러 분야와 맞물려 돌아가는데 자기에게 유리한 부분만 이야기한다. 혁신에서는 사람이 제도보다 중요하다. 사람이 제도를 고치기 때문이다.

문제 교사가 학생을 망쳐도 당국은 그들을 쫓아낼 의지와 능력이 없다. 따라서 학교는 계속 하강한다. 대입 수시에서 학생부를 많이 반영하면서 문제 교사가 증가할 소지도 많아진다. 수시에서 학생부를 많이 반영하니 교사 입장에서 보면 학교가 제대로 돌아간다. 그러나 학생과 학부모가 문제 교사에 대한 불만을 말하기 힘들수록 학교는 무너진다. 당국에서 학교를 보호하면 교사는 자꾸 무능해진다. 그에 따라 학교 붕괴가 가속화하는 것은 물론이다.

학원이 싫으면 학생은 바로 떠난다. 그래서 학원은 학생을 상전으로 모신다. 수재들은 학원에서 돈을 준다고 해도 수업이 시원찮으면 오지 않는다. 학원은 학교와 달리 투자 대비 소득이 적으면 학생이 떠난다. 학생들이 성과에 예민한지라 학원은 학생을 만족시키려고 실력을 제고한다. 강사와 학원이 피를 말리며 경쟁한다. 제도가 내일 변한다고 하면 오늘 바뀐다. 학원은 변화를 먹고 사는 까닭이다. 학교는 제도를 개혁해도 최대한 버틴다. 그래도 망하지 않는 까닭이다.

더러는 학원이 기득권을 확대 재생산한다고 비판한다. 맞는 말이나 학교도 기득권을 보존한다. 사교육은 온갖 통제를 뚫고 경쟁력을 유지한다. 학교는 대입에서 학생부를 반영하지 않으면 추락한다. 대입 전형에서 학생부를 많이 고려할수록 기득권층에게 유리하다. 통계에 따르면 수도권 상위권대학 11곳의 8할 내외를 소득상위 20% 안에 드는 학생이 차지한다. 학교가 계층이동을 막는 도구라는 증거다.

학원에도 물론 문제가 있다. 사교육이 공교육을 압도하는 현상이 바람직한 것은 아니다. 학교에 좋은 교사가 많으며, 제도에 결함이 많은 것도 사실이다. 문제는 사람이다. 국경도 무력해진 시대에 교육을 구분하는 것은 전근대적이다. 어디서든 학생의 능력을 계발하면 된다. 학원을 억압하기보다 학교가 경쟁력을 갖추는 일이 교육혁신의 정석이다.

교육의 목적은 바람직한 사람을 길러내는 일이다. 그런 측면에서 바라보면 공교육과 사교육에는 차이가 없다. 바람직하다는 말을 황금률, 곧 남에게 대접받고자 하는 대로 남을 대접하는 자세로 규정할 때 공사는 대동소이하다. 그런 사람을 길러내는 일에는 공사 모두 관심이 적다는 말이다.

나는 쉰 살이 되면서 학원 운영을 그만두었다. 내 인생을 바람직하게 활용하려고 새로운 길로 들어섰다. 재야에서 인생성형을 화두로 삼고 살아간다. 다른 사람과 함께 자라려는 뜻이다.

학교와 학원에서 지식과 인생을 가르친 덕분에 학원을 그만두고 '인생성형'을 시작할 수 있었다. 내가 살면서 얻은 지식과 경험을 유용하게 쓰려고 한다. 다른 사람들과 시행착오를 줄이며 멋지게 사는 길을 찾고 싶다.

나는 가난하고 못 배운 부모 아래서 태어났다. 지방에서 대학을 다니고 연줄이 약한 덕분에 어디에도 매이지 않고 일한다. 공무원과 자영업, 정규직과 비정규직에 종사하며 안목을 길렀다. 다른 사람과 더불어 공부하면서 인생에 대한 지혜와 통찰을 구비하려고 담대하게 인생을 들고 나왔다.

이 길을 나는 달팽이처럼 느릿느릿 걸어간다. 돈과 힘은 내려놓고 꿈을 들고 나아간다. 내가 잘하는 일을 해서 나와 남을 도우려고 이 길을 걷는다. 이 길을 함께 걸어갈 사람이 한 명씩 늘어나는 만큼 내 꿈이 이루어질 것이다.

- 바른 태도를 물려준다

부자들의 최대 고민은 자녀교육이다. 부자일수록 자녀를 잘 가르쳐 재산과 종족을 보전하려 한다. 빈자는 자식으로 인생을 역전하려고 자녀교육에 매달린다. 빈부귀천을 떠나 아빠는 자식농사 때문에 걱정한다.

부자가 자녀에게 재산을 물려줄 수 있으나 능력까지 상속할 수는 없다. 자녀가 아빠를 이어서 잘 달려야 가문이 번창한다. 가문의 승패는 자녀가 가른다. 따라서 아빠는 자식을 제대로 키우려고 노력한다.

환갑 가까이 살면서 가정의 부침을 많이 보았다. 부자가 자기의 성공 법칙을 자녀에게는 적용하지 않아 실패하는 수가 많았다. 빈부를 떠나 고수는 자녀에게 결핍 체험을 가르쳐 자식농사를 잘 지었다.

재벌 2세가 일반인에게 갑질을 하여 구설수에 오르곤 한다. 자기가 벌지도 않은 재력에 기대어 못되게 굴다 아빠와 함께 추락한다. 그 책임은 아빠에게 물어야 한다. 하수 재벌은 자식의 기를 살려준다는 의도에서 자식을 버릇없이 키운다. 자식에게 돈이면 다 된다는 의식과 태도를 보여준다. 그 자식은 사업을 하면서 사람과 부대껴본 일이 없어 안하무인으로 행세한다.

한국 기업흥망사를 보면 어설픈 기업인이 보이는 재산에 눈이 멀어 보이지 않는 신뢰나 열정 등을 무시하여 패망한 경우가 흔하다. 정주영과 이병철은 돈보다 사람을 중시했는데 특히 보이지 않는 자원을 보배로 보았다. 그들은 수신제가, 바로 자신을 수양하고 가정을 가지런하게 하는 데 힘썼다. 그들이 바른 태도를 가지고 살아 그 자손도 지금까지 기업을 잘 이끌어간다.

고수는 유형자산 못지않게 무형자산을 중시한다. 정약용은 두 아들에게 '근검'을 물려주었다. 18년 동안 유배생활을 하는 바람에 재산을 물려주기는커녕 두 아들의 벼슬길을 막았다. 자녀들이 아빠에게 실망하여 공부를 멀리할까 두려워 그는 두 아들에게 폐족일수록 열심히 공부해야 한다고 강조했다. 유배지에서 몸소 복사뼈가 세 번 불거지도록 공부했다.

근검을 실천한 다산은 조선 최고의 학자가 되었다. 그 위업을 전라도 강진에서 귀양살이를 하면서 이루었다. 그는 근검으로 유배를 승화하였다. 자식들도 자기처럼 근면하고 검소하게 생활해 고난을 딛고 학문에 심취하기 바랐다.

다산은 귀양살이를 하면서도 자존감을 유지했다. 자식에게도 죄인의 아들이지만 자존감을 지키라고 부탁했다. 자녀들도 아빠의 뜻을 따라 생업에 종사하며 공부에 힘썼다.

정약용의 두 아들도 다산처럼 근검을 실천했으나 아빠와 생존 환경이 달라 위업을 남기지 못했다. 다산처럼 어릴 때 학문의 기초를 닦지 못한 데다 과거가 막혀 학습동기도 부족했다. 먹고 사느라 공부할 겨를도 없었다. 아빠가 귀양을 가는 바람에 공부를 제대로 못했다. 거부(巨父)의 그늘에 가려 거자(巨子)로 자라지 못했는지도 모른다.

다산은 훌륭한 부모를 만났으며, 정치적으로는 불행했으나 학자로서는 행복했다. 좋은 환경에서 공부한 뒤에 중년에 환로가 막히자 학문에 정진했다. 외가가 있는 해남과 가까운 강진으로 유배를 가서 여러모로 외가의 지원을 받았다. 다산초당과 녹우당도 해남 윤씨의 외손이라 이용할 수 있었다. 그는 유배생활을 했기에 학문으로 대성했는지 모른다. 다산의 관로가 탄탄했다면 그도 학문에 몰입하지 못했을 것이다. 다만 조선조에 유배를 당한 관리가 무수하나 그처럼 유배기간을 선용한 사람은 드물다. 그만큼 그는 위대하다.

정약용이 적소에 사는 동안 두 아들은 농사를 지으며 아버지처럼 실학 정신을 구현했다. 이를테면 정학유는 농사를 지으며 터득한 농사 원리와 인생 이치를 『농가월령가』로 묶었다. 그 일부를 들어본다.

팔월이라 중추되니 백로 추분 절기로다
북두성 자로 도라 서천을 가리키니
선선한 조석 기운 추의가 완연하다
아침에 안개 끼고 밤이면 이슬 내려
백곡을 성실하고 만물을 재촉하니
들구경 돌아보니 힘들인 일 공생하다
백곡이 이삭 패고 여믈 드러 고개 숙여
서풍에 익는 빛은 황운이 일어난다

정학유는 과거가 막히자 다른 길에서 유용한 일을 했다. '힘들인

일 공생하다'고 하여 봄과 여름에 심고 가꾸면 가을에 열매를 거둔다고 읊었다. 자신의 인생론 같다.

다산의 아들은 아빠가 세속적으로는 몰락했으나 학문을 포기하지 않았다. 아빠가 유배지에서도 의연하게 살았듯이 명문벌족의 후예로서 자존감을 지켰다. 그들은 다른 사람도 잘 섬겼다. 아버지의 평민 제자 황상이 아버지 기일에 전라도 강진에서 경기도 양주까지 걸어오자 그를 극진히 대접했다. 『황정계첩』에는 황상의 이름을 양반이자 3년 연상인 정학연보다 먼저 올렸다. 위계질서가 엄연한 조선에서 찾기 힘든 사례다. 그만큼 다산의 자식들은 인품이 높았다.

다산은 유배지에서 먼저 자신을 단련했다. 최악의 상황에서 최선을 다해 최고의 성과를 냈다. 그 결과 만인이 선망하는 아빠가 되었다. 그는 유배 일성으로 "아, 이제야 여유를 얻었구나!" 하고 외쳤다. 유배기간을 학문 수련기로 삼겠다는 선포다. 그 다짐을 한결같이 실천하여 역사에 우뚝 섰다.

그는 귀양살이를 하면서도 자식농사에 심혈을 기울였다. 18년 동안 유배를 살았으나 편지로 자식에게 원격과외를 했다. 때로는 적소로 자녀를 불러 직접 가르치기도 했다. 자식은 그 아빠를 믿고 따랐다.

자식은 아빠를 따라간다. 가문의 흥망이 아빠의 걸음에 달려 있다. 고수는 유배지에서 만인의 스승이 되는데 하수는 가정에서 자식과 원수가 된다. 아빠가 없어서가 아니라 아빠가 무능하여 자식이 망하는 것이다.

현실에 알맞게 대응한다

- 현실을 직시한다

고수는 자녀와 함께 대학입학을 대비한다. 자녀의 현실에 따라 대학과 학과를 정한다. 전형 방법 가운데서 동일한 조건에서 자녀가 다른 학생보다 잘하는 종목을 고른다. 대입전형방법이 수천 가지라 해도 자녀가 진로를 잡으면 한 갈래가 된다. 고수는 자녀와 더불어 현실과 전망을 고려하여 통로를 찾는다. 인생은 가는 길에 따라 갈리기 때문이다.

대입제도는 기득권층 아빠가 만든다. 그들은 대입제도를 자기 자녀에게 유리하게 만든다. 수시전형을 확대하여 자녀들에게 혜택을 준다. 입학사정관제는 현대판 음서제도라고 부를 만큼 기득권층 자녀에게 유리하다. 그것은 노무현 정권에서 시작하여 여러 이름으로 불리며 기득권층의 사랑을 받았다. 기득권층 아빠는 입학사정관에게 정보를 얻거나 자신이 여러모로 자녀를 도와줄 수도 있다. 동서고금에 기득권을 스스로 내놓은 일이 없으니 이 제도는 이어질 것이다.

　대입 수시에서는 학생부를 크게 반영한다. 학생부 가운데 비교과 활동에서는 수도권 학생이 혜택을 본다. 수도권에서도 강남, 강남 가운데 자사고나 특목고가 수혜자다. 때문에 대입 성적에서 강남이 강북을 압도한다. 같은 지역이라면 기득권층 아빠 아래서 자란 자식이 그렇지 않은 자녀보다 좋은 대학에 들어가기 쉽다. 기득권층 자녀는 수시와 정시에서 기회를 여러 차례 얻기 때문이다.

　학생종합생활기록부는 교사와 기득권층 학부모의 영향을 받기 쉬운 데다 공정성과 투명성도 취약하다. 그래서 두 부류를 빼고는 학생부를 많이 반영하는 제도를 반대한다. 일부에서 그 제도를 두둔하는 결과를 내놓는데 명문대로 국한하면 사실과 다르다. 대입에서 학생부를 중시하면 교사들은 교육주도권을 쥐니까 좋아하지만 교육의 본질이나 수업의 품질을 고려해도 그 제도는 바람직하지 않다. 현실을 총체적으로 보고 미래를 대비하며 대입제도를 개선해야 한다. 새로운 정부에게 그런 기대를 걸어본다.

　대입제도가 죽 끓듯 바뀌니 아빠와 자녀가 정신을 차리고 대입을 준비해야 한다. 고수는 현실을 직시하고 자녀와 더불어 유리한 대입전략을 찾는다. 지방에서도 고수는 상황을 똑바로 보고 자녀를 대학으로 이끈다. 지방 아빠는 서울 아빠보다 대입에 대해 잘 모르는 데다 지방의 교육 여건은 서울보다 열악하다.

　나는 지방에서 학원을 운영하면서 아빠가 취약하여 자녀가 손해를 보는 경우를 많이 보았다. 불리한 지역일수록 아빠가 똑똑해야 자녀가 성공하는데 현실은 그 반대다.

최근 들어 지방과 서울의 입학 성적 격차가 더 커졌다. 내가 전주에서 논술학원을 운영하던 2000년 전후에 견주어 지금은 전주 소재 일반고에서 SKY에 가는 학생이 절반 이하로 줄었다. 여러 요인이 있으나 제도가 기득권과 수도권에 유리하게 바뀐 탓이 크다.

정권이 바뀔 때마다 대입제도는 변한다. 대입은 국민의 관심사인 데다 교육은 효과가 바로 나오지 않으니 정치인은 힘을 얻으면 교육제도에 손을 댄다. 돈을 들이지 않고 이념을 실현할 수 있으니 권력을 잡으면 으레 대입제도를 수술한다. 이 글을 쓰는 동안에 대통령 후보들이 선거운동을 한다. 나는 새로운 정부가 기득권을 강화하는 쪽으로 대입제도를 바꾸지 않기를 바랄 뿐이다. 고수는 바꿀 수 없는 제도보다 개선할 희망이 있는 자녀에게 주력한다.

대부분의 아빠는 현실에 따라 전공을 선택한다. 조카 하나가 서울대 수학과와 연세대 의대에 동시에 합격했다. 어머니는 손자가 서울대에 가기를 원했다. 그 조카 부모를 비롯한 다수는 조카에게 연세대를 권했다. 손자가 연세대 의대에 등록하자 어머니는 서울대 간판이 아깝다고 말했다. 이럴 때 엄마들은 서울대 합격증을 액자에 모셔둔다. 서울대를 가지 않은 대학으로 기억하려는 뜻이다. 팔순을 바라보는 어머니도 손자의 서울대 합격증을 액자에 넣어 보관한다. 어떻게 그런 생각을 했는지 놀랍다.

요즘 들어 서울대 공대와 다른 대학 의대에 동시에 합격하면 서울대 공대로 가는 경우가 늘어난다. 2015학년도에는 서울대 공대생의 15%가 의대를 포기했다. 의사가 의학전문변호사나 의학전문기

자가 되기도 한다. 어떤 기관에서 의사의 직업 만족도를 조사한 결과를 보니 50대 이상은 75% 이상이었고, 40대는 40%였다. 그 이하 세대에서는 만족도가 더 낮았다. 의사면허도 자격증일 뿐이요, 의사가 10만을 넘으니 같은 세대에서도 만족도에 편차가 있을 것이다.

공무원 인기도 상황에 따라 바뀐다. 자체 재원으로 공무원 월급도 못 주는 지방이 즐비하다. 2014년 기준으로 지방자치단체의 재정자립도는 평균 54%다. 박근혜 정권 4년 동안에 중앙과 지방을 포함한 국가채무가 184조 원이 늘었다. 고출산과 고령화에다 경기 침체까지 겹쳐 적자를 줄이기 힘들다.

한국의 공무원은 선진국에 견주어 많다. 예를 들어 장관급이 35명으로 인구를 대비하면 미국이나 일본보다 훨씬 많다. 정치가는 공무원을 늘리려고 하지만, 공조직이 거대하면 나라에 짐이 된다. 공직을 늘리다 그리스처럼 정부가 경제위기의 주범이 된다. 공적 영역은 돈을 쓰는 곳이기 때문이다.

아빠들은 공무원을 욕하면서도 자식에게는 공무원을 권한다. 그 길이 안전하고 편하기 때문이다. 지금은 맞지만 앞으로는 변수가 많다. 몇 년 전에 줄인 공무원 연금을 다시 하향하자는 주장이 나온다. 2016년 기준 국가부채 1,400조 원 가운데 절반이 공무원·군인연금 충당부채이기 때문이다. 공동책임은 무책임이라 누구도 먼저 대안을 내놓지 않는다. 정치인은 표를 잃을까봐 꽁무니를 뺀다. 나라가 벼랑에 떨어질 날이 와야 고칠 것이다.

한국에 공무원만큼 좋은 자리는 드물다. 그러나 공무원이 꿈인 나라에는 희망이 없다. 공무원은 부가가치를 창출하지 않고, 조직과 예산을 늘리기 때문이다. 구한말처럼 관료가 제 목구멍만 챙기면 망국은 시간 문제다.

내가 뛰어든 저술 시장은 피를 말리는 국제시장이다. 세계적인 석학과 겨루어 살아남아야 하는데 한국은 유난히 외국저서의 점유율이 높으며 명문대 출신이 번역가로 많이 나선다. 문화사대주의가 팽배하여 독자도 외국저서를 선호한다. 그것이 국제경쟁력을 갖추었으니 불가피한 측면도 있으나 한국은 그 정도가 심하다. 그나마 국민들이 독서를 하지 않는다. 한국의 저술 시장이 일본의 5%안팎이나 되려나. 한국에서 작가로 산다는 것은 기적이다. 나도 하고 싶은 일이라 견딜 뿐, 하기 싫으면 돈을 퍼줘도 그만뒀을 터이다.

아이들은 연예인을 열망하는 데 견주어 아빠는 그 길을 막는다. 실제로 연예인의 9할이 연간 천만 원도 못 번다. 1% 스타가 출연료의 절반쯤을 가져간다. 뜨기 어려운 데다 유행주기가 짧아져 스타도 추락하자마자 생계를 걱정한다. 더구나 연예계는 아빠의 후광으로 부상하는 자식이 많다. 아빠가 만든 별은 실력이 없어도 그런 대로 버틴다. 앞으로는 그들도 총력을 길러야 생존할 것이다. 아빠 프리미엄이 갈수록 줄어들기 때문이다.

어떤 길에서든 일가를 이루려면 여러 요인을 갖춰야 한다. 백종원은 남자 요리사 가운데 스타가 되었다. 그는 요리가 재미있고 쉽다고 하였다. 요리가 전문영역이 아니라고 외치면서 별이 되었다.

하루아침에 혼자 떠오른 듯하나 사실은 가족의 후광에다 자신의 능력을 더해 부상했다. 그는 연세대를 나와 조리사가 되었다.

그 아빠는 충남 교육감을 지냈다. 그 할아버지는 사학재단을 창립했다. 삼대가 튼실한 데다 배우 부인까지 만났다. 삼박자를 넘어 사박자가 맞아 성공한 것이다.

그는 대중매체에서 최고의 요리 선생이 되었다. 명문대에서 사회복지를 전공했으니 그의 요리 교육은 복지라 하겠다. 사람들은 음식도 배경이 좋은 사람이 만들면 맛있는 줄 안다. 광고와 판매에 유리한 조건을 두루 구비한 덕분에 그는 프랜차이즈 사업에서도 성공가도를 달린다.

실력도 없이 아빠 배경으로 한식 명장에 오른 사람은 똥과 된장을 구분하지 못해 바로 떨어진다. 백주부처럼 정상에 오래 머물려면 배경과 실력을 두루 갖추어야 한다.

더러는 앞날을 내다보며 부모가 말리는 마당으로 가서 별이 된다. 최희준은 80대인데 서울대 법대를 나와 가수가 되었다. 당시 서울대 법대를 나온 사람은 우상이었는데 딴따라라고 혐오하던 가요계로 가서 스타가 되었다. 그만큼 희소하여 그는 학사 가수의 대명사가 되었다. 그가 부른 '하숙생'을 사람들이 지금도 부른다. 만인이 말려도 열망하는 판으로 가서 그는 오래 살아남았다.

백종원을 보고 요리학과에 진학하면 이미 늦다. 적성에 맞지 않을 때 요리는 고역이 된다. 그 분야의 스타를 열망하면 실패하기 십상이다. 관련 분야의 1%에 드는 일이 쉽지 않은 데다 거기에 못 들면 좌절하기 때문이다. 그 일에 오래 종사하면 다른 곳으로 가기 힘들고, 조건이 불리하면 그 길에서 재기하기도 어렵다.

고수는 세상의 변화를 직시하여 자녀가 시행착오를 적게 겪도록 한다. 스타는 어제와 오늘을 투자하여 미래를 준비할 때 나온다. 그는 지금 여기에서 타인의 혹평을 받으며 실력을 쌓는다. 스스로 만족할 때까지 독하게 연습한 뒤에 무대에 오른다. 실력이 출중한 그가 무대를 평정한다.

- 현실에 적응한다

아버지는 한 해만 농사에 실패하면 가족이 굶을까봐 모험을 하지 못했다. 옆집에서 오미자로 돈 버는 것을 확인하고 오미자를 심는 식이었다. 아버지가 오미자를 거둘 때는 오미자가 지천이라 가격이 폭락했다. 그러면 다시 그 상황을 견디며 새로운 길을 찾았다.

아버지는 현실에 적응하며 살았다. 가물면 고추에 물을 주고 해충이 있으면 농약을 했다. 현실에 잘 대처하며 여러 고비를 넘어 살아남았다.

결정적인 사건을 겪은 뒤에 아버지는 안전을 중시하고 욕심을 절제했다. 젊을 때 누에를 치다 뽕이 부족하여 산뽕을 따러 갔는데 거기에서 외삼촌을 잃었다. 다른 사람이 캐온 개당귀를 참당귀로 알고 먹는 바람에 목숨을 잃은 것이다. 그 자리에 숙부와 함께 있었는데 남이 캐온 약재이니 한 뿌리를 둘이 나누어 먹자고 제안하여 살아남았다고 한다. 숙부가 하나를 먹으려 하는 순간에 아빠가 말려서 둘이 목숨을 건졌다고 한다.

그 뒤로 아버지는 안전을 중시하며 과욕을 경계했다. 어머니는 아버지의 그런 태도를 싫어했다. 어머니는 어릴 때 목숨을 걸고 월남한 터라 인생을 덤이라 여기며 살려고 했기 때문이다.

어릴 때는 아버지가 사는 모습이 마음에 안 들었다. 남을 따라하다 손해를 보는 게 안타까웠다. 그래서 내가 공무원처럼 틀에 박힌 삶을 싫어하는지 모른다.

어머니의 배짱에다 아버지에 대한 반동을 더해서 나는 여러 일을 하면서 살았다. 아버지의 소원대로 공무원이 되었으나 이내 사표를 내고 다양한 직업에 종사했다. 그때마다 적응하여 생존했다. 변화의 첨단을 달리는 학원에서도 제도와 학생을 따라가며 경쟁력을 확보했다.

박사학위를 받은 뒤에 나는 전주에서 국어 전문학원을 차렸다. 당시 전주에는 영어나 수학도 전문체제로 운영하지 않았다. 국어와 논술이 부상하기 바라며 대학에서 나와 시장에 뛰어들었다. 지금은 쉽게 말하지만 당시에는 몇 달을 두고 고민한 끝에 내린 결단이다. 그때는 20년 넘는 공부가 수포로 돌아간다고 생각했으나 살아보니 인생에서는 어떤 공부든 쓸모가 있다.

학원에서 박사학위는 종이에 불과하다. 그 마당에서는 학생에게 도움을 주어야 살아남는다. 서울에서 잘 나가는 강사가 왔다는 소식이 돌면 학생들은 그리 몰려갔다. 주변에는 새로운 학원이 계속 들어섰다. 학교까지 의식하면서 생존하려면 다른 선생보다 수업을 잘하는 수밖에 없었다. 학생의 마음에 들려고 나는 열심히 공부하고 강의했다.

학원에서는 시간마다 뭔가를 보여주어야 한다. 전문학원은 과목

하나에 승패가 달려 있어 내가 잘못하면 학생은 떠난다. 책임을 전가할 사람이 없는 곳에서 나는 학생의 성적은 물론 인생을 도우려고 애썼다. 농촌과 도시에서 생활해본 데다 중학교와 대학에서 가르쳐본 까닭에 실감나게 교육할 수 있었다. 시행착오를 많이 겪은지라 삶도 곁들여 수업했다.

내가 학원을 운영할 때는 수능을 마치고 한두 달 뒤에 논술을 치렀다. 수능을 마치고 개강 수업을 하는 날은 첫선보다 더 떨렸다. 개강 수업을 받았던 학생이 다음에 안 보이면 힘이 빠진다. 그런 내색을 하면 기존 학생도 여기서 공부하다 대학에 떨어질까 봐흔들린다. 매시간 개강 수업처럼 열정을 다해야 학생의 마음을 사로잡을 수 있었다.

학원은 월단위로 등록하므로 단기와 장기를 고려하여 성과를 내야 학생이 계속 나온다. 제도는 변화무쌍하여 수능을 마치고 논술을 준비하는 사이에도 논술 방침이 몇 번이나 바뀐 적도 있었다. 대학이 정부와 언론의 장단에 따라 논술의 방향을 변경했던 것이다. 학원을 15년 동안 운영한 덕분에 나는 변화에 익숙하다. 그 힘을 믿고 나는 쉰 살이 되면서 저술에 몸을 던졌다.

변신을 거듭한 탓에 아빠노릇도 그런대로 해냈다. 아빠의 길은자녀의 변화에 대응하는 일이기 때문이다. 자녀를 의대에 보냈다고하여 아빠가 할 일이 끝나지 않는다. 아빠가 자녀에게 혁신하는 습관을 붙여야 자녀가 의사로 성공한다. 세상의 흐름에 제대로 대응하는 의사가 생존한다. 다른 의료기관보다 뛰어나야 살아남는다. 여러 의료기관과 경쟁해서 승리해야 꿈을 이룬다. 의학 실력과 경영 능력을 겸비할 때 의료계의 승자가 된다.

환자는 친절하고 실력이 있는 의사를 좋아한다. 한글을 모르는 노인도 의사의 품격을 오감으로 판단한다. 내 고향 진안에 30년 전에는 의원이 한 곳이었다. 지금은 의원이 30여 개에 이른다. 노인이 날카롭게 의사를 심사하여 그 총력을 평가한다. 그 눈에 의사의 생사가 달려 있다. 농촌의 현실과 노인의 실상을 알아야 살아남는 데 유리하다.

병원으로 성공하려면 의사의 실력은 기본이고 시설도 잘 갖춰야 한다. 동네 병원에서도 옛날에는 의사를 알리더니 이제는 의료 장비를 광고한다. 병원 안팎에 첨단 장비를 도입했다고 홍보한다. 사람들이 의사 못지않게 의료기기를 중시한다는 말이다.

학벌을 떠나 의사도 총력이 강해야 성공한다. 실력과 장비를 갖추고 친절하면 간판을 떠나 호평을 얻는다. 의사 자녀를 둔 아빠가 자녀에게 정보를 제공하면 자녀가 성공하는 데 이롭다.

고수는 자녀의 상황에 따라 교사, 목사, 의사, 판사는 물론 경찰이나 상담자 역할도 수행한다. 그 전문성이 아빠의 품격을 가른다. 월급이나 승진은 물론 휴일도 없이 죽을 때까지 여러 역할을 수행해야 한다. 자다가도 자식이 비상을 걸면 달려가야 한다. 24시간 5분대기조처럼 사는 사람이 바로 아빠다.

세상이 급변하여 아빠가 아이의 현실에 대응하기 힘들다. 아이가 아빠를 평가하므로 그 노릇을 하기가 무섭다. 잘못하면 죽어서도 욕을 먹는데 잘해야 본전이다. 생각할수록 아빠노릇은 떨리는 일이다.

나는 돈을 번 뒤에 읽고 쓰는 일을 한다. 자식이 둘이요, 아내가 돈을 벌어 십 년 넘게 하고 싶은 일을 한다. 직업을 전환할 때마다 극도로 긴장했는데 아버지는 나보다 더 초조하게 농사를 지으며 살았다.

나는 아버지의 바람을 따라 재야이긴 하나 학자가 되었다. 학자는 학문으로 말하는지라 좋은 책을 내려고 노력한다. 아버지의 소망에 부응하려고 학문에 정진한다.

- 미래에 대비한다

쉰 살이 되면서 학원을 닫고 저술을 시작했다. 두 아들이 대학에 다닐 때인데 경제활동을 거의 하지 않으면서 읽고 썼다. 그 사이에 운은 대학을 나와 취업했고, 진은 병역의무를 마친 뒤에 복학했다. 한두 해에 책을 써서 먹고살려고 했는데 십 년을 애면글면 글을 썼는데 일용할 양식을 아직도 못 번다. 그래도 심고 가꾼 대로 거둔다고 믿으며 나아간다.

내 사범대학 동기는 대부분 교직에 종사한다. 동기 60여 명 가운데 몇 사람은 교장이 되었다. 이전에는 가끔 내가 교사라면 연봉과 연금은 얼마나 되는지 계산해보았다. 부부 교사로 살던 시절도 떠올리곤 했다. 지금은 과거를 놓고 현재를 들고 내일로 나아간다. 인생은 가정이 아니라 현실이기 때문이다.

모험한 덕분에 나는 교사들보다 세상을 넓게 본다. 교직에 남았다면 교육의 안경으로 사회를 보았을 텐데 좌충우돌하며 살아온 까닭에 현실을 넓고 깊게 살핀다. 공부도 국어를 넘어 역사, 경제, 경영, 심리, 문화 등을 섭렵했다.

사람도 한국을 초월해 세계적인 거인을 만났다. 피터 드러커를 만난 덕분에 세상을 총체적으로 본다. 그는 어릴 때부터 아빠가 베푸는 연회에 참여하여 유럽의 유명인들을 만났다. 아빠가 그에게 프로이트를 유럽에서 가장 유명한 사람이라고 소개하자 드러커는 오스트리아 황제보다 높으냐고 물었다. 그 아빠는 그렇다고 대답했다. 그 아빠는 오스트리아 고관이었는데 아들에게 황제보다 학자가 높다고 평가했다. 그래서일까. 그 아들은 여러 직업에 종사하다 경영학의 창시자가 되었다. 그는 보기 위해 태어났다고 말할 정도로 현실에 관심이 많았다.

나는 여러 길을 넘나들며 생존력을 길렀다. 지방대학을 나와 교사로 근무하면서 대학원에 다니며 교수를 꿈꾸었다. 그 길이 여의치 않아 학원을 차렸다. 학원을 접은 뒤로 읽고 쓰는 일에 전념한다. 굴곡과 진폭이 많았으나 시행착오를 겪으며 많이 배웠다. 그리하여 인생성형가로 나섰다.

인생성형가는 나와 남의 삶을 멋지게 바꾸는 사람이다. 나는 사람들과 더불어 현실에 적응하는 문제를 고민하려 한다. 그 동안 기른 지혜와 통찰을 이용하여 나와 남을 아름답게 가꾸려 한다. 부모 교육도 그 일환이다.

고수는 대입제도에 대응하여 자녀의 진학을 돕는다. A는 도시에 사는데 자녀를 농촌에 있는 고등학교에 보냈다. 그 자녀는 수능과 학생부 성적이 좋아 지역 균형 선발을 통해 서울대에 합격했다.

농부인 B는 제도가 변하는 바람에 불이익을 당했다. 그는 A의 말을 따랐다가 가족의 원망을 산다. 서울대가 지역 균형 선발 전형에서 수능을 강화한 데다 자녀는 학생부 성적을 잘 받는 유형이 아니었기 때문이다. 이전에 친구 자녀에게 적절했던 방식이 지금의 자기 자녀에게는 통하지 않았다. 친구를 원망한다고 상황이 변하지 않을뿐더러 판단은 자기가 내렸으니 누구를 탓할 수도 없다.

고수는 대입제도의 변화를 잘 안다. 대입제도에 제대로 대응하여 자녀에게 힘을 준다. 그는 대학이 제도를 바꾼다는 점을 감안하며 자녀의 대입 전략을 세운다. 제도의 변화와 사회의 추세를 반영하여 자녀의 진학을 돕는다.

자녀를 명문대학에 입학시킨 아빠들은 자기 전략을 일반화한다. 하지만 그 전략은 당시 자기 자녀에게 적절한 방안이다. 따라서 다른 아빠의 사례를 그대로 따라가면 안 된다. 자녀가 둘이면 첫 번째 경험이 두 번째 입시에 도움이 안 된다. 고수는 쌍둥이의 대입 상황도 별개라고 생각한다.

고수는 다른 사람의 성공 사례를 자기 현실에 맞추어 수용한다. 부모가 서술한 대학입학 수기에 나오는 내용 가운데 자기에게 어울리는 부분을 취한다. 미화와 과장을 걷어내고 자기 현실에 맞는 정보를 얻는다.

저서의 사례에는 미화와 과장이 많다. 아빠의 재력과 지위가 자녀교육에 결정적인 영향을 미친다는 측면에서도 아빠 사이에 차이가 크다. 교육 서적은 그런 부분에 유의해서 읽어야 유용하다. 어떤 내용이든 자기화하는 실력을 갖출 때 쓸모가 있다.

교육 서적은 여러 상황을 감안해서 읽어야 도움이 된다. 독서도 저술처럼 적극적으로 해야 많이 얻는다. 육아 서적을 보면 육아를 기술로 인식하는 경향이 있다. 독자가 구체적인 육아 방법을 바라니까 저자도 그에 부응한다. 개인마다 상황이 다르므로 그런 내용은 비판적으로 수용해야 한다.

학생들은 서울에 있는 대학을 좋아한다. 취업에 유리하다고 생각하여 되도록 서울에 있는 대학에 진학하려 한다. 기업은 간판과 능력을 살피는 추세다. 명문대생도 일하는 능력을 길러야 취업한다. 간판과 스펙은 물론 직무능력도 좋아야 취업에 성공한다. 서울과 지방의 차이는 여전하나 명문대와 비명문대의 격차는 줄어든다.

부모를 떠나 대학을 다니면 일상에 대응하며 생활력과 독립심을 키울 수 있다. 지방에서 서울로 가면 사회 문화적 자극을 받아 적응력도 올라간다. 세계적인 거인들도 어릴 때는 소도시에서 살다가 성인이 되어 대도시에 가서 다양한 자극을 받은 경우가 많다. 인생은 적층적인 단계를 밟아 성장하는데 적기에 적절하게 적응하면 좋다는 말이다.

고수는 대학에서 제시하는 취업률과 그 품질을 아울러 본다. 대학에서 제공하는 정보를 현실에 견주어 평가한다. 자녀가 어떤 대학에 맞을지 알아본 뒤에 자녀와 진로를 결정한다. 총체적으로 자녀와 학과를 고려하여 대학을 고르려면 아빠도 자녀 못지않게 공부해야 한다.

고수는 미래를 내다보며 자녀에게 조언한다. 남의 말을 현실에 맞게 수용한다. 언론의 이면을 보고 자녀에게 알맞은 정보를 모은다. 매체는 현실을 부풀려 자극적으로 표현한다는 사실을 감안한다. 그는 전문가의 의견도 현실을 고려하여 수용한다. 비판적인 안목을 갖추려고 끊임없이 공부한다.

있는 그대로 보여준다

- 현실은 마음에 안 든다

나는 쉰 살이 넘도록 아버지가 초등학교를 나온 줄 알았다. 고등학교 때까지 학교생활기록부에 아버지 학력을 초졸로 썼기 때문이다. 아버지가 세상을 떠난 뒤에 어머니와 이야기를 나누다 그렇지 않다는 사실을 알았다. 집안이 가난하여 아버지는 초등학교 2학년 때 중퇴했다고 했다. 어머니는 자식에게 아버지 학력을 감춘 일이 마음에 걸렸던지 어렵게 그 얘기를 꺼냈다. 산전수전을 겪은 터라 나는 그 말을 담담하게 받아들였다.

아버지가 왜 학력을 초졸이라고 했을까. 학력을 있는 그대로 보여주기 창피할뿐더러 자식을 생각해서 그랬을 터이다. 나는 초등학교 3학년에 올라가면서 분교에서 본교로 옮기는 과정에서 적응 장애를 겪었다. 읍내에서 문화충격을 받은 데다 가난한 아버지가 초등학교도 졸업하지 못했다는 사실을 알았다면 더 고생했을 것이다.

담임선생은 여러 고민을 안고 십리를 걸어 다니는 나를 가끔 야단쳤다. 나를 모욕한 선생 이름은 50여 년이 흐른 지금도 뚜렷하게 기억한다. 얼마 전에 그 선생을 보았는데 그냥 지나쳤다. 건너 쪽으로 가서 인사할 마음이 없었다. 그때까지 그를 용서하지 못한 탓이 더 크다.

내가 초등학교에 다닐 때는 부모의 신상은 물론 집에 라디오가 있는지도 조사했다. 나는 그때마다 가난을 확인했다. 가정환경을 공개적으로 조사했기 때문이다. 가정환경을 파악하고 나면 어떤 선생은 그에 따라 아이들을 차별했다. 읍내에 살며 아빠가 든든한 아이들을 편애하는 선생도 있었다.

잘난 아빠 아래서 자라는 아이들이 부러워도 내가 아버지를 바꿀 수는 없었다. 힘깨나 쓰는 아빠들은 학교에 수시로 얼굴을 내밀었는데 초·중·고를 통틀어 나는 아버지를 학교에서 만난 기억이 없다. 돌아보면 아버지가 나를 멀리서 지켜본 덕분에 내가 도전적으로 자란 듯하다. 살아남느라 힘들었으나 그 역경이 좋은 인생 훈련이었다.

이제는 아버지를 어떤 아빠보다 위대하게 생각한다. 아버지보다 학력과 직위가 높은 아빠가 많지만, 아버지가 그들 못지않게 훌륭하다. 당신의 능력을 넘어서는 아버지 역할을 했기 때문이다.

아버지와 달리 나는 학부모로서 학교에 자주 갔다. 학교운영위원으로 활동하면서는 자녀를 간섭하는 것 같은 마음이 들었다. 자녀에게 관심은 기울이되 통제하지 않으려 했는데 그대로 실천했는지 모르겠다.

나는 선생이 되어 고향 진안의 용담중학교에서 근무했다. 나는 잘난 아빠를 둔 자녀보다 못난 아빠 아래서 자라는 학생에게 관심을 기울였다. 그래도 아빠가 든든한 아이들은 기가 죽지 않았으며 아빠가 시원찮으면 내 뜻을 믿지 않는 듯했다. 전주로 학교를 옮겨 내가 부부 의사의 자녀를 담임하자 일부 교사가 나에게 좋겠다고 말했다. 나는 그게 무슨 말인지 몰랐으며, 어떤 학생이든 똑같이 대우했다.

하수는 자신을 실제보다 더 높게 보이려고 자녀에게 직위를 속이기도 한다. 그러나 자식은 아빠의 위상이 아니라 마음을 보고 점수를 준다. 아빠를 있는 그대로 보여주면 실상을 위대하게 평가한다.

하수는 입만 열면 자녀에게 있어야 할 것을 말한다. 아빠가 자신을 있는 그대로 받아들이지 못하기 때문이다. 그는 자녀에게 선행학습을 강요한다. 자식에게 자신의 결핍을 채워달라는 뜻이다. 아빠가 아이에게 공부를 강요할수록 아이는 공부를 싫어한다.

아버지도 자식들에게 기대를 많이 걸었다. 당신에게 부족한 부분을 채워주기 바랐다. 아버지가 자녀에게 소망을 걸고 희생한 덕분에 나는 공부했다. 오늘도 나는 아버지를 바라보며 어제보다 나아지려고 애쓴다. 나 또한 자녀에게 소망을 걸고 열심히 일한다.

나는 뿌린 씨앗은 가꾸는 대로 거둔다고 생각한다. 아버지의 농사를 도우며 그 이치를 배웠다. 나는 평생 농사를 가까이하며 살았다. 그러면서 뿌리기보다 가꾸기가 어렵다는 이치를 깨달았다. 일하면서 일머리와 인생길을 배웠다. 참고 기다리는 원리도 농사를 지으며 익혔다.

아빠가 아이와 채소를 가꾸면 많은 사실을 배우게 된다. 체험이나 이벤트보다 농사가 더 효과적인 교육이다. 인생의 이치는 현실적이고 반복적인 경험에서 체득하는 까닭이다. 자녀와 함께 며칠이라도 일하면 여러모로 많이 얻는다.

나는 기회가 되면 자식과 함께 시골에게 일하면서 자식들이 할아버지의 삶을 느끼게 한다. 통신회사에서 일하는 운을 작년 연휴에 시골로 불러 수박밭에서 함께 일했다. 서울에서 진안으로 와서 뙤약볕 아래서 일했다. 나는 아들의 플랫폼 제작에도 농사가 도움이 된다고 생각한다. 땀을 흘리며 일하다 밭두렁에 앉아 부자가 같이 마시는 맥주 맛은 술집에서 친구와 마시는 술과는 다르다. 할아버지가 일하던 곳에서 부자가 다른 시간에 하는 일이야말로 가정교육의 진수다.

두 아들은 교육자 집안에서 자랐다. 자식이 그런 유전과 환경을 발판으로 삼아 괜찮은 사람이 되기 바란다. 아빠가 중요한 배경인지라 나는 멋지게 살려고 애쓴다.

고수는 자녀에게 자신을 있는 그대로 보여준다. 자기가 쓴 글을 자녀가 읽어보고 틀린 부분을 지적해도 그대로 받아들인다. 자녀가 아빠의 글에서 흠을 짚어내면 그것을 반영하여 수준을 올리니 고맙게 생각한다. 나도 이 글을 그런 과정을 거쳐서 썼다.

고수는 자녀의 결함도 있는 그대로 수용할뿐더러 자녀를 존중한다. 아이의 장애를 수용하는 일이 말처럼 쉽지 않으나 고수는 그마저 존중하여 자녀와 관계를 발전시킨다. 자녀가 자신을 현실대로 인정하기 바라듯 자기도 자녀를 있는 그대로 받아들인다.

학생을 가르치다 보면 마음에 쏙 드는 학생이 있다. 자식이 취약한 부분에서 강점을 보이는 학생을 보면 그 아빠가 부러울 정도다. 그러나 자녀를 있는 그대로 받아들이는 일이 자식농사의 출발이다. 고슴도치처럼 제 새끼를 함함하다고 해야 남도 자기 자식을 아껴준다.

내가 운영하던 논술학원에서 한 해에 서울대를 수십 명이 들어가던 시절이 있었다. 그때 나는 한국에 대학이 SKY만 있는 줄 알았다. 큰아들 운의 원서를 쓰면서 기고만장하던 자세가 꺾였다. 내 아들은 SKY에 원서도 쓰지 못하니 실망이 컸다. 남의 자식은 서울대에 많이 보내면서 내 새끼는 연고대에 원서도 못 내다니. 내 잘못은 아랑곳하지 않고 애먼 아내를 탓했다. 건국대도 힘겹게 들어갔는데 다행히 괜찮은 직장에 취업했다. 인생지사 새옹지마인가. 돌아보니 자식은 있는 그대로 수용하고 존중하는 게 정석이다. 원인을 떠나 결과만 놓고 가족끼리 대립하면 오래 고생하기 때문이다.

있는 그대로 드러내는 일이 최선은 아니다. 여기에 아버지의 모습을 있는 그대로 나타내는 것도 일부 동생은 불편하게 생각할지 모른다. 나는 아버지의 실상을 알아야 자식이 배운다고 생각한다. 장단점을 아울러 개방해야 신뢰도가 올라간다고 본다. 그래서 여기에 아버지를 사실대로 서술하니 동생들도 이해하리라 믿는다.

고수는 자신을 있는 그대로 보여준다. 자녀에게는 자율성을 주어 자녀가 자신을 있는 그대로 드러내게 한다. 재능과 능력을 키우도록 꽉꽉 밀어준다.

- 평가는 자녀에게 맡긴다

아이는 자기 마음을 알아주는 아빠를 좋아한다. 아빠에게 사랑을 받는 아이가 아빠를 존경한다. 사랑도 남에게 받아보아야 다른 사람에게 줄 수 있다. 아빠와 아이도 주고받는 사이인지라 아빠가 아이를 사랑해야 아이도 아빠를 사랑한다.

아빠를 존경하는 아이도 멘토는 대개 밖에서 찾는다. 같이 살면 신비감이 떨어지는 데다 요즘은 진로가 복잡하여 아빠가 자녀를 지도하기 어려운 까닭이다. 아빠와 아이는 특수관계인 데다 서로 기대하는 바가 많아 아빠가 아이를 직접 가르치기 힘들다. 진로는 달라도 일하는 원리가 비슷하므로 아빠가 자녀의 진로지도를 해도 괜찮다.

아빠노릇의 성패는 자식이 아빠의 공로를 인정하느냐 인정하지 않느냐에 달려 있다. 대부분의 아빠는 자식농사에 최선을 다했다고 자평하여 스스로 괜찮은 아빠라고 생각한다. 그에 견주어 자식들은 아빠를 총체적으로 판단한다. 다른 사람이 비판해도 자식이 아빠를 인정하면 고수다. 자평은 자의적이라 믿을 수 없다. 세계 최악의 아빠도 자신의 입장을 들어 잘못했다고 인정하지 않기 때문이다.

옛날에는 아빠가 자식을 버려도 자녀가 아빠를 배신하기 힘들었다. 사람들이 천륜을 저버리면 천벌을 받는다고 생각했기 때문이다. 이제 아이를 돌보지 않은 아빠는 자녀들이 부정한다. 아빠가 마음에 안 들면 자식은 밥벌이하는 대로 집을 나간다. 아빠와 같이 살기 싫은 까닭이다.

아이가 어릴 때는 아빠가 점수를 따기가 쉬울뿐더러 그때 얻은 점수는 오래 간다. 성장한 다음에는 점수를 만회하기 어려운 데 견주어 잃기는 쉽다. 아빠가 아이와 몇 년만 애착을 제대로 형성하면 그 뒤에는 무심하다가도 조금만 신경을 쓰면 사이가 좋아진다. 어릴 때 형성한 애착은 반영구적이기 때문이다. 아빠들이 이런 점을 몰라 자식과 소원한 경우가 많다. 이런 사실을 아는 대로 관계를 개선하면 서로 사이좋게 지낼 수 있다.

고수는 아이가 어릴 때 애착을 바람직하게 형성하고, 자녀가 자라는 대로 알맞게 대응한다. 그 자녀는 아빠에게 사랑을 듬뿍 받았기에 가족은 물론 남도 사랑한다.

아빠들은 가족을 부양하느라고 아이와 애착형성을 제대로 못한다. 아이를 부양하면 애착관계도 견고해질 줄 안다. 하수는 애착이 무엇인지도 몰라 우는 아이를 때린다. 아이는 심신에 아빠에 대한 증오를 입력한다. 심신에 각인한 증오를 죽을 때까지 간직한다. 아빠가 삶의 바탕을 무너뜨렸다고 생각하기 때문이다. 아빠가 그 증오를 촉발하는 언행을 하면 자식이 아빠에게 받은 증오를 파괴적으로 돌려주기도 한다.

어려서는 아빠가 함부로 대해도 도리가 없어 참지만, 커서 힘이 자라면 아빠에게 반항한다. 사춘기 때는 반항이 커지므로 되도록 그 이전에 갈등을 푸는 게 유리하다. 그렇게만 해도 둘 사이에 일어나는 극단적인 불화를 막을 수 있다.

아버지는 초등학교 2학년 중퇴생으로 농사를 지으며 독학으로 한글과 한자를 익혔다. 나는 아버지의 수준을 올라온 높이로 잰다. 바닥에서부터 공부하여 성경을 읽고 설교하기에 이르렀으니 대단하게 여긴다. 아버지는 교회에서 장로 직분을 수행하려고 주경야독했다. 노력하는 모습을 자연스럽게 자녀들에게 보여준 셈이다.

고수는 흠을 넘어 힘을 기른다. 트럼프는 세 번 결혼했지만, 전처의 자녀를 모두 키웠다. 70대로 추문을 딛고 미국 대통령이 되었다. 그는 부자 아빠 아래 태어났는데 아빠에게 사업 자금을 받아 성공했다. 우리는 흠을 중심으로 사람을 판단하여 한국에서는 그런 대통령이 나오기 힘들다. 미국인은 흠을 덮고도 남는 힘이 있으면 그를 인정한다.

한국에서는 유교적 윤리의식에 입각하여 겸손과 예절을 강조한다. 영웅도 운이 좋아 성공했다고 말해야 인정한다. 그렇지 않으면 흠을 잡아 끌어내린다.

그래서 개천에서 용이 된 고수도 자녀에게 성공담을 삼간다. 자녀에게 영웅담을 들려주면 아이가 위축되기 때문이다. 아빠 자체가 자녀에게 커다란 장벽인데 고난을 딛고 성공한 이야기를 하면 자녀는 전의를 상실한다.

고수는 자식에게 실패담을 들려준다. 그 자녀는 실패한 아버지의 모습을 보고 넘어져도 다시 일어난다. 실패담을 들으면 자녀는 아빠에게 친밀감을 느낀다. 서로 정이 들면 자녀가 아빠를 닮아 성공하려고 힘쓴다.

성공한 아빠가 자녀에게 자신을 있는 그대로 보여주면 자녀는 겁을 먹는다. 고수는 자신을 낮추고 자녀가 좌충우돌하는 동안 따뜻하게 지켜본다. 자녀가 시원찮아도 도와주지 않는다. 그 자녀는 실패를 바탕으로 성공한다. 실패에서 성공의 원리를 배워 꿈을 이룬다.

하수는 현재는 감추고 과거를 부풀린다. 현재를 숨기니 과거와 미래도 무너진다. 오늘을 내일의 바탕으로 쓰지 못하여 인생이 나아지지 않는다.

과거는 바꿀 수 없는데 현재와 미래에 영향을 준다. 과거를 부정하고 현재와 미래를 외면하면 자신을 혁신하지 못한다. 과거를 있는 그대로 수용하고 오늘 여기에서 한 걸음씩 나아갈 때 내일이 밝아온다.

시간관은 가치관의 일부인데 인생에 지대한 영향을 미친다. 아빠의 시간관은 아이에게 많은 영향을 준다. 아빠가 어떤 시간관에 입각하여 언행을 수행하는지 바라보고 아이도 시간관을 형성한다.

우리는 현재를 외면하고 과거를 바라본다. 예술도 대부분 과거지향적이다. '명량', '국제시장'처럼 옛날을 이야기한다. 과거타령을 하느라 내일을 못 본다. 과거가 판치는지라 젊은이도 내일을 불안하게 생각하며 현재를 즐긴다. 현세주의에 빠져 오늘과 내일을 아울러 망친다.

공자는 과거의 성인을 예찬했다. 사람들에게 흠을 입증할 수도 없는 옛날 성인을 닮으라고 말했다. 그는 과거무흠결주의를 내세워 과거는 흠결이 없다고 주장했다. "옛날엔 안 그랬는데…" 하는 꼰대가 바로 공자의 후예다. 그들은 흠을 바탕으로 사람을 평가한다. 그런 사람이 많은지라 청년들은 결핍을 보완하기보다 결점을 숨기려 한다. 결점에 집중하니 강점을 발전시키지 못한다.

공자는 현실이 아니라 이상을 노래했다. 세 살 때 죽은 아빠를 그리워하여 아빠를 이상화했다. 군사부일체라 하여 아빠를 임금과 같다고 보았다. 때문에 당시에도 그를 등용하는 나라가 없었다. 신분사회에서도 통하지 않는 공자 사상이 현대에 맞을 까닭이 없다. 공자의 말이 아니라 그 발을 보아야 한다. 말처럼 가벼운 게 아니라 발처럼 무거운 것을 중시해야 살아남는다.

예수는 미래지향적인 시간관을 제시했다. 비전을 가지고 오늘의 고난을 극복하자고 역설했다. 서양인들은 기독교적 세계관에 입각하여 '아바타', '인터스텔라' 같은 미래지향적 영화를 제작했다. 그들은 탕자도 과거를 뉘우치고 돌아오면 있는 그대로 받아들인다. 그 미래를 믿고 재기할 기회를 준다. 우리는 한번 탕자가 되면 용서하지 않는다. 돌아온 탕자는 돌로 쳐 죽인다. 어쩌다 잘못해도 계속 빗나가는 수밖에 없다. 전과자는 남이 찍은 낙인을 달고, 남이 믿는 대로 살아가기 쉽다.

성공은 현실을 긍정하고 미래를 지향하는 사람이 잡는다. 미래지향적인 사람은 현실을 효율적으로 쓰고, 인내력이 강인하며, 스트레스를 감내하는 데다 실패를 과정으로 보아 넘어져도 다시 일어나기 때문이다.

세계적인 부자의 다수가 기독교인과 유대교인이다. 종교적인 차원을 떠나 교육적인 측면에서 그들이 현실을 직시하고 미래를 소망하는 자세를 본받을 만하다.

한국에 기독교가 들어온 지도 한 세기를 넘었다. 교회의 공과를 놓고 논란이 많다. 거시적으로 보면 한국에서 기독교가 기여한 바가 많으며, 미시적으로 살펴도 자녀교육에 긍정적인 역할을 했다.

고수는 있는 그대로 드러내고 있어야 할 것을 좇는다. 그는 자녀에게 바람직한 안목을 길러준다. 자녀의 평가를 받아들여 더 좋은 아빠가 되려고 바른 길로 나아간다.

- 심신을 함께 보여준다

지난 번 서울시 교육감 선거는 좋은 아빠 선발대회에 가까웠다. 선두를 달리던 고승덕은 이혼한 사실이 드러난 데다 딸까지 비판하고 나서자 인기가 급락했다. 그에 비해 조희연은 두 아들의 지원 포격에 힘입어 주가가 치솟았다. 고승덕은 남들이 공부의 달인으로 인정했으나 정작 그 자식은 아빠의 인성이 나쁘다고 보았다. 당시 조희연은 고승덕에 견주어 아는 사람이 적었는데 자식이 받들고 나왔다. 승리는 자식과 손잡고 총력전을 전개한 조희연이 거머쥐었다.

우리는 수신제가치국평천하(修身齊家治國平天下)를 믿어 아빠가 수신제가를 못하면 다른 능력도 인정하지 않는다. 자신과 가정을 관리하지 못하는 사람에게 국가를 맡기지 못한다는 말이다. 나름대로 일리가 있으나 진리는 아니다. 이를테면 수신에 문제가 있으나 유능한 장수가 있다.

아빠노릇은 가족의 인생을 성형하는 일이다. 아이는 아빠가 실천하는 만큼 자란다. 아빠의 권위를 자식이 부인하면 남도 인정하지 않는다. 아니, 아빠를 따르던 사람도 돌아선다. 남은 아빠의 전모를 자식보다 모르기 때문이다. 자식은 대체로 아빠를 옹호하는지라 그가 아빠를 비판하면 사람들은 아빠에게 문제가 있다고 본다.

아빠의 품격은 아빠의 숫자만큼 다양하다. 세상에는 나쁜 아빠와 좋은 아빠가 섞여 산다. 어떤 아빠는 자식을 죽이는 데 견주어 다른 아빠는 자식을 부양하다 죽는다.

고수는 자식을 잘되게 하려고 줄에 매달려 아파트에 페인트를 칠한다. 졸다가 줄을 놓치면 목숨이 달아난다. 땅에서 일하는 사람보다 몇만 원 더 받으려고 위험을 감수한다. 얼굴에 페인트가 날리는 공중에서 해로운 화학성분을 마시면서 한여름에도 소매가 긴 옷을 입고 페인트를 칠한다. 옷이 몸에 달라붙어 손을 움직이기 힘겨워도 자식을 생각하며 쉬지 않고 일한다.

옷이 지저분하여 식당에도 못 가고 현장으로 짜장을 불러 먹는다. 막걸리를 마시고 싶어도 사고가 날까 봐 참는다. 목숨을 걸고 일해도 사무직보다 대우가 못하다. 그들은 자식을 사무원으로 만들려고 공중에 매달려 벽을 칠한다.

현장에서 일하다 죽는 사람의 대부분이 아빠다. 못 배운 죄로 열악한 상황에서 일하다 세상을 떠난다. 많은 아빠들이 독일에서 광부로, 중동에서 노동자로 일하다 죽었다. 한 아빠가 역사요, 가족사라는 측면에서 한국 아빠들은 만방에 거룩한 자취를 남겼다. 처자를 먹여 살리려고 자신을 사지로 몰아넣은 그 걸음을 자식들은 아프게 기억한다.

어떤 아빠는 아내 손을 뿌리치고 가족을 먹여 살리려고 이름도 모르는 라스팔마스로 원양어업을 떠났다가 유복자를 남기고 이국 땅에 묻혔다. 그 유복자가 정부의 지원을 받아 아빠의 유해를 40년 만에 고국으로 모시면서 통곡했다. 객사한 아빠의 육체와 영혼을 데려오는 일이 힘들고 오래 걸렸기 때문이다. 아빠 없는 세상에서 사느라고 고생한 일이 떠올라 맺힌 한을 한꺼번에 쏟으며 몸으로 울었다. 아빠는 그보다 더 서러운 피눈물을 흘리고 세상을 떠났다. 구천을 떠돌던 영혼이 마침내 고국으로 돌아와 자식을 지켜본다.

아빠들이 목숨을 걸고 자식을 부양했기 때문에 우리가 이만큼 산다. 평범한 아빠들은 배운 사람처럼 자신을 과장하거나 미화하지 못한다. 그들은 소박하고 순수하여 자신을 자녀에게 있는 그대로 보여준다. 그 모습은 투박하나 진솔하여 자식의 심신을 오래 울린다.

잘난 아빠일수록 자신을 멋지게 꾸민다. 머리에 먹물이 들어간 데다 몸과 맘이 따로 놀아 거짓말도 잘한다. 그들의 언행은 보통 사람의 기대를 많이 저버린다. 못 배운 아빠를 속이기도 한다. 전문가라고 하는 사람 가운데 그런 아빠가 많다. 자신과 타인을 함께 죽이니 그야말로 나쁜 아빠다.

고위 관료는 군대에 안 가려고 머리를 굴린다. 2016년 9월 12일 자 매일경제를 보니 그들은 일반인보다 29배나 높은 비율로 병역을 면제받았다. 그들은 고도 근시나 수핵탈출증 등으로 군대에 가지 않았다. 보통 사람은 그것이 질병인지 증상인지도 모른다. 그들은 자녀도 군대에 보내지 않으려고 온갖 수단을 동원한다. 그러면서 국민을 돼지처럼 취급한다. 요즘 돼지는 영리하여 그런 사람의 말을 듣지 않는다.

내가 입대하던 1970년대에는 병무비리가 지금보다 더 많았다. 당시도 유력자 아빠가 자식을 군대에 보내지 않았다. 아버지는 그런 일은 생각도 못 하고 아들 다섯을 모두 군대에 보냈다. 나도 아버지처럼 아들 둘을 기꺼이 군대에 가도록 했다. 내 형제와 자식의 군대 얘기만 하려고 해도 사연이 많지만 보통 사람은 말없이 흐른다. 그게 역사다.

사람들이 이런 현실을 알기에 기득권자를 믿지 않는다. 정치인의 자식들이 어떻게 사는지 아는지라 그들을 불신한다. 지금은 매체가 발달하여 실체를 감추기 어렵다. 변명을 해도 바로 탄로가 난다. 큰일을 하려면 자식은 물론 주변을 잘 살펴야 한다. 숱한 거인들의 추락에서 배워야 할 교훈이다.

한 자녀는 목사 아빠가 설교하는 강단으로 이불을 들고 올라가 교회에서 살겠다고 드러누웠다. 아빠가 교회에서는 천사인데 집에서는 악마라고 외쳤다. 교인들은 웅성거렸다. 성직자마저 언행이 일치하지 않아서 생긴 일이다.

위선적인 아빠가 많은 사회는 불신의 소굴이 된다. 그 자녀도 아빠를 보고 위선자가 되기 때문이다. 한국은 불신지수가 세계 최고 수준이다. 불신에 기초한 사건·사고가 인구를 대비하여 일본에 견주면 한국이 일본보다 160배쯤 많다. 사회적 신뢰가 낮아 우리는 사회적 비용을 많이 내고 산다.

아빠들은 자녀 문제를 누구에게 말도 못하고 혼자 끙끙 앓는다. 남들이 자신을 나쁜 아빠라고 욕하기 때문이다. 문제가 드러났을 때는 바로잡기 힘든 경우가 대부분이다. 그래도 하수는 자기 잘못을 인정하지 않고 엄마와 아이를 탓한다. 실상을 끝까지 숨겨야 산다고 생각한다.

나는 50대에 하고 싶은 일을 하느라고 아빠노릇을 제대로 못했다. 빨리 자리를 잡아 자녀를 잘 키우려고 했는데 십 년 넘게 헤매고 있다. 나는 자녀들이 내 아빠노릇을 사실대로 평가하기 바란다. 그 점수를 있는 그대로 받아들이려 한다. 그런 뒤에 분발하여 성적을 올려 평균점수를 올리고 싶다.

나는 나아지는 모습을 자식에게 보여주려고 애쓴다. 자녀에게 부끄럽지 않은 아빠로 서기 바란다. 지금은 보여줄 성과가 적으나 그 동안의 노력을 멋진 열매로 맺고 싶다.

어떤 아빠는 자녀가 박사인데 밥벌이도 못한다고 나무란다. 현실을 몰라서 하는 말이다. 지금은 박사도 갈 곳이 드물다. 지나가는 개도 괜찮은 박사라야 바라본다고 하는 정도다. 박사가 해마다 14,000여 명쯤 나오는 데다 그 수준도 낮아서다. 대학원생의 학력

저하가 심각해 석사가 한자로 논문 제목도 바르게 못 쓰는 경우도 있다. 내가 20년 넘게 수만 개의 학위 논문을 제본하면서 직접 확인한 결과다.

아빠가 자녀에게 자신의 심신을 그대로 보여주면 서로 말이 통한다. 그런 뒤에 힘을 합할 때 뜻을 이룰 수 있다. 100세 인생이라지만, 쉰 살을 넘으면 뭔가 보여주기 힘들다. 나도 내년에 환갑인데 심신이 해마다 약화한다. 20대엔 한 주도 철야하며 일했으나 지금은 하루만 잠을 설쳐도 며칠 동안 고생한다. 그런 현실을 인정하고 살아남으려 한다.

거인은 아빠가 하는 일을 보고 태어난다. YG엔터테인먼트 대표 양현석은 대학은커녕 공고를 나왔다. 그 아빠가 전파사를 운영한 탓으로 마이클 잭슨에 심취하여 댄서로 성공하려고 했다. '서태지와 아이들' 멤버로 스타가 되어 활동하다 제작자로 변신하여 YG엔터테인먼트 대표가 되었다. 춤으로 음악계에 들어선 뒤에 제작자를 거쳐 기획사를 운영하여 수많은 별을 만들어 냈다. 전국에 전파사가 많았으나 아빠와 아들의 궁합이 딱 맞은 양현석이 최고가 되었다.

아빠의 영향을 많이 받아서인지 양현석은 가족주의에 따라 사업을 한다. 박진영처럼 신상필벌을 확실히 하지 않고 스타가 잘못해도 흠을 안고 간다. 실력을 중시하여 신뢰를 회복하는 전략을 가미할 필요가 있다고 본다.

3장

책임의 길을 좁힌다

돈보다 맘을 번다

─ 자녀의 맘을 읽는다

자녀교육에 성공하려면 할아버지의 경제력과 엄마의 정보력, 그리고 아빠의 무관심이 필요하다고 말한다. 아빠가 이 말대로 자녀교육에 신경을 끄면 안 된다. 아빠와 엄마가 함께해도 벅찬 일이 자식농사이기 때문이다.

자녀교육에서는 정보력보다 경제력이 더 중요하다. 할아버지가 아니라 아빠의 재력이 긴요하다. 엄마가 경제력과 정보력을 겸비하면 금상첨화다. 실제로 취업주부가 전업주부보다 자녀교육을 잘한다. 전업주부는 자녀가 초등학교에 다닐 때까지는 그런대로 힘을 쓴다. 채찍과 당근이 그 시절에는 유용한 까닭이다. 중학생부터는 자발성이 중요하여 취업주부 자녀가 전업주부 자녀를 능가한다. 엄마가 일하는 모습을 보고 자란 아이가 내적 동기를 발하는 까닭이다. 대입에서도 취업주부 자녀가 전업주부 자녀보다 좋은 결과를 낸다. 공무원 엄마와 전문직 엄마는 대치동 전업주부를 뺨친다. 일하는 엄마를 보며 공부한 자녀는 사회에서 저력을 발휘한다.

정보야 손가락만 까딱하면 얻지만 돈은 심신을 고단하게 움직여도 벌기 어렵다. 취업 자체가 능력인지라 취업 여성이 좋은 배우자도 만난다. 모범이 최고의 교육이므로 그 자녀는 엄마가 일하는 것을 보고 열심히 공부한다. 전업주부는 보여줄 성과가 자녀밖에 없다 보니 눈앞의 교육에 힘쓴다. 그나마 억지로 가르쳐 장기전에서 취업주부에게 밀린다. 실제로 전업주부의 실적은 대부분 아빠의 총력에서 나온다. 전업주부가 모여 수다를 떠는 일보다 취업주부로서 자식에게 투자하는 전략이 효율적이다. 전업주부가 가짜 교육뉴스나 전단지 교육정보에 휩쓸리다 아이를 망치기 일쑤다.

공부는 자식이 하는 일이다. 자식이 학습에 열정을 쏟아야 부모의 재력과 정보도 힘을 쓴다. 땅이나 학교가 공부하는 게 아니다. 대치동으로 이사하고, 자식이 하버드에 갔다고 꿈을 이루지 못한다. 아빠가 자녀의 맘을 읽고 학습동기를 유발할 때 자식이 공부를 잘한다. 가난한 아빠도 부족한 부분을 보완하면 자식을 거인으로 만든다.

고수는 엄마의 정보에 휘둘리지 않는다. 빈자라도 고수는 자식을 위대하게 기른다. 불리한 조건에서 성공한 자식은 갈수록 성과를 낸다. 아빠가 조건이 안 된다고 자식농사를 포기하면 누가 자식을 거두겠는가.

고수는 지식과 경험을 융합하여 엄마의 정보를 평가한다. 엄마가 말하는 이상을 현실에 비추어 받아들인다. 그 정보 가운데 요긴한 것을 골라 자녀에게 제공한다.

고수는 자녀교육의 이론과 실제에 밝아 엄마가 아이를 억압하지 않도록 제어한다. 그는 엄마에게 시달리는 자녀를 동정한다. 아이들은 아빠보다 엄마를 더 무서워한다. 급훈으로 '엄마가 보고 있다'를 걸어 놓으면 조는 학생이 준다고 할 정도다. 고수는 이런 현실을 알고 엄마에게 아이와 거리를 두게 한다. 그래야 자녀가 자발적으로 공부하는 까닭이다.

고수는 자녀의 맘을 알아준다. 일하느라고 자녀와 함께하지 못한 부분을 메우려고 자녀를 바람직하게 칭찬한다.

"우리 공주, 열심히 공부하더니 성적이 올랐네!"

"내가 열심히 공부한 걸 아빠가 어떻게 알아?"

"안 봐도 다 알지."

"어떻게?"

"점수 보면 알지, 우리 딸은 너무 예뻐!"

"성적 좋을 때만."

"내가 언제 그랬어?"

딸은 아빠에게 점수보다 맘을 봐달라고 이야기한다. 딸은 성적이 좋을 때 예쁘다고 했다는 사실을 기억하는데 아빠는 그런 말을 했는지 모른다. 딸이 공부하는 모습을 보았느냐고 반문해도 자녀의 심리를 알기에 그런대로 넘어간다.

고수는 자녀가 바라는 칭찬을 한다. 자녀의 맘을 헤아려 칭찬한다. 칭찬이 외적 보상이라는 사실을 알고 알맞게 처방한다. 자녀의 맘을 움직이는 말을 하여 내적 동기를 유발한다. 결과보다 과정을,

재능보다 노력을 칭찬한다. 자녀가 고민하면 토닥거리고, 고비를 넘길 때는 격려한다.

운동장에서 많은 아이들이 함께 달려도 아빠 눈에는 내 새끼만 보인다. 달리다가 넘어지면 아빠가 자녀보다 더 당황한다. 다른 아이보다 빨리 달리기는커녕 넘어지니 속이 터진다. 저래 가지고 세상에서 밥벌이나 할까 하고 걱정한다. 자녀의 언행을 그 인생과 연결하여 고민한다.

넘어져서 속상한 딸에게 아빠가 "살 좀 빼!" 하면 딸은 울음을 터뜨린다. 성적이 좋을 때는 예쁘다고 하더니 달리기를 못하니까 사람들이 많은 데서 살을 빼라고 하니 충격을 받는다. 아빠가 위로는커녕 비난하니 아이가 치명상을 입는다. 외모에 민감한 사춘기에 신체적 결함을 지적하면 아이는 중상을 당한다.

요즘 여아는 10살 안팎에 사춘기를 시작하는 수도 있다. 아빠는 아이가 아무것도 모른다고 생각하나 딸은 자신을 드러내려고 멋을 부린다. 그때는 외모를 중시하고 연예인을 좋아한다. 고수는 현실을 고려하여 딸의 자존감을 올려준다. 딸에게 "미인은 달리기로 안 뽑아!" 하여 그 맘부터 챙긴다. 그에 따라 자녀가 실망을 딛고 일어서게 한다. 아빠가 자신을 사랑한다는 사실을 알면 자녀는 원래 상태로 돌아온다.

자녀의 맘을 읽으려면 귀뿐만 아니라 맘도 기울여야 한다. 아이가 아빠에게 "나 한돌이 좋아해!" 하고 고백했는데 "벌써 남친이냐?" 하면 다음에 속내를 드러내지 않는다. 아빠의 가치관에 따라 자녀의 말을 평가하니 자녀는 아빠에게 말을 하지 않는다. 친구가 비판해도 위축이 되는데 부모가 언행을 재단하면 자신감을 잃는다.

　고수는 자녀의 성적에 일희일비하지 않는다. 초등학교 실력이 삶을 가른다고 보지 않는다. 실제로 인생은 초등학교 성적이 좌우할 정도로 간단하지 않다. 타임지가 지난 100년간 크게 성공한 사람 20명의 어린 시절을 발표한 적이 있다. 그들의 지능은 평균 정도요, 학교 성적은 좋지 않았다. 다수가 어릴 때 남들에게 머리가 나쁘다는 말을 들었으며, 대부분 어릴 적에 크게 고생했다.

　인생의 분기점은 40대 후반이다. 성공에서는 절제와 지속이 성적보다 중요하다. 인생의 성패는 무덤에 들어간 뒤에 안다. 불혹은 부록이 아니다. 마흔을 지난 아빠가 인생을 역전하면 자녀도 아빠를 보고 힘을 낸다. 아빠가 극적인 승리를 거둔 터라 그 효과는 오래 간다.

　고수는 패자부활전에 나가 역전승을 거둔다. 자녀교육에서 말보다 발이 중요한 까닭에 그런 아빠를 보고 자란 아이는 회복탄력성이 강하다. 넘어져도 다시 일어선다는 말이다. 그 자녀는 열정과 끈기가 있어 꿈을 이룬다.

　아빠가 시험 결과에 초연할 때 자녀가 알아서 공부한다. 그 자녀는 좋은 대학에 가서 정보화시대에 적절한 인물이 된다. 대학을 나와서도 꾸준히 공부하니 하는 일에서 전문성을 드러낸다. 그는 길게 이긴다.

고수는 자녀의 맘을 잘 읽는다. 아빠가 자녀의 맘을 알아주므로 자식은 아빠를 기쁘게 하려고 열심히 공부한다. 그럴수록 여러 사람에게 인정을 받아 자존감과 자신감이 쌓인다. 목표를 이루는 길을 꾸준히 올라가는 것이다.

- 자녀의 양심을 지켜준다

아빠가 세상을 떠나도 그 책임은 지상에 남는다. 자식이 잘못하면 '아무개 자식'이라고 하며 그 아빠를 욕한다. 예로부터 아이가 잘못하면 "네 애비가 누구냐?"고 물었다. 자식농사에 실패한 책임을 아빠에게 추궁했다. 자식이 잘못하면 아빠가 자녀교육을 잘못했다고 보는 까닭이다.

김구의 손자 하나가 해상작전 헬기를 선정하는 과정에서 비리를 저질렀다는 혐의를 받았다. 그 사실만 가지고도 아빠는 물론 할아버지에게 누를 끼친 셈이다. 김구는 통일 건국을 염원하며 '양심건국(良心建國)'이란 휘호를 즐겨 썼다. 정작 그 손자가 양심을 저버렸다. 위대한 자손에게는 높은 정신을 요구하는데 그 후손이 조상의 훈계를 외면했다.

김대중과 김영삼은 숱한 고난을 뚫고 대통령이 되었으나 아들이 비리를 저지르는 바람에 빛을 잃었다. 사람들은 그들이 아빠로서 자녀를 잘못 가르쳤다고 평가한다. 제가도 못하는 주제에 무슨 치국이냐고 비아냥거린다.

박근혜는 박정희의 딸로 한국에서 최초로 부녀가 대통령이 되었다. 그러나 거짓말을 거듭하다 탄핵을 당했다. 아빠와 나라의 품위는 말할 것도 없고, 여자도 깔보게 만들었다. 양심은커녕 준법의식도 없어 탄핵도 부정했다. 여러 기업의 회장을 독대하여 수뢰했다는 혐의를 받고 있다. 뇌물은 은밀하게 주고받으니 법원이 어떻게 판결할지 모른다.

다만 양심은 누구도 못 속인다. 후한 시절 왕밀이 양진에게 황금을 몰래 바치자 양진이 뭐하는 짓이냐고 꾸짖었다. 왕밀이 보는 사람이 아무도 없으니 받으라고 했으나 양진은 "무슨 소리냐, 네가 알고 내가 알며, 하늘과 땅도 안다"며 그를 질책했다. 그 말을 듣고 왕밀이 부끄러워하며 황금을 거둬들였다고 한다. 여기서 사지(四知), 곧 너와 나는 물론 하늘과 땅이 안다고 하는 고사가 나왔다. 양진은 하늘과 땅에 인격을 부여하여 왕밀의 양심을 자극했다.

학원을 운영하면서 양심불량자를 많이 만났다. 개원하려고 책상과 의자를 가구점에서 정품으로 주문했는데 비품을 실어왔다. 물건이 이상해서 상표를 살펴보니 유사품이었다. 인부들에게 당장 정품을 가져오라고 했다. 그들은 미안하다는 말은커녕 재수 없다는 표정을 지으며 정품을 가져왔다. 그들도 누군가의 아빠일 텐데 참 뻔뻔했다.

개원 초기에 학원으로 상담하러 온다고 전화하여 기다리면 서너 명에 하나쯤 나타났다. 못 온다고 전화를 해주는 사람은 거의 없었다. 내가 학교에 근무할 때는 부모들이 그러지 않았다. 왕이라고 군림하는 고객 가운데는 폭군도 있었다. 그에 대한 나쁜 인상은 오래 남았다.

그런 사람을 많이 만난 뒤로 나는 사람을 불신에 기초하여 판단한다. 안사람은 교사인데 내가 사람을 너무 못 믿는다고 말했다. 아내도 여러 일을 겪어본 뒤에는 내 인간관에 동조한다.

　사기 사건이 일본에서보다 한국에서 100배 이상 많이 일어난다. 한국을 사기공화국이라 부를 정도다. 성범죄도 인구 대비로 보면 일본보다 10배는 많다. 아빠는 딸에게 어떤 남자도 믿지 말라고 가르친다. 딸은 옆집 아저씨와 엘리베이터를 같이 타도 긴장한다. 아동 대상 성범죄의 절반은 친인척이 일으킨다. 가장 가까운 사람이 나쁜 짓을 저지르니 그 아동은 누구도 안 믿는다. 우리는 신뢰가 낮은 사회에서 비싼 수업료를 지불하고 불안에 휩싸여 살아간다.

　학교붕괴는 사람들이 교사를 불신하는 데서 비롯되었다. 교사가 촌지를 받고 양심을 팔아 학교가 무너지기 시작했다. 그러다 보니 학생들이 학교에 다닐수록 법률도 우습게 안다. 서울대 모교수는 성추행 사건으로 파면되었다. 그 부모는 모두 교수를 지냈으며, 그 외조부는 유명한 학자다. 사람들은 그를 천재 수학자라고 했으나 가문의 수치가 되고 말았다. 자식 때문에 부모도 욕을 먹는다.

　양심은 고사하고 법률도 저버리는 교육자가 있기에 학교가 추락한다. 연구비를 빼먹는 교수가 많이 나올수록 대학이 쓰러진다. 일반인과 학생이 학교를 불신하기 때문이다. 문제 교육자가 일부라 해도 쥐구멍만 뚫려도 댐이 무너지듯 그들을 기화로 학교가 붕괴한다.

　사람들은 법조계도 불신한다. 다수는 믿을 만한데 일부가 법과 양심보다 돈과 줄을 좇는 까닭이다. 그러다 보니 패자는 문제 법조인을 들어 줄과 돈이 없어서 졌다고 생각한다. '유전무죄 무전유죄'라고 생각하며 대법원이 판결해도 승복하지 않는다. 법조인의 수준을 낮게 보기도 한다. 헌법재판소에서 막말을 쏟아낸 김평우 변호사의 아빠는 유명한 소설가다. 자식 때문에 그 아빠도 비판의 도마에 올랐다. 양심과 상식이 없다고 하며 그 아빠의 자녀교육을 탓한다.

법조계에서 비리가 발생하면 그들은 공범조직처럼 제 식구를 감싼다. 판사와 검사가 5천여 명이라 50만 안팎인 교육계보다 동질적이다. SKY 출신이 절반을 훨씬 넘어 서로를 의식할 수밖에 없다. 우병우는 검사 출신으로 박근혜 정부에서 민정비서관을 지냈다. 그는 박근혜를 탄핵할 즈음 석 달 동안에 검찰국장과 천여 차례나 통화했다고 한다. 보통 아빠는 국장은커녕 일반검사에게 전화 한 통을 걸기도 어렵다. 아는 검사가 없기 때문이다.

손바닥 같은 마당에서 법조인이 양심과 법률이 아니라 연줄과 기수를 따르니 사람들이 그들을 불신한다. 문화계 블랙리스트를 작성했다는 혐의를 받는 김기춘, 조윤선도 법조인이다. 양심과 표현의 자유를 법조인이 앞장서서 억눌렀다는 비판을 받는다.

사람들은 흔히 정치인을 사기꾼으로 본다. 그들이 양심을 저버리고 국민보다 제 밥그릇을 챙기니 나라가 흔들린다. 그나마 나라가 굴러가는 까닭은 양심적인 정치가도 있기 때문이다. 정치인은 국민이 뽑았으니 국민의 책임도 크다. 국민이 양심보다 연줄이나 이해를 더 중시하는 까닭이다.

더러는 자기의 철학이나 신념을 양심이라고 생각한다. 심지어는 보복을 양심이라고 하는 사람도 있다. 양심을 자의적으로 해석하는 사람이 지도자가 되면 혼란을 조장한다. 그래도 아래에서 그를 제어하기 어렵다. 자체 정화를 통해 양심을 회복하기 어려운 까닭이 여기에 있다. 박근혜 정부를 보면 외부 시선은 차단하고 내부 시선도 인사를 통해 우물에 가두었다. 보스가 감시체계를 마비시키고 비슷한 사람을 모아 정부를 장악하니 양심선언을 하는 사람도 없었다. 무능한 권력자가 부끄러운 아빠를 양산한 셈이다.

양심은 제도가 아니라 사람이 어긴다. 사람들은 상대의 궁박한 상황을 이용하여 사기를 친다. 성직자마저 양심을 저버리고 범죄를 저지르는 수가 있으니 믿을 사람이 없다고 하는 것이다.

고수는 자녀에게 양심을 지키는 모습을 보여준다. 그 자녀는 손해를 보면서도 약속을 지켜 사람의 맘을 얻는다. 아버지는 농산물을 판매할 때마다 가격이나 무게에서 손해를 보는 쪽을 선택했다. 구두로 약속한 것도 반드시 지켜 단골 장사와 오랫동안 거래했다.

하수는 자녀와 함께 보험사기를 친다. 보험금은 먼저 보는 게 임자라고 하며 자녀와 함께 사기를 친다. 그런 아빠가 많아 한국은 보험사기공화국이라 불린다. 실제로 보험개발원에 따르면 2014년 실손보험의 경우, 상위 10% 고액 수령자가 전체 보험금의 63%를 수령했다. 양심적인 가입자가 비양심적인 가입자를 먹여 살리는 구조다. 한국 보험의 역사는 사기의 역사라고 하는 사람도 있다. 보험회사와 그 종사자가 가입자를 많이 속였다는 말이다.

고수는 불신 사회에서 자녀의 양심을 지켜준다. 거대한 유혹 앞에서도 자녀가 양심을 지키도록 가르친다. 아울러 사기꾼에게 속지 않도록 현실을 간파하는 안목을 함양한다. 양심은커녕 준법의식도 없는 사람을 가려내는 눈을 길러준다.

아빠가 자녀의 양심을 길러줘야 저승에 가서도 편하게 쉰다. 고수는 돈에 눈이 멀어 양심을 저버리지 않는다. 양심을 지켜 돈과 맘을 함께 버니 위업을 이룬다.

- 자녀의 맘부터 번다

자식들은 아빠와 말이 통하지 않는다고 한다. 그래서 소통이 원활한 엄마와 힘을 모아 아빠를 따돌린다. 억울하다. 열심히 일한 죄밖에 없는데 가족에게 왕따를 당하다니.

열심히 일해서가 아니라 자식의 맘을 못 벌어서 자식이 소외하는 것이다. 아빠가 자식을 무시하는데 아이가 혼자 아빠를 이기지 못하는 터라 엄마와 합세하여 덤빈다. 가족이 협공해도 아빠가 맘을 바꾸지 않으니 대중매체까지 동원하여 아빠에게 가족의 맘을 사라고 압박한다. 하수는 그 노래를 듣지 않고 돈을 못 벌면서도 큰소리치던 옛날 아빠를 그리워한다.

원통하다. 돈 가는 데 맘 가는 것 아닌가. 아빠가 벌어온 돈에는 아빠 맘이 들어 있다. 자식을 사랑하니까 상사에게 욕을 먹으면서 돈을 번다. 그 돈을 주면서 맘도 같이 줬다. 사랑한다는 말을 꼭 해야 아빠 맘을 아는가.

옛날 아빠들은 죽을 때까지 자식에게 사랑한다는 말을 한마디 안 하고도 잘만 살았다. 그때는 자식들이 아빠의 가족 부양을 사랑으로 알았기 때문에 아빠가 말을 안 해도 그 희생에 감복했다. 그리하여 아빠가 늙으면 자식이 모셨다.

지금은 아빠가 자식을 먹여 살리면서 수시로 사랑타령을 불러야 자식들이 아빠를 인정한다. 자식은 배보다 맘이 더 고프다고 보챈다. 가정의 주도권을 아이가 쥐고 있는지라 아빠는 자식의 신호에 응답해야 살아남는다. 귀와 맘을 기울여 아이 맘을 버는 만큼 가정이 화목해진다. 아빠가 아이의 요구를 무시하면 목숨을 바쳐 일해도 아이에게 미움을 산다.

한국 최고의 부자 이건희는 한 인터뷰에서 20여 년 동안 아이들과 외식을 한두 번 밖에 못했다고 말했다. 거인이라 괜찮았지 보통 아빠라면 벌써 집에서 쫓겨났을 것이다.

아빠가 아이의 말을 듣지 않으면 아이는 아빠와 말을 하지 않는다. 엄마는 아빠와 아이 사이에서 눈치를 본다. 하수는 다른 가족을 억압하여 가족을 먹통으로 만든다. 먹통 가족은 입만 열면 서로 비난하니 싸우는 게 일이다.

아빠가 자녀의 맘을 오래 저버리면 자녀는 아빠를 증오한다. 그 증오를 쌓은 끝에 엽기적인 사건을 일으키기도 한다. 미국교포 2세 하나가 미국에서 32명을 살해했다. 고등학생 시절에 그는 살해 희망 명단을 몸에 지니고 다녔다. 한 친구가 그 명단을 훔쳐보니 살해대상 1번이 아빠였다. 그 아빠는 가난을 떨치려고 미국으로 이민을 갔다. 그는 부자가 되어 자식농사를 보란 듯이 지으려고 자신을 희생했다. 낯도 물도 선 이국땅에서 그는 궂은 일을 해서 돈을 벌었다. 자식들도 그 뜻대로 명문대에 들어갔다. 이제 자식이 아빠 맘을 헤아릴 줄 알았는데 아빠의 꿈은 물론 삶까지 짓밟았다.

그는 타인의 돈은 잘 벌었지만, 아들의 맘은 사지 못했다. 맘이 고프다는 자녀의 요구를 외면하고 자녀의 배를 채우기에 바빴다. 아들이 자라 철이 들면 아빠 맘을 알아주리라 기대했는데 자녀는 클수록 아빠를 더 미워했다. 그는 아들의 맘을 읽지 못해 범죄의 낌새도 알아채지 못했다. 20년 넘게 아들의 맘을 무시하고 자기 뜻대로 자녀를 키웠기 때문이다.

이 사건을 미국 사람들은 아들에게 초점을 맞추어 파헤쳤고, 한국인들은 그 가족과 국가를 연결하여 분석했다. 미국인들은 그가 선택적 무언증과 우울증을 앓았다고 했다. 미국 유학파는 미국인에게 동조하여 그 아들이 미국 사회에 적응하지 못해 집단살해를 저질렀다고 보았다. 그들은 그 사건을 한국 상황과 분리하여 개인적인 사건으로 규정했다.

그 사건은 가족과 한국을 연계하여 논의하는 게 합리적이다. 그 아빠는 미국에서 한국식으로 자녀를 키워 아들의 증오를 샀기 때문이다. 그 아빠는 자녀의 맘을 무시하고 자기 꿈을 이루려다 아들이 불특정 다수를 살해하게 하였다. 그 아빠는 자기가 사는 모습을 보고 자식이 자기 맘을 알아주기 바랐으나 자식과 소통하는 데 실패했다. 그 결과 비극을 초래했다. 열심히 살았으나 일이 꼬였으니 애석하다.

한국 아빠는 자녀에게 맘을 드러내지 않는다. 자녀가 아빠의 모습을 보고 맘을 알아주기 바란다. 사람은 경험과 지식에 따라 사람을 파악한다. 아빠가 고민을 자녀에게 말하지 않으면 자식은 아빠 맘을 모른다. 결국 아빠는 자녀를 위해 희생하고도 자녀에게 보복을 당하기도 한다.

살인 사건 가운데 살부사건 비율을 인구에 대비하면 한국이 미국의 4배다. 한국 가족이 서로 맘을 사는 데 소홀하여 이런 결과가 나온다. 우리는 명절에 모여도 가족끼리 맘을 나누기보다 영상을 들여다보기 바쁘다. 각자 스마트폰에서 자기 세계를 바라보다 헤어진다. 그러다 보니 아들이 아빠에게 살기를 품어도 아빠는 그 신호를 알아차리지 못한다.

아빠가 자식을 끝까지 책임지려고 하다 불행을 초래하기도 한다. 그는 아들이 정신질환을 앓아도 데리고 산다. 그러다 아들에게 불시에 공격을 받기도 한다. 자식의 맘이 망가져 정신병을 앓아도 책임지려고 같이 살다 아빠가 화를 입는다. 아빠가 그럴 때까지 자녀의 맘을 풀지 못한 책임은 있다. 그는 책임감뿐 아니라 가부장권이 강력해 자식이 그런 지경에 이르러도 잘못을 깨닫지 못한다.

아빠는 위대하다. 포유류 가운데 새끼를 키우려고 목숨을 바치는 수컷은 아빠가 거의 유일하다. 그 가운데 한국 아빠는 더욱 거룩하다. 한 해에 수천 명이 자식을 부양하려고 일하다가 죽는다. 그렇다고 자식을 무시하고 물건처럼 취급하면 자식의 증오를 산다. 고수는 자식을 천하보다 귀중하게 여겨 무엇보다 그 맘을 사려고 애쓴다.

하수는 자식을 천시하여 이혼할 때 양육을 엄마에게 맡기고 양육비도 안 준다. 미혼부의 경우 양육비를 주는 아빠가 열에 하나이다. 미혼모에게 자식을 떠맡기고 죄책감도 없이 산다. 자식을 혹으로 보는 데다 맘이 뜨면 아내를 헌신짝처럼 버린다. 그러다 아내와 아이에게 배신을 당한다. 양육비도 주지 않고 아이에게 막말을 쏟아낸 아빠라면 입이 열 개라도 할 말이 없다. 아빠가 아니라 원수이기 때문이다.

엄마 아래서 자란 아이는 저절로 아빠보다 엄마를 좋아한다. 엄마가 아이에게 아빠가 나쁘다고 말하면 그 아이는 자라서 엄마와 힘을 합해 아빠를 따돌린다. 그 정도가 심하면 자식이 아빠에게 보복한다. 자식이 실패하면 양심의 가책을 받지 않고 아빠를 협박한다. 아빠 때문에 인생이 뒤틀어졌다고 생각하기 때문이다.

왜 아이는 아빠보다 엄마를 좋아할까. 아빠가 아이의 맘을 무시하는 데 견주어 엄마는 자녀의 맘을 이해하기 때문이다. 엄마는 적어도 아빠처럼 아이를 소유물로 생각하지는 않는다. 애초에 아이는 엄마와 한 몸이었던 터라 아빠보다 엄마에게 끌린다. 아빠는 아이에게 공력을 많이 들여야 아이가 좋아한다.

하수는 아이 맘을 벌기는커녕 그 맘을 짓밟는다. 그 자식은 누구도 믿지 않고 빗나간다. 하수는 자녀의 심신을 훼손하여 세상에 우범자를 내놓는다. 그만큼 세상을 나쁘게 만들고 떠난다. 아빠노릇을 잘못하여 가정과 세상을 파괴한다.

아빠가 고아원에 맡긴 아이는 어떻게 살아갈까. 임영인은 『내가 누구인지 알려 주세요』에서 노숙인의 30%는 고아원 출신이요, 그 60% 가량이 결손가정, 알코올 중독 가정, 가정폭력 가정에서 성장했다고 분석했다. 그에 따르면 그들은 평균 50세인데, 그 60%가 한 번도 가족관계를 형성해본 적이 없다. 나쁜 부모를 만나면 가정을 이루어 보통 사람으로 살기조차 힘들다는 사실을 보여준다.

고수는 타인의 돈보다 자녀의 맘을 버는 데 힘쓴다. 아이가 어릴 때 그 맘을 벌어놓는다. 엄마와 함께 자녀에게 사랑을 쏟아 자존감을 살려준다. 아이에게 세상은 살아갈 만하고 나는 괜찮은 사람이라는 의식을 심는다. 자녀가 자라는 대로 사회성과 경제성을 가르친다. 자녀에게 매달리지 않으니 그 자녀는 자율적으로 학습한다. 그 자녀의 앞날은 밝다.

OECD 23개국 중 한국 아이들이 세계에서 가장 불행하다고 생각한다. 몇 년째 학생 행복지수가 꼴찌이며, 학생 자살률은 1위다. 한국 학생들은 배가 고파서가 아니라 맘이 고파서 불행하다. 맘이 아프니 몸도 아프다. 아빠들이 자녀의 맘을 어루만질수록 아이들은 물론 아빠도 행복해진다.

한국의 노인자살률 또한 OECD 국가 중에서 압도적인 1위다. 노인과 아이가 모두 괴롭다는 말이다. 아빠가 젊었을 때 아이 맘을 얻지 못해 맘과 돈은 물론 삶까지 잃어서 그런 게 아닐까.

아빠의 품격은 돈벌이가 아니라 맘벌이에 따라 달라진다. 아빠가 남의 돈은 물론 아이의 맘을 벌어야 가정이 화목해진다. 가정이 화목하면 만사가 이루어진다. 가정의 흥망은 아빠에게 달려 있다. 아빠가 자녀의 맘을 벌면 가정이 흥하고, 아빠가 자녀의 맘을 저버리면 집안이 무너진다. 자식의 맘을 벌려면 자녀에게 돈 못지않게 정을 들여야 한다. 가족끼리 정이 들려면 아빠가 아이의 맘을 얻어야 한다.

하는 일에 뜻을 둔다

– 하는 일을 사랑한다

아버지는 내가 박사학위를 받은 뒤에 교수 꿈을 접고 학원을 시작하자 실망했다. 학원으로 이름을 떨쳐도 나를 인정하지 않았다. 아버지는 사적 영역을 공적 부문보다 낮게 보았다. 학원을 사농공상(士農工商)의 말단으로 여기는 판에 정부에서도 범죄집단처럼 취급하니 내 일을 못마땅하게 생각했다. 나도 도리가 없어 들어섰으나 이내 사교육과 사랑에 빠졌다. 사귈수록 사교육에는 강점이 많았다. 서로 좋아하는 사람끼리 만나서 공부하는 것이 무엇보다 즐거웠다. 학생을 도우며 나를 계발하고 돈까지 벌었다. 사교육의 실상도 알아 우리 교육의 민낯을 보는 일도 괜찮았다.

관련 조사에 따르면 교사의 90%가 자녀를 사교육 기관에 보낸다. 공교육자도 사교육을 믿는다는 말이다. 내가 보아도 사교육을 비판하는 교사 대부분도 자녀를 학원에 보냈다. 하기야 교육부 장관의 자식이 고액과외를 받아 논란을 일으킨 적도 있다.

아빠들은 관존민비 의식에 따라 학원을 낮게 본다. 전주는 보수적인 도시라서 더욱 그랬다. 나는 그들에게 학원 방침에 동의하면 선택하고, 싫으면 떠나라고 경고했다. 고객과 대등한 입장에서 만나고 싶을 만큼 나는 사교육을 사랑했다.

자고로 위업은 사적 영역에서 나왔다. 조선 최고의 스승 이황은 사교육자다. 그는 경상도 도산서원에서 제자들을 가르쳤다. 그 제자들이 사방에서 모여들었다. 조선의 사표는 성균관이 아니라 시골에서 태어났다.

위인은 시장에서 나온다. 이건희가 정치는 4류, 기업은 2류라 했다. 노무현은 권력은 시장으로 넘어갔다고 인정했다. 권력은 이미 60년대에 기업이 차지했다. 그런데도 정부가 시장을 간섭한다. 정주영은 그에 반발하여 대선에 나갔다. 떨어지면 현대그룹이 파산할지도 모르는 판국에 오죽하면 70대 후반에 대통령 선거에 나섰을까?

공직자 가운데 사업에 뛰어들어 한국을 높인 사람은 거의 없다. 기업을 협박하여 배를 채운 관리는 많다. 무능한 관료가 유능한 기업가를 괴롭히면 나라가 무너진다. 아쉽게도 우리 현대사는 정부가 기업을 규제하며 흘러왔다.

공은 사의 적수가 못 된다. 공동책임은 무책임이요, 개인 책임은 무한책임이라 그렇다. 학교가 망하면 아무도 책임을 안 지는 데 견주어 학원이 부도나면 원장이 모두 책임진다. 학원은 학교와 달리 지원은 고사하고 온갖 탄압을 받는 데다 실패하면 원장이 무한책임을 진다. 학원을 운영하는 동안 나는 상담전화에 몰입하여 샤워하다가 환청을 듣곤 했다. 학교에서 교사로 일할 때는 내가 전화를 받는 경우가 드물었다. 사는 자기 일을 사랑하고 책임지므로 공을 압도한다.

내가 책을 쓴다고 하니까 더러는 학원을 운영하여 먹고살 만큼 돈을 벌어놓은 뒤에 하고 싶은 일을 한다고 부러워했다. 그렇지 않다. 나는 배가 고파도 읽고 쓴다. 십 년 동안 1억쯤 투자하면서 저술한다. 다른 사람이 나처럼 시행착오를 겪지 않도록 하려고 읽고 쓴다. 이 책에 한 사람이라도 공감하면 그걸로 족하다.

나는 배보다 꿈이 더 고프다. 저술은 최고의 공부인 데다 자유롭다. 독서는 휴식하며 학문을 연마하는 일이요, 저술은 공부하며 포부를 성취하는 일이다. 나는 자원을 투자하여 길을 낸다. 아내는 나를 한국에서 가장 행복한 남자라고 말한다. 하고 싶은 일을 하는 까닭이다. 게다가 뜻이 깊은 일을 하니 기쁘다.

좋아하는 것보다 즐기는 게 더 낫다고 한다. 그러나 자기가 하는 일을 즐기는 아빠가 몇이나 될까. 대부분 가족을 부양하려고 어쩔 수 없이 일한다. 월급은 상사에게 모욕을 당한 만큼 받는 돈인 셈이다. 하는 일에 의미를 부여하기보다 언제 그만두나 하면서 일한다. 자기가 하는 일이 싫어도 어쩔 수 없이 해야 하는 까닭이다.

세상에는 하찮은 일이 없다. 하찮게 하는 일이 있을 뿐이다. 나는 20년 넘게 여름과 겨울에 동생 제본소에서 제본 작업을 도왔다. 힘들어도 뜻을 두고 일한다. 논문을 제본하며 해마다 수천 개의 논문 제목을 본다. 뿐만 아니라 다른 사람이 하는 일도 관찰한다. 일하면서 용돈을 벌고, 쓸거리도 얻는다. 무엇보다 사람을 보며 삶을 배운다.

복사에서도 실력 차이가 크다. 복사업자에 따라 편집에서 복사까지 수준격차가 난다. 전라북도 대학가에 복사소가 백여 곳이다. 그 가운데 대여섯 곳에서 학위 논문의 절반 이상을 복사한다. 복사기는 물론 토너나 종이에서도 품질 차이가 난다. 품질은 무엇보다 사람에 따라 달라진다.

복사의 달인은 복사를 사랑한다. 일하면서 돈을 벌뿐더러 학생도 돕는다. 하수는 '이 놈의 복사에서 언제 벗어나지' 하며 손님이 까다로워 못 해먹겠다고 한다. 자기가 잘못해놓고 기계를 탓한다.

시원찮은 학생일수록 현실을 모르면서 복사가 쉽다고 생각한다. 직업의 귀천과 직장의 연봉을 따지면서 복사를 무시하니 직장에 못 들어간다. 직장에 가서도 복사를 우습게 생각하여 상사가 복사를 부탁하면 '내가 이런 일 하려고 입사했나' 하고 투덜거린다. 사소한 일을 잘해야 거대한 프로젝트에 능하다는 사실을 모른다.

상사는 부하가 복사하는 모습을 보고 그 인물을 평가한다. 능력은 면접이 아니라 업무에서 드러난다. 될성부른 신입사원은 복사 한 장에도 정성을 다한다. 복사하기에 앞서 오자나 탈자가 없는지 세밀하게 교정을 본다. 복사에 마음을 쏟으니 그 뜻이 상사에게 상달된다. 상사는 일을 즐기는 사람을 좋아한다. 그 심신을 보면 그 여부를 바로 안다. 상사는 복사를 잘하면 다른 일에도 유능하다고 생각한다. 천한 일에 귀한 의미를 부여하는 사람이 회사를 살린다고 본다. 고수는 복사도 회사 경영의 일환이라고 인식한다. 상사는 그 태도에 반해 그를 끌어준다.

　돈을 사랑하면 돈이 달아나고, 일을 좋아하면 돈과 사람이 모여든다. 학원에서도 학생을 사랑해야 학생과 돈이 몰려온다. 학생을 돈이 아니라 꿈으로 보고 혼을 쏟아 가르칠 때 학생에게 고맙다는 말을 들으면서 돈도 번다. 그러면 일에서 의미를 찾으며 즐겁게 살 수 있다.

　나는 학원을 운영하면서 사람을 키우고 돈도 번다고 생각했다. 지방에서 열악한 교육환경을 개선할 뿐만 아니라 학교를 자극한다고 여기며 일했다. 실제로 그랬다. 밖에서 학교의 입학성적을 올려준 측면도 강하다. 학생이 주인공이요, 부모와 학교에 1%를 더한 셈이나 그게 합격을 가져오곤 했다.

　배고픈 사람이 일에 목숨을 걸면 뜻을 이룬다. 신용이 낮은 사람이 신용이 높은 사람보다 창업해서 성공할 확률이 두 배나 높다. 다른 사람의 마음을 벌려고 노력해야 살아남는다는 말이다.

　하수는 일보다 자리를 좋아한다. 그는 안전하고 편안한 자리에서 성공한 자영업자를 부러워한다. 그는 돈만 사랑한다. 제 일을 사랑하지 않는 직장인이 자영업으로 성공할 수 없다. 시장에서 생존한 사람은 돈 못지않게 일을 좋아한다. 일에 뜻을 두고 장사하므로 돈과 사람을 아울러 번다.

　공과 사를 넘나들며 일한 뒤로 나는 사업으로 성공한 사람을 존경한다. 치열한 시장에서 살아남았을 뿐만 아니라 사람을 고용하고 세금을 내기 때문이다. 게다가 국가의 위상까지 올리니 누구보다 애국자다.

- 좋아해야 즐긴다

　세상에서 58년 동안 살면서 여러 일을 해보았다. 하나같이 힘들었으나 아버지에게 물려받은 노동관과 시간관에 따라 비전을 갖고 일했다. 내일을 바라보며 오늘 열심히 일해야 성공한다고 보았기 때문이다.

　공무원이 공복(公僕)이라고 하며 봉사를 외치지만, 월급을 안 주면 모두 그만둔다. 연금만 깎아도 난리가 난다. 일이 아니라 자리와 돈을 보고 공무원이 되기 때문이다. 나도 공직에서 일한 적이 있는데 돈을 주지 않았다면 그 일을 하지 않았다. 다만 받는 돈 이상으로 일하고, 그 일에 뜻을 두려고 애썼다.

　예능계에서 일하는 사람 열에 아홉이 월급을 백만 원도 못 받는다. 그래도 몇 년씩 그 일을 지속한다. 평생을 그렇게 살라고 하면 그들도 대부분 발길을 돌린다. 일이 즐거워도 돈이 있어야 먹고살기 때문이다. 젊은이들이 스타가 되어 대박을 터뜨리려고 무대 주위를 오래 맴돈다. 스타가 되면 무명 배우보다 수백 배 많이 벌기 때문이다.

　누구는 이상을 실현하지 못해 무대를 떠나고, 더러는 일이 싫어도 월급을 보고 직장에 나간다. 최선은 이상과 현실의 조화다. 이상과 현실을 융합하려면 내공을 많이 쌓아야 한다. 그게 어려워서 하고 싶은 일을 못한다.

　정부에서 문화체육계에 돈을 대주자 돈을 보고 사람들이 모여들었다. 그 가운데 사이비가 많아 문화예술 분야의 경쟁력은 형편

없다. 정부에 기대어 먹고살려고 노력을 안 하기 때문이다. 예술시장이 줄어들자 대학도 예술 관련 학과를 통폐합한다. 그 과정에서 관련자들끼리 다툰다.

박근혜 정부에서 일으킨 문제 대부분이 문화예술계에서 일어났다. 눈먼 돈이 많고 감시가 허술해서이다. 그 분야에 돈을 많이 썼으나 열매는 거의 없다. 지원금으로 문화예술의 생태계를 교란시켜 그 자생력을 약화시켰을 뿐이다.

문화분야에서 황금알은 사방에서 탄압을 받으며 경쟁하는 게임 산업이 낳는다. 정부의 지원은커녕 여러 규제를 받는 기업이 세계시장에서 돈을 번다. 일자리까지 만드니 그들이 애국자다. 정부는 그들에게 한 수 배워야 한다.

학생에게는 공부가 일이다. 그런데 한국 학생은 대학에 가면 공부를 놓는다. 대학에 가려고 공부할 뿐, 공부하려고 대학에 가지 않는 까닭이다. 부모가 어릴 때부터 공부를 강요하여 대학에 가면 공부를 혐오한다. 책 자체를 싫어하여 대학생이 되면 독서도 안 한다. 한국 대학생의 독서 수준은 선진국에 견주어 크게 뒤진다. 그나마 무협지를 즐겨 본다.

고수는 아이가 공부에 흥미를 갖도록 가르친다. 학교에 들어갈 때까지는 체력과 뇌력을 길러 공부의 기초를 다진다. 아빠가 공부하는 모습을 보여주고, 아이에게 공부가 재미있다는 사실을 일깨운다. 자녀가 학교에 가기 전에 학습동기와 학습의욕을 고취하고 학습과 일상을 연결한다. 함께 놀면서 공부의 바탕을 쌓는다. 자녀가 스스로 공부에서 의미를 찾도록 하고, 목표도 스스로 세우게 한다. 그 자녀는 목표를 보며 꾸준히 공부한다.

나는 환갑이 코앞인데 공부를 즐긴다. 어릴 때 공부에 물리지 않고, 스스로 공부의 재미를 찾아서 그런 것 같다. 유치원은커녕 고등학교를 나올 때까지 학원 구경도 못했다. 책은 교과서가 거의 전부였다. 그 결핍을 메우려고 오늘도 공부한다. 학교에 다닐 때 제대로 못한 공부를 이제야 한다. 내 맘대로 공부하니 학교에서 공부할 때보다 재미있다. 삼 년마다 주제를 바꾸며 공부한다. 올해부터는 심리와 사회에 대해 천착한다.

나는 쉰 살이 되면서 읽고 쓰기를 시작했다. 돈은 내려놓고 일은 내 또래 직장인보다 두 배쯤 많이 한다. 하고 싶은 일이라 그래도 행복하다. 아내가 돈을 벌어 살림을 하는 바람에 내 길을 닦는다.

맞벌이는 서로 직업 전환을 도울 수 있다. 배우자가 새로운 일을 찾는 동안 버팀목이 된다. 한국 아빠 가운데는 '심리적 퇴직자'가 많다. 맘이 떠난 직장으로 몸만 출근한다. 마누라가 돈을 벌면 열망을 실현하련만 그게 안 된다. 일을 그만둘 수 없으니 집에 오면 수시로 짜증을 낸다. 그는 월급과 주말을 기다리며 산다. 집에 오면 만사를 잊고 쉬면서 다른 가족을 괴롭힌다. 약자인 자식에게 못살게 굴어 직장에서 시달린 만큼 집에서 보상을 받는다.

물론 아빠가 엄마에게 의존심을 가지면 절박감이 떨어진다. 나도 나태해지지 않으려고 배수진을 치고 나를 채찍질한다. 가장으로서 가족을 책임지려고 발버둥을 친다.

고수는 취업 여성을 만난다. 최근 들어 무직자로 결혼하는 여성이 급감한다. 미취업 여성은 결혼할 확률이 취업 여성의 절반이다. 남자가 무직 여성과 결혼하면 혼자 가족을 부양하기 힘들기 때문이다. 전업주부와 살면 늙을수록 고단해진다. 자녀교육과 남편의 내조는 물론 가사에서 전업주부가 취업주부를 능가하지 못한다. 무능한 전업주부는 남편을 고생길로 이끌 뿐이다.

예비 고수는 '신데렐라'를 꿈꾸는 여자를 꿰뚫어본다. 때문에 전업주부 희망자는 만나지 않는다. 그는 여자를 직업으로 평가한다. 직업이 성실성과 생활력의 지표이기 때문이다.

20-30대 여성은 환상에 싸여 산다. 작년에 보이스 피싱에 걸려든 사람의 74%가 그들이다. 같은 연령대 남자의 열 배다. 현실을 모르는 데다 의존심이 강하여 유혹에 잘 넘어간다. 무능한 여자일수록 잘못된 이념이나 사이비 종교에 빠져 가족을 망가뜨린다. 따질 줄 모르니 거짓말에 속는다.

취업주부는 사회를 아는지라 아빠와 말이 통한다. 아이는 엄마의 발을 보고 배우므로 취업주부가 자녀교육도 전업주부보다 잘한다. 아빠와 함께 일하면서 자녀교육을 분담하면 가족이 조화와 균형을 이룬다. 가정에서 엄마와 아빠가 대등하게 사니 자식도 민주시민으로 자란다.

엄마가 돈을 벌면 아빠의 경제적 책임은 줄고 사랑은 두 배로 늘어난다. 부부가 스스로 노후를 준비하니 자녀도 하고 싶은 일을 하며 산다.

예비 고수는 연애할 때부터 자기 밥값을 내는 여자를 만난다. 그런 여자는 결혼해서도 아빠와 대등하게 살면서 서로 좋은 관계를 유지한다. 서로 자율성을 존중하니 고수는 가족과 더불어 자기 일을 즐기며 산다.

- 하는 일에 정통한다

나는 시행착오를 겪으면서 성공 원리를 배웠다. 교직에서 얻은 지식과 경험을 학원에서 활용하여 내 뜻을 폈다. 모든 국민이 교육 전문가인 나라에서 학원을 운영하며 학생과 부모에게 혹독한 평가를 받으며 살아남았다.

학교와 학원을 겪어보니 학원이 학교보다 힘들다. 어떤 엄마는 내 학력과 경력을 확인했다. 학교에서는 그런 엄마를 만난 적이 없다. 논술학원은 수재들이 모이는지라 그 평가가 더욱 까다롭다. 이를테면 논술 첨삭도 총력을 기울여서 해줘야 인정한다. 수재의 부모 가운데는 고학력자가 많아 그들을 의식하며 첨삭하는 일은 피를 말리는 작업이다. 첨삭할 내용은 비슷한데 개인차를 고려하여 조언해야 좋아한다. 학생끼리 그 내용을 견주기 때문이다. 어떤 부모는 첨삭한 내용을 읽고 묻기도 하여 부담스러웠다.

다른 학원이 수업을 잘한다고 하면 학생들은 그곳으로 떠난다. 학업에 도움이 안 되면 돈을 준다고 해도 안 온다. 대입이 코앞이면 논술에 인생이 걸렸다고 생각하며 나에게 사력을 다해 매달린다. 수능을 마친 뒤에 하는 논술 수업은 그야말로 교육대전이다. 그보다 치열한 전쟁도 드물다.

학원 소문은 빛처럼 빠르다. 학생들은 입시결과에 따라 재빨리 움직인다. 그만큼 학원은 학생을 유치하고 실력을 올리는 일에 총력을 기울여야 생존한다.

나는 학원에서 학생과 학부모에게 그런대로 인정을 받았으며 박수칠 때 그들과 헤어졌다. 학원에서 15년 동안 일하고 나서 '인생성형'에 뛰어들었다. 내 경험과 지식을 선용하여 나와 남을 도우려고 시작한 일이다.

정보화시대는 변화무쌍하여 동일한 직종에서 오래 일한 사람에게는 들을 말이 거의 없다. 일본에 들른 토인비에게 어떤 사람이 여기까지 왔으니 한국에 가자고 권했다. 토인비는 500년 동안 같은 왕조가 이끈 나라에서 무엇을 보겠느냐고 반문하며 그 요청을 거절했다. 역사를 '도전과 응전'으로 파악한 대가다운 판단이다. 그는 산업화시대에 살았으나 맹목적인 추종자에겐 들을 말이 적다고 보았다.

평생 한 우물을 파던 사람은 시야가 좁고 편견이 많다. 우물 안 개구리는 바다가 있는지도 모른다. 외길을 가는 삶도 뜻이 있지만 인생에서는 사업 한 해가 공직 십 년보다 낫다. 시장이 공직보다 위대한 인생 학교이기 때문이다.

학원을 경영하는 동안 나는 교육청은 물론이요, 세무서와 경찰서의 조사도 받아보았다. 교육부에서 논술 시장을 억압하려고 표본을 잡았는데 내가 전북에서 표적이 되곤 했다. 나는 시장에서 산전수전을 겪으며 생존력과 통찰력을 길렀다. 공교육과 사교육에서 단련한 지식과 경험을 이제 사람들과 나누려 한다.

국경도 사라진 시대에 공사를 구분하는 일은 의미가 없다. 핵심은 누가 사람을 제대로 가르치느냐이다. 같은 조건에서 그 일에 뛰어난 사람이 강자다. 나는 사람들과 더불어 서로 자라는 일에 의미를 부여하며 그 일에 매진하려 한다.

책을 내면 전문가로 등극하기 쉽다. 조선 최고의 학자 정약용은 벼슬길이 막힌 아들이 고향에서 닭을 기른다고 하자 양계에 대한 책을 쓰라고 권했다.

"양계에도 등급이 있다. 제대로 키우려면 관련된 책을 읽어라. 세밀하게 살피고 부지런히 키워라. 그리고 얻은 경험을 책으로 쓰라."

다산은 저술이 최고의 공부라는 사실을 알았다. 대가답게 아들을 학문의 정도로 안내했다. 그는 무슨 일이든 제대로 하려면 이론과 실제를 겸비해야 한다고 보았다.

양계보다 육아가 어렵고 중요하다. 육아에도 등급이 있으니 세밀하게 공부하면서 아이를 부지런히 키워야 한다. 닭만 제대로 키우려 해도 양계 서적을 두루 읽어야 한다. 고수는 아이를 기르기에 앞서 육아 서적을 많이 읽는다. 제 아이를 잘 키운 뒤에 육아 서적을 저술하여 다른 아빠를 돕는다.

나는 살면서 얻은 지식과 경험을 책으로 펴냈다. 그러면서 '인생 성형' 사이트를 만들어 글쓰기를 갈고닦았다. 출판사의 조언을 듣는 한편 자가교정을 거듭하며 글을 다듬었다. 다른 아빠의 육아 서적도 많이 읽었다. 지식과 경험을 바탕으로 육아의 이론과 실제를 결합하여 이 책을 썼다.

저술 시장에서 나는 사람들의 주목을 받으려 한다. 이 책을 구상하는 데서 출간하는 일까지 내가 주도했다. 그만큼 자율성이 높고 책임성도 크다. 나는 독자의 심판을 받으며 자라고 싶다.

시행착오를 겪으면서 성장하는 과정이 바로 인생성형이다. 경험의 학교에 비싼 수업료를 내고 배우는 길이다. 자기가 하는 일에 자신이 있다면 저술은 한번 해볼 만하다. 책을 두 권 냈으나 내 맘대로 돌아간 적은 없었다. 책 한 권을 파는 일이 내가 생각하는 것보다 수십 배는 어려웠다.

저술도 자영업이다. 하나에서 열까지 자기가 책임지고 해볼 만한 일이다. 쓰는 만큼 배우면 다른 사람에게 인정을 받는다. 볼거리가 넘치는 세상에서 인정 경쟁을 하는 동안 내 인생을 성형하니 의미가 깊다.

저술 시장의 강자는 유명한 사람이다. 글보다 사람이 우선이다. 그래서 출판사도 글보다 사람을 골라 책을 쓰도록 한다. 이른바 기획 출판이다. 무명한 사람은 그 대문을 통과하지 못한다. 세상이 사람 따라 움직이나 좋은 책을 내면 남의 눈을 끈다. 느리지만 그렇게 뜨면 오래 간다. 뜨는 동안에 연단을 많이 하기 때문이다.

나는 인생을 말하기에는 여러모로 부족하다. 출신 배경이 한미하고 업적을 내지도 못했다. 하지만 그것을 뒤집으면 강점이 되며, 읽고 쓰는 동안 자랄 줄 믿는다. 십 년 넘게 뚜렷한 성과를 못 냈으나 오늘도 독서와 저술을 즐긴다. 지나온 걸음이 아까워서가 아니라 들어설 마당이 그리워서다. 쓰는 힘이 자라 저술로 밥벌이하는 날이 오기 바라며 한 걸음씩 나아간다.

견딜 만큼 지고 간다

－ 기러기 아빠에게는 날개가 없다

"철이냐?"
"아빠, 무슨 일 있어요?"
"아니, 넌 괜찮냐?"
"그냥, 학교 잘 다녀요."
"보고 싶다, 철아!"
"아빠, 또 술 마셨어요?"
"…"

모처럼 아들에게 국제전화를 했는데 할 말이 없다. 미국 유학은
고사하고 미국에 가본 적도 없어 무슨 말을 해야 할지도 모른다.
보고 싶다고 했다가 술꾼으로 몰리니 서럽다. 혼자 술을 마시다 아
들이 생각나면 전화한 탓이다.

아내가 성화하여 기러기가 되었는데 사실은 펭귄이라 날개가 짧

아 날지 못한다. 아들 말에 정이 달아나 아내 목소리는 듣지도 않고 전화를 끊었다. 혼술을 마시며 가족이 무엇인지 생각한다. 베란다에서 담배를 피우다 아래를 내려다본다. 떨어져봐야 뉴스거리도 안 되겠지만 그럴 용기도 없다.

고향에서는 개천에서 나온 용이라 하는데 정작은 중견기업 만년 부장이다. 그 자리마저 경기가 나빠 흔들린다. 환율에 웃고 우는 신세다. 유학비를 보낼 때마다 어머니 얼굴이 아른거린다. 어머니가 기름을 아끼려고 마을회관에서 지내다 보일러가 터진 일이 떠오른다. 아버지가 세상을 떠난 뒤로 어머니 허리는 더 굽고, 치매 증세도 보인다. 설날에 그런 어머니를 보고 오면 봄이 와도 가슴이 시리다.

장남이라 하여 가문의 대표로 부모의 혜택을 많이 받았다. 그런데 집안을 외면하고 자녀에게 올인하니 동생들은 불만이 많다. 형제들이 다른 사람들은 조상의 묘도 단장하는데 어머니 집이나 고치자고 해도 나서지 못한다. 집안에서 비난을 들으며 아들을 키우는 판에 유학도 한물갔다는 말을 들으면 허탈하다. 트럼프가 미국 대통령이 되어 미국에서 취업은커녕 유학도 어려워질까 두렵다. 클린턴을 믿었는데 차질이 생겨 자식농사에 빨간불이 들어왔다. 사나이가 미국 대통령의 한마디에 떠는 처지가 되었다.

신문에서 기러기 생활을 오래 하면 이혼 사유가 된다는 판례를 읽으며 쓸쓸하게 웃는다. '그래, 우리도 정서적 유대감을 벌써 상실했는데…' 법률적으로 이혼하지 않았을 뿐 심리적으로는 이미 결별했다고 생각하며 중얼거린다. 생각할수록 아내가 얄밉다. 가족을 살린다고 하면서 가족을 깨다니, 한국에서 쓰는 사교육비로 미국에서 유학을 마치고도 남는다고 하더니, 돈이 예상보다 두 배가 넘게 든다. 마이너스 통장이 한도에 이르러 몇 년 부은 보험을 깨야 할 듯하다.

인생이 자꾸 꼬이니 노후는 생각하기도 싫다. 아내 핑계를 대지만 사실은 주변에서 기러기 아빠를 보고 아내 말에 동조했다. 자기가 가지 않은 길을 자식이 걸어보기를 바라는 마음도 있었다. 현실은 생각과 너무 달랐다. 길을 잘못 들어선 듯한데 돌이키기에는 이미 늦었다.

교수들은 미국교육을 믿는 터라 자녀와 아내를 미국으로 많이 보낸다. 학문사대주의에 쩌든 데다 세계화시대를 맞아 기러기를 자처한다. 교수는 교육전문가로 통하니까 다른 직종 아빠도 조건이 맞으면 교수처럼 기러기가 된다. 엄마가 친구를 들먹이면 무리해서라도 기러기 떼에 합류한다.

서울대 경영대학 김병도 교수는 기러기 예찬론을 폈다. 그는 유학이 국제화, 국내교육의 경쟁 완화, 건전한 상속에 기여한다고 했다. 그런 목적이라면 기러기 아빠는 너무 기회비용이 많이 드는 선택이다. 자식 혼자 유학을 가면 경제적으로나 교육적으로 효율적이다. 한국 최고의 지성이 자득지학(自得之學)을 포기하고, 지식 수입상을 자처한다. 자기 합리화를 떠나 현실을 직시할 필요가 있다.

한국 최초의 유학은 아빠의 기대에서 시작했다. 최치원을 당나라에 보내면서 그 아빠는 10년 안에 과거에 합격하지 못하면 내 아들이 아니라고 압박했다. 최치원은 그 기대를 초과달성했으나 21세기 그 후예들은 외국대학에 적응하기도 힘들다. 슬프게도 기러기 아빠이자 서울대 교수가 자살하기도 했다. 그 자식이 성공한들 그게 아빠에게 무슨 의미가 있을까.

기러기 아빠는 투자 대비 소득을 생각할 때 지나치게 비싸다. 아빠가 일방적으로 희생하니 비경제적이요, 비인간적이다. 가성비가 낮아 아빠들이 기러기를 외면하자 유학중개업체들이 자금난으로 허덕인다. 기러기 아빠들이 가슴을 조이며 그 사태를 지켜본다. 자사고와 특목고에서도 유학생 반을 줄이는 판이라 기러기도 저절로 줄어든다.

지금은 매체가 발달하여 한국에서도 세계적인 석학에게 배울 길이 많다. 세상은 이론보다 능력을 중시하여 유학의 약효는 떨어진다. 유학을 보내려면 고등학교를 나온 뒤에 혼자 보내는 쪽이 합리적이다.

하버드대학에서 공부한 홍정욱의 『7막 7장』을 보고 기러기 아빠에 합류한 사람이 많다. 홍정욱은 유학을 마치고 한국에 와서 정치를 하더니 지금은 조용하다. 그 추종자도 탁월한 성과는 보여주지 못한다.

외국 석학들은 70대에도 저력을 발휘하는데 유학파 중에 그런 사람은 거의 없다. 미국 유학파가 점령한 한국대학의 수준은 한국 기업의 옆에도 못 간다. 기업에는 세계 최고가 많은 반면 세계 100위에 드는 한국대학은 희귀하다. 그런 대학의 교수들이 돈은 한국에서 벌고 자녀는 외국에서 가르친다. 그들은 한국의 대학 수준을 끌어올리는 일에 관심이 적은 데다 대부분 연구실을 떠나 바깥으로 돈다.

국내파 퇴직 교수의 자녀 하나가 미국으로 유학을 가서 미국에 정착했다. 자녀와 소원해지자 그는 동네에서 자식과 같이 사는 노인을 부러워했다. 그 자녀는 고졸 출신으로 사업을 크게 일으켰다. 그 부자가 식당에서 술잔을 주고받는 모습을 보고 오면 그는 잠을 못 이뤘다. 그 노인은 자녀교육에 돈을 적게 들여 수십 억대 땅 부자다.

자식이 보고 싶어서 전화하면 "아버지, 지금 몇 시요?" 하니 정이 싹 달아난다. 속으로 '자식을 잘못 가르쳤구나!'할 뿐 누구에게 말도 못한다. 남들이 자식을 국제적인 학자라고 하면 허탈하게 웃는다. '그래, 연금이 효자지' 하며 산다. 자식은 미국 삼류대학에서 성과도 못 내고 자리를 지킨다.

유학생을 인구 대비로 볼 때 한국이 일본을 훨씬 능가한다. 그러나 일본이 과학 분야에서 노벨상을 22개 받는 동안 한국은 하나도 받지 못했다. 일본의 노벨상 과학분야 수상자는 대부분이 국내파다. 한국학자들은 외국에서 첨단학문을 배워도 한국에 와서 말과 탓이 많을 뿐 업적은 못 낸다.

정도가 다를 뿐 한국 아빠들은 대부분 기러기다. 그들은 섬에서는 육지로, 지방에서는 서울로 자녀를 보낸다. 서울에서 지방으로 발령이 나면 주말 기러기가 된다. 나머지 가족은 자녀교육 때문에

서울에 남는다.

기러기 아빠는 선택의 문제이나 유학은 혼자 가는 게 교육적이다. 교육은 유혹을 절제하며 인생을 성형하는 작업이다. 따라서 가정에서 기본 교육을 하고 혼자 유학을 보내는 게 바람직하다. 부모를 떠나 외국에서 공부하면 자립심도 기를 수 있다. 엄마가 따라가면 유학의 효과는 줄어들고 가족의 고통은 늘어난다.

엄격하게 말해 가족도 교환과 공유로 돌아가는 모임이다. 주고받으며 함께해야 관계가 깊어진다. 어떤 엄마는 경제적 혜택과 심신의 자유를 향유하려고 아빠를 기러기로 만든다. 그가 외국에서 일탈하기 쉽다는 변수까지 생각하면 기러기 아빠는 바보스러운 도박이다.

고수 엄마도 외국에서 혼자 자식을 도맡으면 자녀교육에 부담을 크게 느낀다. 그 엄마는 자녀를 지나치게 간섭한다. 결국 자녀독립에 실패하여 가족이 몰락한다. 아빠가 거인은 산전수전을 겪으며 태어난다는 사실을 몰라 가문을 무너뜨린 셈이다.

고수는 자녀교육에 무리하게 투자하지 않는다. 처음에는 감당할만해도 갈수록 지치는 까닭이다. 가족이 고통을 분담해야 상생한다고 여겨 자녀에게도 짐을 지게 한다.

조기유학을 하면서 아이가 이기적으로 자라면 한국에서 정착하기 힘들 뿐만 아니라 미국에서 살아남기도 힘들다. 그러다 자녀가 국제 미아가 되기 쉽다. 더러는 미국에서 공부하면서도 한국의식을 가지고 살아간다. 그는 아빠 재산을 자기 돈으로 알고 공부보다 노는 데 열중한다. 공부를 안 해도 아빠 재산을 물려받으면 먹고 살 수 있다고 여긴다.

기러기 아빠는 성공과 실패를 냉정하게 따진 뒤에 결정해야 한다. 선진국의 교육체제가 뛰어나다고 유학파가 모두 성공하지 못한다. 자식과 현실을 엄밀하게 판단하고 유학 양상을 결정해야 가족이 상생한다.

- 유한책임 아빠가 된다

한국 아빠는 미국으로 이민을 가서도 자녀에게 무한책임을 진다. 그 이민 2세는 부모의 지원은 한국식으로 받고 생활은 미국식으로 영위한다. 아빠가 자식에게 방을 치우라고 나무라면 경찰을 부르기도 한다. 아빠는 기가 막혀도 지원을 지속한다. 자기가 자식을 잘못 가르쳤다고 보기 때문이다.

아빠가 자녀에게 무한책임을 지겠다는 신호를 보내면 자녀는 독립 준비를 안 한다. 부모가 자기를 끝까지 먹여 살릴 줄 알고 공부에 매진하지 않는다.

한돌이는 마흔 가까운 아들의 학원비를 댄다. 그 아들은 대학을 나와 5년째 9급 공무원 시험을 준비한다. 공부하는 태도가 마음에 안 들어도 혼내지 못한다. 화가 나면 아내를 원망한다. 아내가 자식을 해외 연수에 보내서 일이 틀어졌다고 탓하는 것이다.

그는 대출을 받아 자녀의 연수비를 댔다. 아들이 한 해만 해외 연수를 보내주면 된다고 하여 동의했다. 그런데 어학연수를 3년이나 하는 바람에 부채가 늘었다. 한 해만 더 지원해 달라고 하는 요구에 응하다 몇 년이 지났다.

자식은 연수하면서 놀러만 다녔는지 돈을 벌면 외국여행을 하겠다고 벼른다. 공부와 가족은 안중에 없다. 친구가 아들 뭐하느냐고 묻기에 7급 공무원 시험을 준비한다고 하니 30대 후반이 그래도 되느냐고 했다. 모르는 소리라고 얼버무렸으나 아들이 미웠다.

한돌이는 아빠의 지원을 못 받아 힘들게 산다고 생각하여 굶더라도 자식은 뒷받침해주려고 했다. 자기 주변을 돌아보며 자식은 부모가 밀어주어야 성공한다고 보았다. 그 아들은 아빠의 마음을 읽고 신나게 놀았다.

일본 젊은이는 대학까지는 부모에게 의존하나 결혼은 제 손으로 한다. 그에 견주어 한국 젊은이들은 결혼까지 부모가 책임지라고 요구한다. 더러는 아빠에게 "집 하나도 장만해주지 못하려면 왜 낳았어요!" 하는 자식도 있다. 우리 또래도 비슷한 이야기를 하는데 우스개로 들리지 않는다.

아빠가 자녀의 결혼에 무한책임을 지면 아빠는 껍데기만 남는다. OECD 국가 가운데 한국 노인의 자살률이 압도적인 1위를 줄곧 차지한다. 한국 노인의 심리와 경제가 빈곤하기 때문이다. 먹고 살려고 그들은 국민연금에서 연금을 토대로 대출을 받는다. 그 금액이 몇 년 사이에 세 배로 늘었다. 한국 노인들은 연금을 당겨서 하루하루 연명한다.

고수는 유치원에 다니는 자녀를 해외어학연수에 보내지 않는다. 비용에 견주어 효과가 적다고 보아 반대한다. 그는 40대까지 돈을 못 벌면 노후가 고단하니 교육비도 절약하여 재산을 모은다. 50대

이후엔 계속 경제적으로 하강하기 때문이다.

한국인의 입사 연령과 입직 연령 곧 사회에 나가는 나이와 직장에 들어가는 나이가 서양보다 5년 정도 많다. 아빠가 60대 무렵에 자녀의 혼인을 책임지면 노후엔 빈 손이 된다. 그러다 보니 늙은 아빠가 고질병에 걸리면 자녀에게 부담을 안 주려고 스스로 세상을 버린다. 나도 주위에서 그런 노인을 더러 보았다. 자녀는 아빠가 자살해도 죄책감을 크게 갖지 않는다. 받기만 하여 아빠가 죽어도 담담하다.

2015년 서초동에서 명문대 출신 40대 가장이 두 딸과 아내를 죽인 사건이 일어났다. 그는 실직한 뒤 아파트를 담보로 5억을 빌려 아내에게 생활비를 주며 실직을 숨겼다. 투자를 잘못하여 3억쯤 날린 뒤에 '미안해'라는 유서를 남기고 끔찍한 일을 저질렀다. 10억대 아파트에 다른 대출은 없어 자산이 남았는데도 극단적인 비극을 자행했다.

그는 처자에 대해 무한책임을 져야 한다는 압박감에 시달린 듯하다. 아빠로서 책임감은 강하지만 위기를 극복하는 힘은 약했다. 처자의 목숨을 자기 마음대로 빼앗을 수 있다고 보았다.

우리는 아빠가 가족과 동반자살하는 사건을 가끔 본다. 자기가 낳았으니 자기가 책임진다는 생각에서 그런 선택을 한다. 자식을 자기 소유물로 보니까 그런 일이 생긴다.

요즘 기업에서는 국내 인턴 경력을 해외 연수보다 더 높이 쳐준다. 일부 기업에서는 입사지원서에서 해외연수 항목을 없었다. 연수 경력이 쓸모없다고 보기 때문이다. 회사는 책임감을 갖고 임무를 수행할 뿐만 아니라 응급상황에 잘 대처하는 사람을 선호한다. 외국에서 공부하고도 부모에게 기대어 사는 사람은 싫어한다. 그런 사람은 일을 못할뿐더러 회사에 손해를 끼칠 후보로 본다. 이제 직장에서는 사람의 태도와 성격을 중시한다. 모험심이 있고, 배우려는 사람을 좋아한다.

세상에서는 외국 박사학위도 업무성과와 상관이 적다고 본다. 부자 아빠를 만나 공부했다고 보는 정도다. 세상이 변화무쌍하여 미국에서 받은 박사학위가 인천공항에 내리면 그 효용이 반감한다. 그런 사람이 교수가 되니 대학에서 배울 게 적다.

김덕영은 『사회의 사회학』에서 한국 대학은 '미국의 식민지에 건립된 A4-10 논문 공장'이라고 했다. 미국 유학파가 대학에서 교수가 되어 A4 열 장짜리 논문이나 쓴다는 말이다. 그나마 열심히 쓰면 괜찮은 교수다. 한편, 김종영은 『지배받는 지배자』를 저술했는데 미국 유학파를 겨냥한 책명이다. 유학파가 지식 식민지의 앞잡이 노릇을 한다는 말이다. 고래로 그런 사람이 일제 시대의 한국 순사처럼 더 악랄하다. 그래야 본토 관리에게 충성을 인정받기 때문이다. 유학파에게도 그 법칙을 그대로 적용할 수 있다.

김덕영이 유학파의 실력을 조명한 데 견주어 김종영은 그들의 속성을 여지없이 드러냈다. 극소수 유학파를 제외하면 현실에 부합하는 통찰이다. 대부분 실학이 아니라 허학에 헛심을 쓰기 때문이다.

강자는 대학이 아니라 시장에서 나온다. 국내외나 박사 여부를 떠나 실력파가 무림을 평정한다. 아빠의 지원이 아니라 비난을 받으면서 탄생한다. 강신주는 토종 철학자로 숱한 유학파 철학자를 압도한다. 그는 연세대 화공학과를 나왔고, 대학원은 서울대와 연세대를 다녔다. SK에너지에서 근무한 적도 있다. 그만큼 폭이 넓고 속이 깊다. 동서고금의 철학을 섭렵하여 현실과 융합시켜 재야에서 일반인에게 생활 철학을 편다. 앵무새처럼 외국 철학을 노래하지 않고, 자기 철학을 펼친다. 대중이 유학파를 외면하고 그를 추종하자 유학파는 그를 끌어내리는 데 골몰한다.

강신주는 아빠가 "장남이 뭐하는 짓이냐!"고 하는데도 제 길을 걸었다. 한국에서 아빠의 지원은커녕 힐책을 들으며 책임을 수행한 그가 철학계를 휩쓴다. 아빠의 질책을 승화하여 자발적으로 공부하여 아빠가 떠난 뒤에 가문을 빛낸다. 아빠에 대한 죄책감을 털고 자랑스러운 아들이 되었다. 아빠의 책임 추궁을 보약으로 삼은 그를 아빠가 하늘에서 내려다보며 얼마나 자랑스러워할까?

얼마 전에 한국에서 강연을 하면서 추태를 부린 재독 철학자 한병철과 대비가 된다. 한교수는 유학파로 독일에서 자리를 잡았는데 품위를 지키지 못해 비난을 듣는다. 그 아빠 이름도 더럽힌 셈이다. 출판사가 사대주의에 빠져 외국에서 자리를 잡은 유학파를 우대하여 자초한 일이다.

외국 유학을 가서 외국에서 교수로 정착한 사람이 수천 명이다. 그들이 한국에 오면 석학처럼 행세하지만 국제적인 학자는 아주 드물다. 언어와 문화 때문이며, 그 나라의 교수 위상은 대부분 한국보다 낮다. 대가는 한국에 와서도 얌전하다.

고수는 자녀교육에서 유한책임을 진다. 젊어서는 자식을 뒷받침하는 일이 가벼워도 늙으면 나약해져 제 몸도 무겁기 때문이다. 나이가 들수록 자녀가 무거워지니 자녀교육에 과도하게 투자하면 가족이 공멸한다. 고수는 버틸 만큼 지고 나머지는 자녀에게 넘긴다. 자녀와 책임을 분담하여 상생을 꾀한다.

- 짐도 져본 사람이 잘 진다

나는 초등학생 시절부터 겨울이면 아버지와 함께 산에 가서 땔나무를 했다. 고등학생이 되어서는 나무를 많이 지고도 산길을 제법 잘 다녔다. 처음에는 나뭇짐을 지고 산길을 가다 지게 목발이 등걸 따위에 걸려 넘어지곤 했다. 지게질이 몸에 익고 힘이 자라면서 무거운 짐을 지고도 산길을 익숙하게 다녔다.

동네에서 내 또래 열다섯 가운데 셋이 고등학교를 나왔으니 나는 일하면서 공부해도 즐거웠다. 아버지는 내가 지게질하는 모습을 안쓰럽게 보았을 것이다. 대학에 다니면서는 방학 때마다 학비를 벌었다. 가난한 집에서 대학에 다닌 터라 부모의 부담을 덜어주려고 여러모로 노력했다. 감당할 만큼 짐을 지면서 심신을 단련하여 그런대로 밥벌이를 했다.

자식도 딴 몸이니 제 짐은 제가 져야 한다. 아빠로서 마음이 아파도 짐을 조금씩 넘겨줘야 한다. 그래야 아빠의 고통을 이해하고 인생길도 배운다. 고된 일을 해보면 장승수 말마따나 '공부가 가장 쉬웠어요'하며 공부에 열중하기도 한다. 그렇게 자란 자식이 부모에게 효도한다.

하수는 죽을 때까지 자녀의 짐을 지고 간다. 어릴 때 고생한 하수일수록 자녀를 편하게 키우려 한다. 자신에게 보상하는 심리가 작동하는 탓이다. 그 자녀는 일을 해보지 않아 아빠가 얼마나 힘들게 일하는지 모른다. 자신은 힘들면 아빠에게 기대는 반면 아빠의 어깨를 가볍게 해주지는 않는다.

나는 되도록 빨리 독립하려고 하였다. 아버지도 남자가 16세면 호패를 찼다고 하면서 독립을 재촉했다. 조선시대에 그 나이 남자를 장정으로 인정한 사실을 두고 하는 훈계였다. 아버지는 10대에 독립한 데 견주어 나는 29세에 교사가 되었다. 내 자립이 아버지보다 십 년 이상 늦었다.

아버지의 짐을 덜어주려고 했으나 결혼하여 자식을 키우느라고 그러지 못했다. 세상을 떠난 아버지에게 많은 빚을 진 셈이다. 아빠로서 쉰 살 이후로는 경제활동을 크게 줄이고 읽고 쓴다. 가족에게 미안할 뿐이다. 이 또한 내 부채다. 나는 많은 부채의식을 지고 꾸준히 걸어간다.

내 나이 58세요, 두 아들은 20대 후반이다. 아빠로서 책임을 다하지 못 했는데 자녀에게는 분담을 요구한다. 낯 두꺼운 일이나 가족이 상생하려는 뜻이다. 인생은 자신을 짊어지고 먼 길을 가는 일이다. 나이가 드는 만큼 자녀에게 짐을 옮겨야 삶을 제대로 마무리할 수 있다.

고수는 자녀에게 책임지는 능력을 길러준다. 어릴 때부터 공짜밥은 없다고 가르친다. 자녀에게 경제교육을 실시하여 책임과 권한을 일깨운다. 선택하고 책임지는 능력을 함양하여 자녀가 제 길을 스스로 찾아 가도록 한다.

하수는 아이에게 용돈을 많이 준다. 그 자녀는 어른에게 손님 대접을 받으며 우쭐댄다. 돈으로 군림하는 일부터 배운다. 그 자녀는 돈 버는 일보다 쓰는 데 뛰어난 데다 자제력이 약해 고난이 닥치면 쓰러진다. 그런 아이는 회복탄력성을 기르지 못해 한번 넘어지면 주저앉는다.

고수는 아이에게 용돈을 주면서 경제, 윤리, 노동, 교육 등을 가르친다. 월급이 아니라 품격으로 가정을 운영하여 자녀가 그 인품을 따르게 한다.

두 아들은 고등학교를 졸업한 뒤에 전주를 떠나 서울에서 자취하며 대학에 다녔다. 집에 오갈 때도 되도록 일반고속버스를 이용하라고 당부했다. 아빠가 경제활동을 거의 안 하니까 고통을 분담하자고 제안했다. 그렇게 절제하며 공부한 운은 대학을 졸업하면서 취업했다.

운이 6년 동안 살던 건국대 주변을 떠나 진이 다니는 고려대 부근으로 이사하던 날이었다. 차에 짐을 싣는데 한 노인이 우리 쪽으로 걸어왔다. 처음 보는 어르신이 왜 그러는가 했는데 아들이 그가 집주인이라고 귀뜀했다. 그 동안 딸이 원룸을 관리하여 나는 그를 처음 보았다. 그는 하고 싶은 말이 있다고 하며 우리에게 다가왔다. 나는 '애들이 무슨 잘못이라도 했나' 하며 불길한 생각을 떠올렸다.

뜻밖에도 그는 이렇게 말했다.

"자식 참 잘 키웠어요."

"아, 예에…."

"요즘 애들 같지 않아요."

"…"

나는 놀라서 제대로 대꾸하지 못했다. 그 말을 하려고 노인이 불편한 몸을 이끌고 나온 것이었다. 오랫동안 두 아들이 그 집에서 얌전하게 살아서 하는 말이라고 해석했다. 오래 지켜본 노인이 일부러 나와서 하는 말이라 기분은 좋았다. 서울에서 둘이 살아 여러모로 걱정했는데 다행이었다. 알아서 살도록 전화도 줄인 전략이 통한 듯해 기뻤다.

하수는 아이의 일에 지나치게 끼어든다. 어린이집에서 아이들끼리 놀다가 몸에 작은 상처만 나도 부모끼리 싸우는 수가 있다. 어떤 아빠들은 아이가 다칠까 봐 아이를 밖에서 놀지 못하게 한다. 자녀가 사회성을 익힐 기회를 막는다. 자식의 인생을 그르치는 일이다.

운은 어릴 때 밖에서 놀다 다리가 부러진 적이 있다. 밖에서 동네 형들과 놀다 그랬다. 운이 괜찮다고 할뿐더러 이웃 애들과 놀다가 다쳤으니 시비를 안 따지고 치료비도 우리가 지불했다. 한 달쯤 깁스하고 학교에 다니느라 고생했다. 우리 형제도 그렇게 컸기에 나는 그냥 넘어갔다.

아들을 서울로 보내면서 나는 자녀가 자립훈련을 하기 원했다. 한편으로 걱정도 했다. 추우면 수도가 동파될까 봐, 더우면 선풍기를 틀고 자다 큰일을 당할까 염려하여 전화했다. 그러나 되도록 일상생활을 하면서 사는 슬기를 배우도록 놓아주었다. 나도 고향 집에 전화도 없던 시절에 자취하며 대학에 다녔기 때문이다.

서울에서 방을 얻으러 다니면서 둘러보니 대체로 침실에는 옷이 흩어져 있고, 주방에는 그릇이 수북했다. 주인들은 임대계약서를 쓰면서 쓰레기를 잘 분리해달라고 몇 번씩 부탁했다. 내 걱정과 마찬가지였다. 대학생들이 대부분 일상생활의 기본을 제대로 안 지키니까 그럴 것이다.

서울에 올라가 두 아들이 사는 모습을 보면 맘에 안 드는 구석이 많다. 그런데 남에게 피해는 안 주고 살았나 보다. 부모와 떨어져 살면서 인생을 배운 듯해 집주인의 말을 듣고 뿌듯했다. 제 앞가림은 할 것 같아 마음이 놓였다.

아빠가 자녀의 짐까지 도맡으면 갈수록 지칠뿐더러 자녀는 자라서도 짐을 안 지려고 한다. 아빠가 자식 분깃을 감당하는 걸 당연하게 생각하여 아빠에게 고맙다고 생각하지도 않는다. 아빠의 책임만 알고 자식의 의무는 모른다.

아빠가 노년에 편하게 살려면 어릴 때부터 자식이 제 짐을 지도록 해야 한다. 아이와 같이 밖에 나갈 때면 아이에게 가방이라도 들게 해야 자라서도 제 짐을 진다. 아빠와 자녀가 서로 견딜 만큼 지고 가야 가족이 상생한다.

자녀독립을 제대로 추진한다

- 대학등록금은 자녀와 분담한다

아빠의 최대 고민은 자녀독립이다. 노인문제는 대개 자녀독립에 실패하여 생긴다. 자식이 제 밥벌이를 못하면 노후가 불안하다. 아빠노릇과 자식농사의 목표는 자녀독립이다.

자녀들이 학교에 다니는 기간이 길어지는 만큼 자녀독립도 늦어진다. 아버지가 2년 다닌 학교를 나는 24년 다녔다. 그에 따라 아버지가 10대에 성취한 독립을 나는 30대에 얻었다. 아버지는 동생 셋과 여섯 자녀의 독립을 추진했는데 나는 두 아들에게 홀로서기를 가르친다. 투자 대비 성과를 따지면 나는 아버지 곁에도 못 간다.

자녀 하나를 대학까지 마치는 비용이 3~4억 원이 든다고 한다. 나는 전주에서 아들 둘을 서울에 있는 사립대학에 보냈다. 운은 대학을 나왔는데 대학자금으로 1억 원쯤 들었다. 출생에서 대학까지 따지면 속설이 사실일 것 같다. 2014년 통계청 가계조사를 보면 상위 10%가 하위 10%보다 자녀교육비를 15배나 많이 쓴다. 자녀가 대학을 나올 때까지 쓰는 돈도 아빠에 따라 편차가 클 것이다.

나는 두 아들에게 대학등록금의 절반을 갚으라고 주문했다. 투자비의 절반을 회수하여 노후를 대비하려고 그랬다. 운은 내 말에 따라 취업해서 등록금의 반을 내놓았다.

자식은 세상에서 가장 비싸다. 한번 사면 죽을 때까지 책임져야 한다. 반납은 못하는 반면, 사후관리는 끝까지 해줘야 한다. 내 새끼가 아니라고 부정해도 그 관계를 못 끊는다. 자식이 잘못하면 죽은 뒤에도 욕을 먹는다. 30년쯤 투자해서 자식이 밥벌이나 하면 다행이다.

자식은 위험한 투자종목이다. 손절매나 포기도 못한다. 이자는 커녕 원금을 회수하기도 힘들다. 한 연구에 따르면 자녀교육의 평균회수율이 –82%다. 자식농사의 십중팔구가 손해라는 결론이다. 2016년 강원랜드 카지노 수익률이 –24%다. 자식농사의 손실률이 카지노보다 세 배 이상 높다. 뻔히 지는 도박인데도 아빠는 자식을 밀어준다.

돈 없으면 시체라고 하는 독거 노인도 자식을 도와주려고 폐지를 줍는다. 폐지를 팔아 모은 돈을 자식에게 보내고 고맙다는 말을 들으면 감격한다. 그래야 마음이 편해서 목숨을 걸고 폐지를 줍는다.

한국경제통상학회에서 나온 논문에 따르면 노인 가구의 사적 이전소득은 평균 18만 원이다. 사적 이전소득이란 자녀들이 부모에게 드리는 용돈으로 보면 된다. 노인 가구의 공적 이전소득은 자녀들이 주는 용돈보다 두 배가량 많다. 노인수당처럼 나라가 주는 돈이 공적 이전소득이다. 국가에서 자녀보다 몇 배나 많이 주는 셈이다. 생색은 나라가 내고 자금은 자식이 대는 돈이 공적 이전소득이다.

노인들의 공적 이전소득이 늘어날수록 자녀들이 부모에게 용돈을 드릴 여유가 줄어든다. 돈은 손을 거칠수록 줄어드는데 한국 복지제도는 엉성한 편이다. 복지자금이 늘어나는 만큼 자녀의 노후는 불안해진다. 노인의 정치력이 커질수록 자녀 세대는 돈을 많이 내놓아야 한다. 자식의 노후를 떠나 노인 쪽에서 보면 내 코가 석 자인지라 국가에서 주는 수당이 자식보다 효자다. 우선 먹기는 곶감이 단 격이다.

자녀가 결혼하여 제 자식과 주택에 투자하면 아빠에게 용돈을 주기 힘들다. 30대 직장인은 50대까지 채무 인생으로 보내기 일쑤다. 그들은 자식에게 기대하지 말고 스스로 노후를 준비해야 한다.

교육에 한이 맺힌 아빠는 자녀를 밀어주면 자녀가 열심히 공부할 줄 안다. 그 전략도 자녀가 공부를 열망할 때 통한다. 아빠가 자랄 때와 상황이 달라 자녀는 공부를 열망하지 않는다. 아빠가 자식의 학습동기를 자극하는 일이 예전처럼 쉽지 않다. 자녀의 학습동기를 유발하는 길은 아빠가 죽는 수밖에 없다고 말할 정도다.

고수는 자녀가 결핍 체험을 통해 독립정신을 습득하도록 한다. 자녀를 가난하게 키워 부자가 되게 한다. 자신이 성공한 원리를 자녀에게 그대로 적용한다. 그 전략을 적절하게 구사하면 그 자녀가 어려서는 아빠를 원망해도 나이가 들면서 아빠를 이해한다.

하수는 자녀를 부유하게 키운다. 어릴 때 용돈을 모르고 살다 부자가 된 하수는 자녀에게 용돈을 듬뿍 준다. 일종의 한풀이다. 그 자녀는 며칠만 가물면 시든다. 유약하여 한번 실패하면 재기하지 못한다.

고수는 재산이 아니라 능력을 상속한다. 보이는 물질보다 보이지 않는 정신을 중시한다. 조지 소로스는 재산을 대부분 사회에 환원했다. 재산이 자녀의 독립 의지를 훼손한다고 보는 까닭이다.

소로스는 헤지펀드의 전설로 헝가리 출신 유대인이다. 그에게 성공비결을 묻자 '아버지, 바로 아버지 교육'이라고 대답했다. 그는 아빠의 재산이 아니라 교육을 바탕으로 힘을 길러 투자가로 대성했다. 그도 자식에게 상속 재산이 아니라 자득 지식으로 성공하라고 경고한다.

한국 부자들은 자식에게 한 푼이라도 더 물려주어야 자녀가 일어선다고 생각한다. 재산을 자식에게 물려주려고 불법과 편법도 동원한다. 상속세 제도에 문제가 있으나 잘못된 상속관을 가진 아빠도 많다.

한국 부자 가운데도 고수는 있다. 이종환 삼영화학 명예회장은 8,000억 원을 출연하여 장학재단을 세웠다. 그 자식들이 아빠의 의사에 동의했다는 측면에서 대단하다. 정승처럼 벌어 황제처럼 쓰고 가는 아빠를 보며 그 자식들도 거목으로 자랄 것이다.

아빠에게 가장 큰 위험은 자녀다. 아빠가 자녀 리스크에 걸려 넘어지면 집안이 패망한다. 그 위험관리의 핵심은 자녀독립이다. 자녀독립의 성패가 가문의 흥망을 가른다. 성인 자녀를 끌어안고 살면 부자 아빠도 거덜이 난다.

고수는 자녀가 세상에 나가 스스로 먹이를 찾아 먹도록 등을 떠민다. 자식이 시행착오를 겪으며 독립하게 한다. 자녀가 위기에 처해도 도와주지 않고 어떻게 대처하는지 지켜본다. 죽을 고비가 아니면 자녀가 스스로 위기를 극복하도록 한다. 그러면서 자립하기 때문이다.

고수는 아이가 어릴 때 '내가 할 거야' 하면 그대로 놔둔다. 위험하지 않고 규칙에 어긋나지 않으면 자녀가 스스로 문제를 해결하도록 한다. 혼자 해보겠다고 고집할 때 참고 기다리면 독립심이 생기기 때문이다. 자녀를 여러 환경에 내놓아 자녀가 두루 활동하도록 해야 자생력을 갖춘다.

노인의 불신 대상 3J는 자식, 정부, 자신이다. 그 중에서 가장 못 믿을 사람은 자식이다. 자식 불안을 해소하는 일이 노후 준비의 관건이다. 아빠의 등골을 빼먹은 아이가 자라서 홀로서기 어렵다. 자식이 아빠에게 독립 의지를 보일 때마다 그 뜻을 살려 주어야 자녀가 빨리 독립한다. 자식 리스크만 줄여도 노후에 그런대로 살아간다.

농경시대와 달리 정보화시대에는 아빠가 자녀의 밥벌이를 가르치기 힘들다. 아빠가 아이를 빨리 놓아주어야 아이가 당대에 필요한 역량을 습득한다. 아빠노릇하기가 갈수록 어려워지는 데 견주어 아빠가 책임질 일은 늘어난다. 아빠노릇을 빨리 마치고 싶으면 자식을 일찍 놓아주면 된다.

고수는 자식에게 등록금을 빌려준다고 말한다. 자식에게 돈을 갚으라고 압박하여 그 능력을 키워준다. 그는 자식에게 돈 벌기가 힘들다고 말하며, 아빠 돈을 노리면 안 된다고 경고한다. 자녀에게 세상에 공짜가 없다는 인식을 심어주어 자녀가 대학을 졸업하면 밥벌이에 나서게 한다.

자녀에게 대학등록금의 절반을 갚도록 요청하면 자녀가 절약하며 산다. 빚을 줄여보면 빚이 무서워 생활력과 독립심이 커진다. 자녀에게 대학등록금을 분담하도록 하는 전략은 여러모로 유용하다.

어떤 아빠는 자녀의 학자금을 갚아 주려고 두 가지 일을 한다. 퇴근한 뒤에 밥을 먹고 대리운전을 하러 나간다. 자녀를 책임지려는 뜻은 거룩하나 그러다 자녀의 의존심을 길러 말년에 고생하기 쉽다.

고수는 딸이 "아빠, 학자금 아빠가 갚으면 안 돼?" 하고 애교를 떨어도 단호하게 "네 몫은 네가 갚아!"라고 외친다. 노후에 딸과 상생하려고 그 요청을 거절한다. "정부 돈인데 꼭 갚아야 해"하면 "돈 떼어 먹으면 도둑이야!"하고 말한다. 빚을 지면 노예가 된다고 경고한다.

고수는 아이가 넘어져도 스스로 일어서게 한다. 아빠에게 구원을 요청해도 외면하고 혼자 일어설 때까지 기다린다. 매사에 그런 원리를 적용하여 대학을 나온 뒤에는 학비를 분담하도록 한다. 그러면 자녀가 부모의 노고를 깨달아 부모에게 감사한다. 그는 근검하게 살아 부자가 된다. 바람직한 경제관을 지닌 부자가 된다.

– 제 밥벌이하면 효자다

언젠가 택시를 탔는데 기사가 서울대 나온 자식이 저밖에 모른다고 불평했다. 환갑에 이르도록 영업용 택시를 운전하여 가르쳤더니 자식이 대기업을 그만두고 유학을 갔다는 말이었다. 아들이 괘씸하다고 했다. "서운하시겠네요?" 하고 맞장구를 치자 "저 혼자 성공한 줄 알아요" 하며 자식을 나무랐다. 은근히 자기 공로를 내세우며 자식을 자랑했다.

나는 부자를 모두 이해할 수 있었다. 아빠 입장에서 보면 다른 가족을 외면하고 제 욕심만 챙기는 아들이 얄밉다. 고생이 끝난 줄 알았는데 아빠의 기대를 저버렸으니 배신감을 가질 만하다. 자식 쪽에서는 미래를 생각해 외국에 가서 공부할 수 있다. 아빠가 젊은 데다 제 돈으로 유학하니 미안할 게 없다. 문제는 돈인데 나중에 아들이 아빠에게 용돈을 두둑하게 줄지도 모를 일이다. 자식이 공부를 잘해서 서울대생 아빠를 만들어준 일은 또 어딘가.

운수업에 종사하며 자녀를 서울대에 보낸 아빠가 전문직에 근무하며 자녀를 서울대에 보낸 아빠보다 위대하다. 운수업 종사자가 불리한 여건에서 자녀교육을 잘했기 때문이다. 내가 학원을 운영하여 그런 내막을 아는지라 "아버님이 훌륭하시니 아드님도 잘될 겁니다" 하니 "허허" 하고 웃는다. 아빠의 로망은 자식의 출세이니 즐거울 수밖에.

나를 비슷한 또래로 여겨 공감을 끌어 내려고 하는 말일 텐데 나한테 하는 이야기 같아서 가슴이 뜨끔했다. 아버지는 6남매의 장남인 나에게 고등학교를 나와 공무원이 되라고 했다. 가족과 상생할 길을 제안한 것이다. 나는 그 권유를 뿌리치고 삼수까지 해서 대학에 들어갔다. 아버지 소망대로 교사가 되었으나 사표를 내고 일자리를 옮겨 다니며 박사학위를 받았다. 그 뒤에 학원을 운영하다가 잘나가던 학원을 그만두고 다시 새로운 길로 나섰다. 나도 힘들었으나 아버지는 나보다 더 고생했다. 아버지가 하늘에서 택시기사를 보내 "끝까지 네 욕심만 챙기냐?"고 질책하는 듯했다.

환갑을 앞두고 돌아보니 나야말로 부모와 자식을 제쳐놓고 살았다. 아버지가 학원이 잘나갈 시기에 하늘로 돌아가 그나마 마음이 놓인다. 그리하여 나는 자녀가 제 밥벌이하면 만족하려 한다.

삼돌이는 아들이 삼수하여 한의대에 들어가자 속으로 노후는 해결되었다고 기뻐했다. 아들이 한의대를 나올 무렵에는 사정이 나빠서 한의원을 개업하기 힘들다고 판단했다. 친구가 한방과 양방을 겸하는 의사가 잘나갈 것이라고 했다. 아빠가 그 말을 전하자 아들이 의학전문대학원에 진학했다. 그 아들은 서른이 넘어 의사가 되었고, 그 사이에 삼돌이는 일흔이 코앞이다.

아들이 대학만 나오면 고생이 끝났다고 생각했는데 세상이 바뀌어 월급쟁이 의사로 살려고 해도 괜찮은 병원을 찾기가 힘들다. 지방에 있는 병원도 좋은 자리는 경쟁이 치열하다. 그는 아들 뒷바라지하다 인생이 끝났다고 한숨을 쉰다. 노후가 불안한 터라 마누라와 작은 일로 가끔 다툰다.

그는 자녀에게 교육비를 대느라고 허리가 휘었다. 빚이 불어나자 아들이 대학에 들어갈 즈음에 아파트를 팔았다. 여러 차례 이사한 끝에 거액을 대출받아 마련한 집이었다. 아들이 대학을 나올 무렵이 되자 그 아파트는 몇 억이 올랐다. 그런 소식을 들으면 밥맛을 잃었다. '그 돈이면 노후 걱정은 없는데…' 하고 푸념을 하면 아내는 무리를 해서라도 버텼어야 했는데 집을 팔았다며 그를 원망한다. 화를 내도 물러서지 않고 과거의 잘못을 나무라니 미칠 노릇이다.

의사 아들을 둔 데 만족하려 해도 힘들 때면 그 아파트가 눈에 선하다. 자녀에게 의학전문대학원을 권유한 일도 후회가 된다. 지난 일은 잊고 기대를 낮춰 자식이 밥벌이하면 만족하기로 했다. 아내가 여자 말을 안 들어 고생한다고 속을 질러도 가정의 평화를 위하여 참는다.

아들이 개원한다고 하여 연립주택을 담보로 1억을 빌려주었다. 돈을 못 버는 데다 늙으니 그 돈이 커 보였다. 아들은 몇 해 고생하여 병원이 그런대로 자리를 잡았다. 아들은 남에게 싫은 소리를 듣지 않고 살아 환자들과 싸우곤 했다. 며느리와 간호사들이 그때마다 잘 수습하고 아들도 태도를 바꿔 병원이 살아났다. 목도 좋지 않은 데다 장비가 중고인데 열심히 노력하여 병원을 잘 꾸려간다.

아들이 대출이자를 갚아주고, 더러는 용돈도 준다. 자식 빚을 떠안을 줄 알았는데 행운이라 생각하며 살아간다. 자식이 자신감을 회복하니 무엇보다 기쁘다. 마누라와 입씨름할 일도 줄었다. 기대를 낮추고 그럭저럭 살아간다.

남자는 군복무와 대학을 마치고 취업하면 서른에 가까워진다.

그 무렵에 아빠는 경제적으로 하강기에 접어든다. 자녀가 결혼하여 아이를 낳으면 용돈을 끊기 일쑤다. 그나마 제 밥벌이하면서 조용히 살면 아빠로서 마음이 놓인다.

고수는 자녀에게 빨리 밥벌이하라고 압박한다. 물론 자녀에게 취업하라고 재촉하면 자녀가 좋은 길을 놓치는 수도 있다. 취업 삼수는 필수라고 하나 눈이 높으면 5년을 넘기는 수도 흔하다. 그러니 재촉을 안 하기도 힘들다.

내가 아는 아빠는 지방에서 아들 둘을 서울로 보내 취업 뒷바라지를 하는데 한 해에 수천만 원이 든다. 그는 자식에게 삼 년만 지원하기로 약정했다. 한 해가 지났으나 자식들에게 부담을 주지 않으려고 그 사실만 이야기했다고 한다. 힘겹게 지원하면서도 하고 싶은 말도 참는 것이다.

지방에서는 공무원 시험을 보려고 노량진 공무원학원가를 찾게된다. 조카를 보니 교사 임용고시도 거기에 가서 교육학 강의를 들어야 한단다. 인터넷 강의로는 서술식·논술식 시험에 대비하기 어려워서다. 각종 비용이 대입 때보다 훨씬 많이 들어가니 아빠 허리가 휜다.

기업의 경우에는 경력자 시장이 커진다. 그러므로 직장에 근무하면서 실력을 쌓아 전직하는 전략도 괜찮다. 직업 전환이 늘어나는 추세이므로 밥벌이하면서 전문성을 키우면 좋은 자리를 잡는다.

고수는 자녀와 함께 살 길을 찾는다. 자녀에게 밥벌이를 하면서 자기계발에 힘쓰도록 한다. 자녀와 상생하려고 자녀에게 대학등록금의 절반은 갚도록 한다. 결혼자금도 일부는 보태게 한다. 이른바 소몰 웨딩으로 경비를 줄이는 길도 가볼 만하다.

- 자녀독립의 길

한국 부모들은 아이에게 배변훈련을 세계에서 빨리 끝내는 편이다. 자녀가 아니라 부모가 편하기 위해서이다. 옛날에는 자다가 오줌을 싸면 아이에게 키를 씌워 이웃집으로 쫓아 보냈다. 이웃 사람은 그 아이 앞에 소금을 뿌렸다. 수치심을 자극하여 오줌을 가리게 하는 전략이다. '내면 아이'에게 치명상을 입히므로 비교육적인 길이다.

똥오줌 가리기에 견주어 밥벌이 연습은 늦게 시킨다. 배변은 몇 달이면 가리지만, 밥벌이는 수십 년을 노력해도 실현하기 힘들다. 부모가 자녀에게 밥벌이 훈련을 잘못하면 가족이 위기를 맞는다. 따라서 배변훈련보다 독립연습이 중요하다. 자녀독립은 체계적이고 의도적으로 추진해야 성공한다.

하수는 자식을 오래 끼고 산다. 자식이 직장 생활을 해도 놓아주지 않는다. 어떤 하수는 자녀의 상사에게 전화하여 왜 자녀를 나무라느냐고 따진다. 아빠가 자식의 직장생활까지 관여하니 동료들에게 왕따를 당한다. 그 자녀는 성인이 되어서도 마마보이에 머물기 십상이다.

송아지는 태어나자마자 일어서는 데 견주어 사람은 한 해쯤 지나야 일어선다. 소는 몇 달이면 독립하지만 인간은 20년은 넘어야 밥벌이를 한다. 아빠의 길은 그만큼 멀고 험하다. 되도록 자녀를 빨리 홀로 서도록 해야 노후가 밝다.

하수는 자녀의 독립선언을 무시한다. 성인 자녀가 아빠에게 "나 좀 내버려둬!"라고 외쳐도 "내 말 들어!" 하고 명령한다. 간섭을 사랑이라고 착각하여 자녀를 간섭한다. 자녀의 독립선언을 선전포고로 아니까 서로 부딪친다.

고수는 자녀가 독립을 선언하면 기뻐한다. 어릴 때 아이가 "싫어" 하면 '내 새끼가 많이 컸구나!' 하며 뿌듯하게 생각한다. 아빠가 자녀를 믿으니 그 자녀는 스스로 일어선다.

자녀를 믿는 일이 말처럼 쉽지 않다. 두 아들은 운전면허를 땄으나 내 차를 몰아보겠다고 하면 열쇠를 못 내줄 듯하다. 도로에서 운전을 해본 적이 없기 때문이다. 아들의 판단도 미덥지 못할 때가 많다. 언젠가 아들이 운전병 출신 친구가 모는 렌터카를 타고 놀러 가겠다고 했다. 아들은 친구를 믿지만 나는 그 친구가 살짝 불안했다.

고수는 담대하여 자식이 선택하고 책임지도록 놓아둔다. 여대생 딸이 자전거로 전국을 일주한다고 해도 승낙하고 지켜본다. 딸이 모험을 감행하다 돌발 사건이 생기면 스스로 해결하기 바란다. 그러는 동안 삶을 배운다고 생각하는 까닭이다. 고수가 되려면 그만큼 담대해야 한다.

자녀의 자신감은 부모가 그 독립의지를 인정해주고, 자녀가 스스로 성공과 실패를 겪을 때 생긴다. 그런 과정을 많이 반복할수록 자신감이 견고해진다. 도전의 강도에 비례하여 자신감도 강해진다. 언어나 보행도 성패를 거듭하면서 자신을 믿으며 숙달하는 것이다.

아이는 외적 동기와 내적 동기를 바탕으로 자신감을 쌓는다. 아빠가 아이를 칭찬하고 격려하는 일은 외적 보상이요, 자녀가 스스로 인정하는 것은 내적 보상이다. 두 가지 보상은 상호보완적이어서 아빠가 자녀에게 "안 돼!"를 연발하면 자녀는 자신감을 잃는다. 그 자녀는 타인의 거절을 두려워하고 자신을 믿지 못한다. 그는 새로운 시도를 못한다. 아빠가 지켜보면 레고 맞추기에서도 모험을 감행하지 못한다. 아빠의 눈치를 보기 때문이다.

아이는 아빠와 엄마를 인식한 뒤에 '나'를 안다. 나를 안 다음에는 남을 제 맘대로 하려 한다. 통제력을 넓히려는 의도다. 아빠가 아이의 통제 본능을 막으면 아이가 독립 의지를 기르지 못한다. 그러면 자발성이 떨어지고 아빠에게 순응하게 된다. 스스로 상황에 대처하지 못하여 성인이 되어서도 아빠를 찾는다. 아빠가 없으면 아무 일도 못한다.

우리는 '나'를 '나'라고 말하기도 힘들다. 집단과 계급을 중시하여 '나'를 외치는 사람을 위험한 인물로 본다. 개성을 내세우는 사람은 교만하고 인화를 해친다고 비판한다. 기득권자는 '나'를 낮추고 남을 높이라고 요구한다. 기득권층이 수천 년 동안 유교적 서열구조를 내세워 나를 숨기고 그들을 따르도록 길들였다. 선공후사(先公後私)를 강조하여 '나'를 죽이고 집단에 동조하라고 강요했다. 그에 따라 아빠도 아이에게 '나'를 내세우지 못하게 하고 아빠의 말을 따르라고 한다. 독립 의지를 꺾고 아이를 수동적인 사람으로 만든다. 아이가 아빠에게 의존해서 살도록 하는 셈이다.

사람은 의존을 좋아하고 독립은 싫어한다. 인간은 본래 고통을 싫어하고 쾌락을 좋아한다. 독립하면 고통스럽기 때문이다. 나도 공직에서 나와 황야에서 사는 바람에 고생을 많이 했다. 그러나 조직에서 독립한 덕분에 자유를 누렸다. 선택하고 책임지며 살았기에 무림에서 자유로운 영혼이 되었다. 보호막이 사라진 곳을 누비며 스스로 길을 닦았다. 그만큼 자존감과 자신감도 상승했다.

하수는 쾌락을 좋아해 자녀가 의존적으로 살도록 양육한다. 자식이 편하고 재미있는 일에 빠지도록 한다. 자녀독립을 원하지 않고 지나치게 자녀를 보호한다. 그 자녀는 아빠의 손을 못 벗어난다. 의존적인 인간이 되어 몸은 편하지만 여러모로 불안에 시달리며 살게 된다.

을동이는 부부 공무원으로 연금을 믿고 월급을 대부분 소비했다. 자녀가 하나인데 대학을 나와서도 부모를 믿고 취업을 안 한다. 공무원 시험을 준비한다고 하나 도서관 대신 게임방에 가서 놀곤 한다. 수험생이라고 하면서 집에서는 부모 위에 군림한다. 을동이가 연금을 믿듯, 그 자녀는 부모를 물주로 여긴다. 부모를 따라서 쾌락을 좇아 산다.

그 부부는 아들을 두고 놀러 다녔는데 그 아들도 그 사이에 노는 애들과 어울렸다. 군대에 갔다 오면 사람이 될까 기대했지만, 자식의 버릇은 바뀌지 않았다. 기상하는 시간도 원래대로 돌아가 부모가 출근한 뒤에 일어난다. 부모와 부딪치지 않으려는 전략이자 밤늦도록 게임을 해서 그렇다.

을동이는 자식이 하는 대로 놓아둔다. 잔소리하면 자식이 반항하기 때문이다. 그 자녀도 장래를 걱정하지만 부모를 벗어날 수 없으니 답답하여 만만한 엄마에게 화풀이를 한다. 그는 자식이 건물 관리도 못할 위인이라 고민이 많다. 그럴 돈도 없지만 아무리 생각해도 자식이 해낼 일이 없다.

어설픈 부자가 자녀를 의존적으로 키워 재산을 날린다. 그 자녀는 무림의 고수들이 버티는 시장에서 살아남지 못한다. 하수는 무능한 자녀에게 건물을 사준다. 그 자녀는 원룸을 관리하기 싫어 건물을 팔아 편하게 살려고 하다가 바로 바닥을 드러낸다. 아빠가 죽기도 전에 살림을 말아먹는다. 돈 냄새를 맡은 사람들에게 사기를 당하는 것이다.

아빠가 자녀를 자극하려고 재산을 사회에 환원하려고 하면 그 자녀는 왜 재산을 마음대로 처분하느냐고 따진다. 부모가 기부한 재산을 찾으려고 재판하는 수도 있다. 부모 재산을 자기 재산이라고 생각하기 때문이다.

고수는 자녀에게 맞는 길을 일찍 찾는다. 그런 뒤에 자녀가 어릴 때부터 제대로 그 길을 가도록 한다. 시행착오를 겪으면서 능력과 적성에 맞는 진로를 탐색하게 한다. 고등학생 때까지는 적성을 찾고, 대학에 가서 진로를 잡도록 돕는다.

운과 진은 한 뱃속에서 나왔지만, 기질이 상이하다. 군대에서도 운은 면회를 오지 말라고 하는 데 견주어 진은 자대에 가자마자 면회를 오라고 연락했다. 그 기질에 맞게 운은 여러 공모전에 나가더니 취업에 성공했다. 이제 진이 홀로서기 바라며 경제신문을 보도록 했다. 그리고 내가 도울 길을 모색한다. 취업 정보라도 제공하려고 노력한다.

고수는 자녀에게 적절한 독립전략을 세운다. 자녀의 특성을 잘 파악하여 자녀독립의 길을 만든다. 그 길을 상황에 따라 수정하면서 자녀독립을 제대로 추진한다. 아빠노릇을 잘 하려고 자녀는 물론 세상을 똑바로 바라본다.

사람처럼 독립하기까지 자원이 많이 드는 동물은 없다. 아이에게 아빠가 필요한 까닭이 거기에 있다. 아이가 일어서 한 걸음을 떼면 천하를 얻은 듯하다가 성인이 되어 결혼해도 마음이 안 놓인다. 내 또래 가운데 할아버지가 많은데 그들 이야기를 들으면 아빠의 걱정은 죽어도 이어질 듯하다.

고수는 자녀를 빨리 놓아주어 스스로 밥벌이할 수 있는 힘을 기르도록 한다. 제 밥벌이를 하는 일이 자신은 물론 가정을 살리는 길인 까닭이다.

적기에 자녀에게 바통을 넘긴다

- 뛰는 만큼 솟는 부격(父格)

초등학생 시절에 운동회는 읍내 잔치였다. 그 대단원을 이어달리기로 장식했다. 청군과 백군이 학년마다 한 명씩 선수를 뽑아 릴레이를 벌였다. 자기 편 선수가 상대 쪽을 따라잡으면 운동장이 떠나갈 듯이 함성을 질렀다. 바통을 잘못 주고받다 상대에게 뒤지면 야유를 보냈다. 학부모까지 구름처럼 몰려들어 새끼 편을 응원했다. 마지막 주자가 극적인 반전을 이루면 읍내가 들썩였다. 그 아빠는 아마 제 새끼가 자랑스러워 기절했을 것이다.

자식농사도 이어달리기와 비슷하다. 아빠가 힘껏 달리고 자식에게 바통을 물려주고 떠나는 측면에서 그렇다. 바통을 주고받는 아빠와 자식의 모습은 천차만별이다. 그 과정에서 아빠와 자식이 다투기도 하고 사이좋게 끝내기도 한다.

조선에서는 전주 이씨 임금 27명이 이어서 달렸다. 어떤 임금이 아빠로서 일등일까. 바로 태종이다. 세종을 키운 건 8할이 태종이다. 태종은 조선의 왕업을 지속하는 일에 목숨을 걸었다. 문무를 겸비한 태종이 구조조정을 단행한 뒤에 세종을 반석 위에 올려놓았다. 그가 아니었다면 세종은 임금이 되지도 못했다. 태종은 입장 불립유(立長不立幼), 곧 장자승계의 원칙을 깨고 첫째 양녕을 대신 셋째 충녕을 임금으로 삼았다. 교체 기준은 실력이었다. 양녕은 기생을 끼고 노는데 충녕은 책을 안고 살았던 것이다. 그는 왕조의 기반을 다지려고 처남은 물론 장인도 내쳤다. 아빠가 냉혈동물처럼 피바람을 일으킨 덕분에 세종이 성공했다.

누구나 세종이 되려고 하지 태종은 바라지 않는다. 아무도 가지 못한 길을 걸어간 태종이야말로 조선 최고의 임금이요, 걸출한 아빠다. 그는 차남 콤플렉스가 강했으나 과감하게 세자를 갈아치웠고, 자기를 빛낼 왕으로 충녕을 세웠다.

아빠가 태종처럼 악업을 감당하며 자식에게 길을 열어주기 어렵다. 태종은 미래를 내다보며 자기 역할을 훌륭하게 수행했다. 오늘도 고수는 욕을 먹더라도 자식에게 좋은 여건을 마련해주고 물러난다. 한국 대통령은 열매를 차지하고 청소는 다음으로 넘긴다. 그래서 정권이 바뀔 때마다 홍역을 치른다. 이어서 달리지 않고 정권마다 다시 출발하여 열심히 제자리걸음을 한다. 집이든 나라든 그러면 망한다.

세종은 아들로서는 성공했으나 아빠로서는 실패했다. 차남 콤플렉스에 사로잡혀 장자계승을 고집하다 병약한 문종을 왕위에 올렸다. 문종이 바로 죽자 세종의 아들 세조가 조카 단종의 왕좌를 빼앗았다. 세종이 세조를 정치에 참여시켜 권력의 맛을 보여준 탓도 크다. 세종이 판단을 잘못해 왕권이 갈지자로 휘청거린 셈이다.

보통 아빠야 자식이 밥벌이하면 바통을 넘기고 물러나면 그만이다. 자식의 혼인을 책임지고 나서는 자기 노후부터 챙겨야 하는 상황이다. 아빠로서 최선을 다하여 자식이 비전을 가지고 달릴 수 있도록 하고 물러나면 좋다.

경제를 기준으로 아빠를 5등분할 때 최하층에서 한 계층을 올라가는 일도 매우 어렵다. 최근 통계를 보면 10년 사이에 다섯에 하나가 그 일에 성공했다. 그 자녀 또한 앞서가는 아이를 따라잡기 힘들다. 아빠가 그런 현실을 직시하고 아이와 바통을 부드럽게 주고받아야 자식이 성공한다.

아빠는 자격증도 없이 경기장에 나간다. 남자가 여자와 결혼하여 아이를 얻으면 누구나 아빠가 된다. 아빠가 되기는 쉽지만 그 노릇을 제대로 하기는 어렵다. 재벌과 대통령도 맘대로 못하는 일이 아빠노릇이다.

아빠의 길에서 돈은 디딤돌이자 걸림돌이다. 2016년 국책연구기관인 육아정책연구소에서 조사한 결과에 따르면 부모한테 가장 필요한 '덕목'으로 5명 중 1명이 경제력을 꼽았다. 아이러니하게도 좋은 부모가 되는 일에서 가장 큰 장애물로 3명 가운데 1명이 경제력을 들었다.

아내가 임신하면 아빠는 부담을 느낀다. 아빠의 길은 식구를 먹여 살리는 데서 출발하니 밥값부터 걱정한다. 산후조리원에서 엄마와 아이를 보름가량 먹여 살리는 돈이 수백 만 원에서 수천 만 원인지라 아빠가 되기도 전에 겁을 먹는다. 돈이 없다고 기죽을 일이 아니다. 갓난아이를 궁궐 같은 조리원에서 키운다고 왕이 되는 게 아니기 때문이다. 가난하여 엄마와 아이를 초라한 조리원에서 지내게 하면 아빠로서 미안하다. 그런 일로 주눅이 들면 육아 전선에 빨간불이 들어온다. 아이를 키우면서 비교할 일은 아빠가 죽어야 끝나기 때문이다.

외제 분유를 먹이고, 영어 유치원에 보낸다고 영어를 잘하지 않는다. 내가 사는 전주에도 산후조리원에서 고등학교까지 엘리트 코스가 있다. 내가 고등학생 수재들을 가르치면서 보니 그 길을 밟는다고 좋은 대학에 가는 게 아니다. 그런 혜택을 받은 아이가 유리하나 그 못지않게 아빠와 엄마가 중요했다. 경제 궁합이 맞는 짝을 만나 서로 도우며 자녀를 적절하게 지원하면 가난해도 아이가 잘 자랐다.

한국에서 육아는 고비용 저효율의 대표 분야다. 지나치게 남과 경쟁하고 비교하면서 그렇게 되었다. 그 때문에 결혼을 하지 않으려는 남자도 나온다. 더러는 결혼은 하되 아이는 안 낳으려 한다. 이른바 고성교 저출산 시대. 섹스는 넘치는데 아이는 안 보인다.

한편에는 불임 부부가 꽤 있다. 친척 가운데는 첨단 의학의 도움을 받아 아빠가 된 경우도 있다. 우주에서 보물을 얻은 것처럼 기뻐하면서 어떻게 잘 키울지 고민한다. 아이를 갖는 데도 거액이 들었다는 사실은 까맣게 잊는다. 아빠가 되어 비싼 아이와 신나게 달리려고 신발 끈을 맨다.

아빠노릇은 가족을 책임지는 여정이다. 아빠는 아이가 태어나자마자 처음 가는 길을 걸어간다. 나는 아버지가 걸어간 길을 바탕으

로 아빠노릇을 해왔다. 아버지와 내가 만난 상황이 달라 시행착오
를 많이 겪었다. 그럴 때마다 자녀교육을 또 다른 나를 가르치는
일로 여겼다. 내 심신에 입력된 아버지의 삶을 현실에 맞게 출력하
여 아빠의 역할을 수행했다.

아버지는 가난하고 못 배웠으나 세파를 헤치며 6남매를 키웠다.
근면과 검소로 가난을 극복하고, 기억력과 응용력을 길러 부족한
학력을 보완했다. 대중매체나 사람에게 배운 지식을 자녀교육에
활용했다. 성경에서 자녀교육의 원리를 터득했다. 유대인처럼 자식
을 보물로 여기고, 자식농사를 천직으로 알았다. 미래지향적 시간
관에 따라 비전을 가지고 살았으며, 헌신적으로 자녀를 교육했다.
유교적인 입신양명도 중시하여 자식을 통해 이름을 알리려 했다.
아버지는 입이 아니라 발로 자녀를 가르쳤다. 당신보다 자식들이
잘 달리도록 하려고 최선을 다했다.

나는 아버지가 농작물을 경작하듯 자식농사를 짓는다. 자식을
내 몸처럼 사랑하며 자녀와 함께 자란다. 나는 자녀에게 열심히 사
는 모습을 보여주려고 애썼다. 자녀는 아빠의 태도를 본받기 때문
이다. 나는 자녀가 나를 딛고 나아가기 바란다. 우리 세 부자는 고
등학교를 졸업할 때까지 반장도 해본 적이 거의 없고, 모두 사병으
로 복무했다. 비슷한 길을 거리를 두고 걸어가며 서로를 이해한다.
나는 두 아들과 다른 마당에서 달리기를 연습한다.

좋은 아빠가 되려고 나는 학생들에게 어떤 아빠를 좋아하는지
물었다. 어디서든 좋은 아빠를 만나 본받으려고 힘썼다. 쉰 살에
새로운 일을 시작하여 자녀에게 도전정신을 심어주려고 했다. 오늘

도 바통을 쥐고 열심히 달린다.

나는 한국에서 평균 아빠나 될지 모르겠다. 오늘은 무명이나 내일은 유명해지고 싶다. 글을 써서 나와 자식은 물론 다른 사람을 개발했으면 좋겠다. 그래서 아버지가 논밭에 농작물을 심고 가꾸듯 원고지에 내 생각을 담고 기른다.

두 아들이 나보다 낫고, 나는 아버지보다 뛰어나기 바란다. 환갑가까이 뛰어보니 아버지만큼 달리기도 벅차다. 나는 아버지처럼 죽는 날까지 질주하려 한다. 자식에게 옛날 이야기를 하는 대신 내일을 말하며 나아가려 한다.

공자는 나이가 들수록 고상해진다고 보았다. 그 생각은 비합리적이다. 사람은 늙을수록 심신이 퇴화하고 시야가 좁아진다. 노인들은 자기와 자녀에 초점을 맞추고 산다. 공자처럼 수양을 쌓아야 늙을수록 포용력, 인내력, 절제력은 물론 지혜와 통찰도 갖춘다. 공자는 특별한 사람인데 기득권은 그처럼 자신도 나이가 들면 위대해진다고 생각했다. 말로 아랫사람을 부리려는 그 꼼수가 오늘까지 통하여 한국에서는 나이가 깡패다. 누구든 만나면 나이를 묻고 한 살만 많으면 그를 부하처럼 취급한다. 가진 게 나이밖에 없는 사람은 나이가 대단한 벼슬이나 되는 듯이 행세한다.

공자는 쉰에 천명을 알았다고 하였다. 춘추전국시대의 평균수명이 40세라 하니 오늘의 보통 아빠는 죽을 무렵에 인명을 알면 된다. 80세 안팎에 이승을 떠날 날이나 가늠하면 괜찮은 아빠다.

세상이 변화무쌍하여 괜찮은 아빠만 되려고 해도 꾸준히 공부해야 한다. 세월이 흐른다고 고수가 되지 않는다. 사람은 나이가 들면 심신은 약해지고 고집은 강해진다. 늙은 아빠는 완고하여 자식들도 바꾸려 하지 않는다. 아빠와 말하다가 싸우기 쉬우니 되도록 피한다.

나는 쉰여덟인데 천명은커녕 인명도 모른다. 나와 자녀나 제대로 파악하려고 애쓴다. 내 인명과 사명을 알고 글을 써서 나와 남을 도우려 한다. 그 일을 내 인생에 복무하는 최선이라 여긴다.

수천 년 전에도 통하지 않던 공자의 이상이 21세기에 먹힐 까닭이 없다. 더구나 공자는 만들어진 성인이다. 조선은 공자의 사상을 바탕으로 위계질서를 수립했다. 위정자는 죽은 공자를 동원하여 살아 있는 백성을 탄압했다. 그들은 입으로는 인의를 말하면서 악행을 저질렀다. 공자의 말은 좋으나 대부분이 신분사회를 지탱하려는 의도에서 나왔다. 그가 옹호한 수직적 이념은 시대적 소명을 다했다. 이제는 수평적 시대에 맞는 평등사상을 수용해야 한다.

하수는 공자의 말처럼 나이가 들면 성인이 되는 줄 안다. 나이가 많은 데다 자식의 운명까지 쥐고 있으니 자식에게 잘못하고도 큰소리친다. 공자처럼 나이가 들면 성인이 되는 듯이 행세하는 아빠야말로 하수다.

지금은 조선시대와 달라 나이가 들수록 노력해야 제자리라도 지킨다. 아빠가 자식에게 배워야 아빠노릇을 그런대로 해낸다. 꾸준히 공부하며 자식에게 수시로 물어보아야 자식농사를 제대로 짓는다.

나는 공자의 말이 아니라 내 발을 믿는다. 공자의 말보다 자녀의 말에 귀를 기울인다. 죽은 공자보다 살아 있는 자식을 사랑한다. 공자의 말이 아니라 내 말을 하려고 애쓴다. 내 지식과 경험을 바탕으로 말을 하며, 그 말을 발로 이루려고 한다. 공자에게 기대지 않고 내 발로 서고 싶다.

- 누구에게든 배운다

아버지는 가난한 농부로 자식 여섯을 먹여 살리려고 근면하게 농사를 지었다. 검소하여 전등 하나도 쓸데없이 켜지 않았다. 나는 그 근검 정신을 본받으려고 노력한다.

아버지는 자식들이 축복을 받기 바랐다. '복의 근원 강림하사'로 시작하는 찬송가를 즐겨 불렀다. 아버지가 상체를 흔들면서 그 찬송을 부르던 모습이 지금도 눈에 선하다. 그 구복 열망을 되새기며 나도 자식에게 복을 빌어준다.

나는 좋은 아빠가 되려고 자녀에게도 수시로 묻는다. 이 책도 자녀와 상의하면서 썼다. 책 제목도 가족이 머리를 맞대고 잡았다. 막판에는 '아빠의 길'과 '좋은 아빠 되는 길'을 놓고 토의하여 후자로 결정했다.

고수는 유치원에 다니는 아이가 묻는 내용도 모르면 모른다고 말한다. 아이가 잘 아는 분야라면 물어 의문을 푼다. 하수는 자녀에게 물으면 체면을 구긴다고 생각한다. 아빠가 자녀보다 많이 알아야 자녀를 통제할 수 있다고 여긴다. 자녀가 차에 있으면 남에게 길도 묻지 않는다. 아빠가 무식하다는 사실을 자녀가 알까 두려워하기 때문이다.

나는 통신과 경영에 대해 궁금한 사항이 있으면 아들에게 물어본다. 컴퓨터를 사용하다 문제가 생기면 운에게 전화하고, 생소한 경제 용어는 진에게 묻는다. 내 의문을 해소하며 자녀를 자극한다. 함께 공부하며 자식이 인생 근육을 기르도록 돕는다.

정보화시대에는 지식의 생애주기가 짧다. 지식의 생몰이 빨라 두 아들이 나를 능가하는 부분이 많고, 내가 강점을 보이는 분야도 있다. 나는 아들과 대화하며 배우곤 한다.

아빠와 자식이 서로 배우면 여러모로 유익하다. 자녀와 함께 학습하는 만큼 가족의 경쟁력이 상승한다. 가족을 친목집단으로 만들면서 공동목표를 달성하게 된다. 자연스럽게 지식근로시대를 대비하며 집단지성도 함양한다.

자녀교육은 형제끼리도 어떻게 하는지 알기 어렵다. 서로 대화를 해봐야 어렴풋이 안다. 나는 장남으로 동생들과 자녀교육을 놓고 서로 이야기한다. 다양한 고등학교에 다닌 조카들에게 학교와 교육에 대해 들어 안목을 높인다. 30년 동안 공교육과 사교육을 경험한 내 교육 자산에 집안에서 얻은 교육정보를 더한다. 이 책도 거기에다 다른 사람과 매체에서 얻은 지식을 첨가하여 썼다.

나는 훌륭한 아빠라면 누구에게든 배웠다. 함승훈은 책에서 만난 고수다. 그는 아내와 사별한 뒤에 5세, 2세짜리 자녀를 혼자 의사로 길러냈다. 아이들이 9세, 7세일 때 "재혼해서 새엄마가 생기면 어떨까?" 하고 묻자 "아빠와 우리한테는 좋은데 우리 엄마는 어떡하죠?" 하고 되물었다. 그 말을 듣고 그는 셋이 끝까지 가자고 다짐했다. 그는 아이의 말에 귀를 기울였다. 아이가 엄마를 애틋하게 여기는 데 감동하여 그 의견에 동의했다. 그는 아이를 설득하려고 하지 않았다. 아이를 인격체로 보고 그 말을 따랐다. 아이들 말을 좇아 무거운 짐을 지고 아빠의 길을 걸었다. 그 걸음 자체가 최고의 교육인지라 그 아이들은 훌륭하게 자랐다.

하수는 성인 자녀가 반대해도 이혼이나 재혼을 감행한다. 그런 과정에서 아이를 버리기도 한다. 성인 자녀도 철이 없다고 하면서 그 의견을 듣지 않는다. 사랑은 수용과 존중이 바탕인데 자녀를 사랑하지 않으니 자기 위주로 결정한다. 결국 자녀의 심신에 치명적인 상처를 남긴다.

하수는 자기 욕심을 내세우다가 가정을 망가뜨린다. 둘만 좋아하면 된다고 여겨 자식농사를 망치기 일쑤다. 재혼가정은 복합적인데 아이들 의견을 듣지 않았다가 갈등을 겪기 때문이다. 남녀 모두 아이를 데리고 재혼할 때는 아이를 고려해야 문제가 줄어든다. 고수는 그렇게 한다.

함승훈은 대학 교수로 퇴근해서는 아이를 최우선으로 삼았다. 공부는 아이들이 잠든 뒤에 했다. 지금은 거창국제학교를 설립하여 다른 아이들에게 희망을 준다. 고수는 품격이 높은 일을 한다. 열악한 조건에서 가정을 넘어 사회에 이바지한다.

그는 서구식 합리주의에 입각하여 자녀교육을 수행했다. 감정에 치우친 부모의 양육 방식을 싫어하여 다섯 살과 세 살 먹은 아이 둘이서 독일까지 오도록 했다. 그는 좋은 부모가 되려면 "강심장이 되어야 한다"고 말했다. 아이는 부모가 기르는 게 아니라 아이와 부모가 함께 자라는 것이라고 역설했다. 그는 아이를 어른처럼 대우했다. 자식을 존중하여 그 의사를 수용했다. 자식의 지식과 경험이 부족하다고 하여 자기 뜻을 앞세우지 않았다.

그는 자녀가 자라는 대로 아빠의 바통을 자녀에게 넘겨주었다. 자녀를 강하게 키우려는 뜻이다. 그 의도가 통해 그 자녀는 외국 학교에서 의학을 공부한 뒤에 인술을 훌륭하게 쓰려고 한다. 그는 자식과 더불어 고생하는 길을 선택했다. 자녀에게 적절한 숙제를 부과하여 가족이 상생했다.

고수는 아이의 의견을 존중하다 멀고 험한 길로 돌아가기도 한다. 자녀는 자라서 아빠의 뜻을 알고 거인이 되려고 노력한다. 그 자녀는 위업을 이룬다.

학원에 아빠와 엄마가 함께 상담하러 오는 경우가 열에 하나쯤이었다. 그 아빠는 대부분 고수다. 그는 엄마와 자녀의 의견을 존중한다. 자녀교육에 관심이 많아 엄마와 교육관을 조율하며 자녀를 교육한다.

하수는 자녀를 무시하여 자녀와 서로 사이가 나쁘다. 그는 자녀에게 문제가 생기면 애 엄마가 잘못했다고 나무란다. 아빠가 가족 위에 군림하니 다른 가족이 그와 대화하기 힘들다. 그 아빠는 자식농사를 망치기 일쑤다. 자식이 그에게 반발하기 때문이다.

나는 고수에게 자녀교육의 힌트를 많이 얻었다. 고수에게 배우면서 자녀와 함께 자랐다. 하수는 반면교사로 삼아 내 흠을 고치려

했다. 그렇게 갈고닦아 적기에 자녀에게 주도권을 넘겨주려 한다. 자녀와 함께 자라려고 그렇게 한다.

- 자녀에게 좋은 삶을 넘겨준다

옛날엔 자식이 잘못하면 사람들이 "네 애비가 누구냐?"고 물었다. 아빠를 자녀교육의 최고책임자로 보았기 때문이다. 아빠들은 남에게 욕을 먹지 않으려고 자식농사에 힘썼다. 자녀가 빗나가면 바로잡으려고 체벌도 서슴지 않았다. 가정의 총사령관으로서 자식을 바른 길로 이끌었다.

내가 어릴 때만 해도 자식농사를 동네 사람이 함께 지었다. 우리끼리 싸우다가도 동네 어른이 나타나면 이내 그쳤다. 지금은 농촌에서도 동네의 교육적 기능이 거의 사라졌다. 아빠와 엄마도 동네 사람이 자녀교육에 관여하는 것을 싫어한다. 자식농사를 오직 자기가 경작하는 일로 여긴다.

이제 핵가족이 보편화하여 아빠와 엄마가 아이를 기른다. 아빠는 밖으로 떠도느라 자식을 가르칠 틈이 없다. 엄마가 아이를 잘못 가르치면 아이를 교정할 사람이 없다. 엄마는 사회성이 약하고 옆집 아줌마 말에 휘둘리는 수가 많다. 아빠가 중심을 잡아야 자식농사를 그런대로 짓는다. 아빠가 자식농사의 마지막 보루라고 생각하여 자녀교육에 동참해야 평년작이라도 한다.

아이는 아빠만큼 자란다. 아이가 아빠 수준을 벗어나기가 쉽지 않다. 아이가 다른 애들과 출발선이 다르다고 하며 뛰어봐야 손바닥이라고 해도 고수는 아이를 격려하며 달린다. 아빠가 다른 아빠를 따라잡지 못해도 아이가 그 자세를 받아들여 달리면 자식은 부자 대열에 낄 수 있다.

아빠가 전력으로 질주하여 조금이라도 나은 상태에서 자식에게 바통을 넘길 때 자식도 최선을 다해 달린다. 고수는 다른 사람의 조언을 받아들여 자녀와 함께 향상을 꾀한다. 누구에게든 배워 자녀와 더불어 잘사는 길로 들어선다.

하수는 내 새끼 내 맘대로 기른다고 하며 교사도 상관하지 말라고 한다. 나는 80년대에 중학교 교사로 지도부실에서 근무했다. 자녀가 자전거를 훔치다 경찰에게 걸렸다고 연락하면 대부분의 부모는 놀라서 만사를 제쳐놓고 달려온다. 경찰에게 자식을 제대로 가르칠 테니 봐달라고 부탁한다. 하수는 교사에게 당신이 알아서 처리하라고 하며 얼굴도 안 내민다. 그 자녀도 결국 다른 학생과 함께 용서를 받는다. 문제는 그 자녀가 아빠에게 실망하는 데 있다. 그 자녀는 아빠가 내놓은 자식이라며 자전거를 넘어 오토바이에 손을 댄다. 아빠가 바늘 도둑을 소 도둑으로 만드는 격이다.

한 무기수는 법정 최후진술에서 무기징역은 내가 아니라 아빠가 받아야 한다고 말했다. 그가 어릴 적에 다른 애들을 때리고 오면 아빠가 "잘했다!"고 칭찬했다. 다른 애들에게 맞고 오는 날에는 "왜 병신처럼 맞고 다녀!" 하며 집에서 쫓아냈다. 힘으로 안 되면 돌로라도 찍으라고 말했다. 아빠의 명령에 따라 그는 물불을 안 가리고 싸우다 사람을 죽이기에 이르렀다. 아빠가 자식을 살인자로 키웠으니 무기징역은 아빠가 살아야 한다는 말이었다.

어떤 연쇄살인범은 몇 달 사이에 사람을 20명이나 죽였다. 그 아빠는 엄마와 그를 밥 먹듯이 때렸다. 엄마와 이혼하고 재혼한 뒤로는 아빠와 새엄마가 합세하여 수시로 그를 두들겼다. 어릴 때 아빠에게 폭력의 효용을 배운 그는 학교에서 싸우다가 소년원을 드나들었다. 마침내 죄책감도 없이 연쇄살인을 저질렀다. 아빠에게 폭력을 배워 아빠보다 훨씬 흉악한 사람이 되었다.

아들이 어릴 때 말썽을 일으키자 한 아빠는 경찰에게 아들을 소년원에 보내달라고 요구했다. 경찰은 아빠의 의사대로 아들을 소년원에 보냈다. 그 아들은 소년원에서 교화되기는커녕 범죄 수법을 배웠다. 아빠가 포기한 아들을 교도관이 교정하지 못했다. 아빠보다 자식을 사랑하는 사람이 없는데 자기 자식을 가르치는 일에 바쁜 교도관에게 아이를 부탁했다가 사태가 나빠졌다. 사람은 비슷한 사람에게 끌리므로 수감자는 교도관보다 동료의 영향을 많이 받는다. 아울러 징벌의 효과도 자식과 아빠에 따라 달라진다. 그런 점을 생각할 때 그 아빠는 위험한 선택을 했다.

아이들은 비슷한 사람끼리 어울린다. 자식에게 문제가 있으니까 논다니들이 접근하고, 자식이 그들과 휩쓸려 다닌다. 교사로 일하면서 사건 주동자의 부모가 자녀의 친구를 탓하는 경우를 흔히 보았다. 그 자녀 역시 다른 친구를 탓하는 것을 보면서 나는 '그 아빠에 그 아이구나!' 하였다. 아이는 아빠의 판박이요, 부전자전이다. 잘못된 씨앗은 친구가 아니라 대부분 아빠가 뿌린다.

논술학원을 운영하면서 보니 강부(强父) 아래 약자(弱子)는 드물었다. 아빠가 잘 나가면 자식도 잘되니 갈수록 양극화가 깊어진다.

하수 아래서 영재가 나와야 하는데 고수에 이어서 천재가 달린다. 아빠라면 자식에게 한 걸음이라도 앞선 곳에서 바통을 넘기려고 달려야 하지 않을까.

자식이 잘못되면 부부도 서로를 탓한다. 하수일수록 엄마가 아이를 버렸다고 닦달한다. 고수는 어떤 경우든 자기가 자녀교육의 최고책임자라고 생각한다. 자식이 잘못하면 적어도 절반은 자기 책임이라고 인정한다. 그는 빗나간 자녀를 새사람으로 만들려고 애쓴다. 잘못한 만큼 노력해서 자식을 바꾸려고 시도한다.

전직 교장 김씨는 몇 년 동안 자식의 옥바라지를 하여 자식을 새사람으로 만들었다. 자식이 전과자가 무엇을 하며 사느냐고 하자 그는 경험을 살려 학생을 선도하면 된다고 설득했다. 아들에게 아빠가 잘못을 빌고 간절하게 갱생을 원하자 아들이 새롭게 태어났다. 그 아들은 아빠가 자신을 사랑한다는 사실을 뒤늦게 깨달았다. 김씨는 면회실에서 자식과 많은 대화를 나눴다. 집에서 나누지 못한 대화를 교도소에서 보충했다. 옆에서 누가 보아도 부자가 울고 웃으며 정을 쌓았다. 아들이 마음을 열어 둘 사이가 좋아졌다. 마음이 통하자 자식이 변했던 것이다.

그 아들은 출소한 다음에 손을 씻고 서울을 떠나 고향으로 내려갔다. 바로 학교폭력을 예방하는 일에 나섰다. 그 지방에서 알아주는 주먹인데 아빠가 주선하여 어렵게 청소년 선도위원이 되었다. 그가 강연에서 주먹 세계가 영화처럼 환상적이지 않다고 구체적으로 말하자 일진도 대부분 돌아섰다. 아내는 몇 달 저러다 말겠지했는데 그 장사를 몇 해 동안 돕자 남편을 믿었다. 가정이 안정을 되찾으면서 그 자녀들도 속을 차리고 열심히 공부했다. 가족이 화목하니 돈이 적어도 행복했다. 김씨는 얼굴을 들게 되었다며 손자들에게 용돈을 주고, 아들의 장사도 수시로 도와주었다.

아이 하나를 키우려면 온 마을이 필요하다고 한다. 이제 마을이 사라졌으니 아빠가 마을이 되어야 한다. 상황에 따라 아빠가 아저씨, 삼촌, 친구, 심지어는 엄마와 형제로 변신해야 한다. 고수는 여러 모습을 지니고 아이와 더불어 살아간다. 아이의 동네가 되어 아이를 다면적으로 양육한다. 유해 환경은 막아주고, 성장 배경은 제공한다.

아빠가 자녀의 유전과 환경을 결정한다. 아빠가 그 역할을 잘해야 자녀교육에서 성공한다. 아빠는 자식농사의 총책임자다. 고수는 가족회사 CEO로서 그 책임을 다한다. 아무리 바빠도 아이와 정서를 교류하여 아이가 자존감을 갖도록 힘쓴다. 자식의 인생 기초를 야무지게 다진다.

뜻밖에도 아빠가 세상을 빨리 떠나면 자녀가 초능력을 발휘한다. 4대 성인 예수, 석가, 공자, 마호메트 가운데 석가를 빼면 아빠의 지원을 거의 받지 못했다. 자식이 출중하여 어릴 때 아빠에게 바통을 이어받아 거인이 되었다.

아빠를 일찍 여의고 자식이 엄마와 더불어 성공하는 경우를 주변에서도 볼 수 있다. 그 자식은 아빠에게 성공한 모습을 보여주지 못한 일을 한스럽게 생각한다. 그래서 아빠 무덤을 멋지게 단장하는 수가 있다. 어릴 때는 아빠의 부재를 원망하다가 성공해서는 아빠를 애틋하게 생각한다. 아빠가 없어 빨리 철이 들어 성공한 다음에 아빠를 찾는다.

자식은 아빠와 서로 자극하며 달린다. 나는 예비고사와 본고사를 치르고 대학에 갔다. 삼수해서 치른 예비고사에서 나는 모교에서 최고 점수를 얻었다. 농촌 학교 수석이니 도시에 가면 꼴찌 수준이었을 터이다. 그래도 나로서는 24년 학창시절을 통틀어 처음이자 마지막인 1등이다. 그런 나를 보고 아버지는 힘든 줄도 모르고 일했다고 했다. 그 뒤로 나는 성패를 겪으며 여기까지 달려 왔다. 평생에 딱 한 번 해본 수석 체험을 동력으로 삼아 그런대로 살았다.

작은 성공 체험을 쌓다 보면 큰일도 해낸다. 그런 뒤에 아빠에게 바통을 물려받으면 위업을 이루어 가문의 영광이 된다. 자식이 아빠를 빛내는 것이다.

아빠는 자식이 자기보다 잘되기 바란다. 하수는 그 기대를 아이에게 빨리 채워달라고 하며 아이가 걷자마자 자식에게 바통을 넘긴다. 뒤똥대는 아이에게 올림픽 우승자 우사인 볼트처럼 달리라고 다그친다.

아빠가 자식에게 세계 최고가 되라고 말해도 자식이 말대로 되지 않는다. 자식은 왜 달려야 하는지도 모르니 뛰려고 하지 않는다. 아빠 말을 알아듣고 일등을 하려고 해도 다른 애들도 열심히 달리니 뜻대로 되지 않는다. 그보다는 아빠가 입 다물고 열심히 달리는 쪽이 낫다. 그러면 자식이 총력을 길러 최선을 다해 달린다.

자식이 앞선 주자를 하나씩 제치면 아빠도 기분이 짜릿하다.

아빠는 최선을 다해 달리다가 자식이 아빠를 능가할 때 바통을 자식에게 물려주면 된다. 바통 터치가 너무 늦거나 너무 빠르면 총점에서 다른 집안에게 뒤진다.

아빠와 자식이 바통을 주고받는 일도 많이 연습해야 한다. 처음이자 마지막이므로 고수가 하는 것을 참고하면 좋다. 아빠가 부모교육과 자녀교육에 대해 공부하다 보면 고수를 많이 만난다.

역사는 남자사요, 이는 곧 전쟁사다. 그 영향으로 아빠는 가정을 혼자 지고 가려고 한다. 인생은 단거리가 아니라 마라톤이다. 자식은 아빠를 골라서 태어날 수 없으니 아빠라면 자식에게 유리한 출발선을 만들어주면 족하다. 고수는 자녀가 자라는 대로 힘을 길러준다. 자녀의 능력을 신장하려고 자원을 모두 동원한다. 가족이 아빠처럼 제 마당에서 달리므로 그 가정은 흥성한다.

죽어서도 자녀를 지켜본다

- 아빠는 없어야 보인다

엄마가 있어서 좋다
나를 이뻐해 주어서

냉장고가 있어 좋다
나에게 먹을 것을 주어서

강아지가 있어 좋다
나랑 놀아주어서

아빠는 왜 있는지 모르겠다.

초등학교 2학년이 썼다는 시다. 그가 MBC 〈일요일 일요일 밤
에〉에 출연해서 알리는 바람에 유명해졌다. 그는 '아빠는 왜 있는

지?'라는 질문을 세상에 던졌다. 아빠들이 이 아이의 질문에 응답할 차례다.

제대로 대답하려면 아이의 속성부터 알아야 한다. 아이는 '나'를 중심으로 세상을 인식한다. '나'에게 주는 대상이면 뭐든 다 좋다. 그는 엄마, 냉장고, 강아지가 아빠 때문에 있다는 사실을 모른다. 세 살 지식이 여든 가는지라 아이는 자라서도 아빠가 왜 있는지 알지 못한다. 아빠가 세상을 떠난 뒤에 그 존재 이유를 깨닫는다. 그때서야 자기가 좋아한 것들이 아빠한테서 나왔다는 사실을 안다.

이 아이의 노래를 듣고 실망하면 하수다. 아이가 아빠의 존재를 인지하고 아빠가 왜 있는지 물으니 점수를 만회할 기회는 남아 있다. 아빠의 존재 자체를 무시하는 아이보다는 낫다. 이 글을 보고 반성하면 아이의 마음을 살 수도 있다. 『손자병법』에서 지피지기 백전불태(知彼知己 百戰不殆)라 했으니, 아빠가 엄마와 아이를 알고 자신을 돌아보면 갈등이 깊어도 위태롭지 않다.

아빠는 공로를 축소하는 데 견주어 엄마는 성과를 과장한다. 엄마는 자녀에게 '그 인간'을 만나지 않았으면 왕비가 되었을 거라고 하면서 아이와 더불어 논다. 아빠도 끼어달라고 하면 돈을 더 많이 벌어오라고 말한다. 아빠가 옆에 있어도 자녀에게 "네 애비처럼 되지 마!"라고 말한다. 엄마가 깎아내려도 아빠는 참는다. 혼자만 모욕을 견디면 가족이 살기 때문이다.

mother와 matter는 어원이 같다. 엄마는 곧 사물이다. 아빠보다 재물을 더 사랑한다. 결혼할 때도 남자는 여자의 외모를, 여자는 남자의 물질을 따진다. 동서고금을 떠나 만고불변의 남녀결합

방정식이다. 엄마는 아빠보다 사냥물을 더 좋아한다. 아빠는 떠나면 그만인데 사냥물은 엄마와 자녀에게 일용할 양식이 되는 까닭이다. 아빠에게 애교를 떠는 일도 사냥물을 많이 얻으려는 전략이다. 아빠를 속이려고 화장을 하는데 아빠는 자기를 사랑하는 줄로 착각한다.

엄마는 짐승을 요리하여 자식에게 먹인다. 아이에게는 짐승을 잡은 사람보다 자신을 먹여주는 사람이 더 중요하다. 자녀는 엄마가 자기를 먹여 살린다고 생각한다. 아빠가 자녀에게 이 고기를 내가 잡았다고 말했다가는 엄마에게 뜨거운 맛을 본다. 입 다물고 배를 채우는 게 상책이다. 그래야 가정도 살린다.

엄마는 맘마다. 그가 먹을거리를 마련하는지라 그는 아빠와 자녀도 기가 막히게 요리한다. 그가 음모를 완벽하게 꾸미면 자식들은 아빠가 죽을 때까지 누가 사냥을 하는지 모른다. 아빠가 세상을 떠난 다음에 그 고기를 아빠가 잡았다는 사실을 안다. 아빠와 함께 고기도 사라지기 때문이다.

아빠는 없어야 보인다. 든 자리가 아니라 난 자리로 아는 사람이 아빠다. 그나마 아이는 아빠가 죽고 몇 년은 흘러야 아빠가 난 자리를 알아본다. 아빠가 먹을거리를 많이 남기고 떠나면 다른 가족끼리 재미있게 사느라 아빠의 부재를 죽을 때까지 모를 수도 있다. 아빠노릇을 처자부양으로 국한하여 다른 측면을 외면한 아빠일수록 그럴 공산이 크다.

엄마는 대체로 아빠를 나쁘게 말한다. 자식은 물론 택시기사에게도 '그 인간'의 흠을 말한다. 자기나 되니까 참으며 그 인간과 산다고 말한다. 아빠를 짓밟고 자기 몸값을 올린다. 그에 견주어 아빠는 제 얼굴에 침 뱉는 격이라 마누라 흉은 안 본다. 가장으로서 가정을 지키려는 의도다.

그런데도 거의 모든 국가에서 자녀는 아빠보다 엄마를 더 좋아한다. 한 기관에서 여러 나라 사람들에게 아름다운 영어 단어 70개를 고르라는 설문조사를 했다. 그 결과, 1위는 Mother였다. Father는 그 안에 들지 못했다. 사람들은 죽을 때에도 대부분 아빠보다 엄마를 찾는다.

한국에서도 자식들은 아빠보다 엄마를 훨씬 좋아한다. 예로부터 아빠들이 엄마보다 자식에게 못된 짓을 많이 했기 때문이다. 할머니들의 말을 들어보면 선배 아빠들이 얼마나 엄마와 자식에게 모질게 굴었는지 알 수 있다. 가족의 가슴에 대못을 박은 아빠가 즐비하다. 남존여비에 기대어 엄마와 자식을 학대한 악질 하수의 원죄 때문에 오늘의 아빠는 조금만 잘못해도 자식에게 외면을 당한다.

요즘 들어 한국에서 아빠의 인기는 오르는 데 견주어 엄마의 점수는 내려간다. 어떤 업체의 빅데이터에 따르면 최근 들어 아빠를 언급한 건수는 약 14% 늘고, 엄마를 언급한 건수는 19%나 줄었다. 아울러 아이들은 엄마가 아빠보다 열 배 이상 무섭다고 하였다. 아이를 버리고 도망가는 엄마가 증가하고, 남자가 이혼을 요구하는 비율이 최근에 몇 배가 늘었다. 아빠가 애 엄마와 아이에게 푸대접을 받으면서 아빠노릇은 못하겠다는 몸짓이다.

아빠가 죽으면 아이는 엄마가 입만 가지고 살아왔다는 사실을 알게 된다. 사냥을 해본 적이 없는 터라 엄마는 걱정만 할 뿐 사냥을 못 나간다. 굶어 죽을 지경에 이르러서야 자녀와 함께 사냥에 나선다. 그런 모습을 보고 아이는 아빠의 노고를 이해한다.

오늘날 자녀는 아빠가 죽어야 정신을 차린다. 엄마가 평소에 자녀를 너무 많이 자극하여 메가톤급 충격이 닥쳐야 반응한다. 실제로 아빠가 사라지면 자녀가 살아남으려고 발버둥을 친다. 홀어미 아래서 거인이 나오는 까닭이 이렇다.

세상이 바뀌어 가족을 부양하는 아빠가 집에서 왕따를 당한다. 선배 아빠의 원죄가 있는 데다 아빠가 사냥감에만 집중할 뿐 아이를 돌보지 않아서이다. 아빠는 일에 미쳐 아이 생일도 모른다. 알아도 바깥일을 중시하여 생일을 지나친다. 반면에 엄마는 집에서 아이를 키우며 기념일을 챙긴다. 둘이 합력하여 제 새끼 생일도 모르는 아빠를 미워한다.

근래에 사냥을 잘하는 여자가 무능한 아빠를 위협하는 수가 있다. 그런 여자의 일부는 아빠가 임신할 때만 필요하다고 한다. 그런 엄마 아래서 자란 아이는 아빠의 존재 자체를 모르기도 한다.

옛날에도 씨내리라는 일회용 아빠가 있었다. 좋은 가문에서 아빠가 성불구자일 경우에 씨내리를 찾았는데 대부분 비밀을 보장할 수 있는 떠돌이 남자였다. 그렇게 대리부를 통해 엄마가 아이를 낳았다. 그 엄마는 그 일을 치욕으로 여겨 아이가 두세 살이 되면 자결하기도 했다. 친자확인을 못하던 시절에 양자를 들일 길도 없을 때 쓰는 비방이었다. 그때도 애먼 엄마가 희생을 당했다.

아빠는 임신할 때만 있으면 되는 사람이 아니다. 자녀는 아빠와 엄마가 함께 길러야 균형 있게 자란다. 자녀는 애완동물이 아니라 사회적 동물이다. 가정은 엄마와 아빠라는 두 바퀴로 끌고 가야 안전하게 굴러간다.

- 고수는 삶으로 말한다

아버지는 세상을 떠나면서 자식들에게 아무런 말도 남기지 못했다. 병상에서 갑자기 별세하는 바람에 자식들과 하직 인사도 못 나누었다. 아버지는 삶으로 길을 만들어놓고 하늘로 돌아갔다. 그 길로 가라고 말하지 않았으나 나는 그 길을 따라간다. 삶으로 말하려고 오늘도 내 인생을 성형한다.

아버지가 만든 길이 정도는 아니다. 아버지가 최선을 다해 갈고 닦은 인생일 따름이다. 노력에 견주어 성과는 적었으나 나는 그 태도를 본받아 걸어간다.

아빠의 길에 모범 답안은 없다. 자녀와 함께 걸어가면 아빠의 길이 된다. 사람이 다르고 배경이 상이하니 아빠노릇도 각인각색이다. 아빠와 다른 아빠들이 간 길을 보고 아빠의 역할을 배울 수 있을 뿐이다.

요즘 육아 서적을 보면 자기 방식을 정석처럼 말한다. 스킬을 진리라고 전파한다. 아이 하나를 몇 년 키우고 나서 다른 아빠를 가르치려 든다. 주목을 받으려고 힘주어 말한다. 바람직하지 않은 현상이다. 아빠와 아이의 유전과 환경이 다르니 아빠마다 제 길을 가면 된다.

나는 역사를 좋아하여 사람의 생사를 많이 보았다. 고전문학을 전공하여 인간의 흥망성쇠를 두루 살폈다. 그 동안 많은 아빠들이 세상을 떠나는 광경을 보았으며, 초등학교 6학년 동창 같은 반 52명 가운데 12명이 유명을 달리하는 걸 목격했다. 역사에서는 군수도 초라하나 내 초등학교 동창을 보면 면장도 드물다. 그 생사를 역사적 인물보다는 여실히 안다. 그 자식 또한 아빠와 비슷하게 살아가며, 일부 동창은 손자도 보았다. 그렇게 역사는 흘러간다.

자식이 갓난아이일 때는 하루가 한 해 같으나 지나고 보면 십 년도 순간이다. 구체적이고 기계적인 육아는 인간의 속성에 맞지 않다. 육아는 유기적인 생명체에 유연하게 대응하는 일이다. 아빠와 아이가 시행착오를 겪으면서 바람직하게 만들어가는 길이 정도다.

어떤 아빠든 자식을 낳았다면 세상에 기여한 셈이다. 그것만 해도 뜻이 깊다. 세상에 유전자를 남기고 가는 일이 우주를 돌리는 힘이기 때문이다. 모든 아빠는 위대하다. 그 자체가 우주이자, 우주의 동력이다.

나는 아버지가 걸어간 길을 다른 아빠의 여정보다 잘 아는지라 그 삶을 많이 밝혔다. 아버지는 작은 농촌에서 농사를 지으며 삶을 누렸다. 유산은 자식이 전부라 해도 과언이 아니다. 한국 농촌에서 얼마든지 만날 수 있는 사람이다.

나는 아버지가 낸 길과 고수가 닦은 길에서 아빠노릇의 슬기를 얻었다. 내 글이 다른 아빠에게 쓸모가 있기를 바라며 글을 썼다.

내가 아버지를 학교에서 만난 것은 한 번인 것 같다. 내가 박사학위를 받은 날이다. 그때도 아버지는 아무런 말씀을 하지 않았다. 내가 고등학교를 나와 공무원이 되라는 아버지의 뜻을 거스르고 대학에 가서 박사가 되었으니 만감이 교차했을 것이다. 그 자리에서 침묵을 지켰으나 나는 아버지가 세상을 떠난 지 십 년도 넘은 오늘도 아버지의 말씀을 듣는다. 삶으로 들려준 이야기라 죽을 때까지 들을 것이다.

뒤에 들으니 내가 동네에서 처음 나온 박사라며 내 학위를 마치 이승만이 받은 박사학위처럼 자랑스러워했다고 한다. 세상이 바뀌어 박사의 위상이 크게 떨어졌는데도 자식에게 최고 점수를 부여한 것이다.

아버지가 하늘에서 하는 말을 나는 가슴으로 듣는다. 아버지는 '이 또한 지나가리니' 두려워하지 말고 헤치라고 격려한다. 아버지는 당신이 보여준 모습대로 살라고 이야기한다. 당신이 발로 말하고 오래 기다렸듯이 그렇게 아빠노릇을 하라고 외친다.

아버지에 견주어 나는 자녀에게 말을 많이 한다. 삶으로 말하고 기다리는 대신 잔소리를 늘어놓는다. 자녀들은 아빠가 못 믿는다고 생각할 것이다. 나도 아버지처럼 인생으로 표현하고 싶다. 말을 줄이고 발을 늘려 내가 죽은 뒤에도 자녀들이 내 말을 듣기 바란다.

아빠들은 감정을 말로 표현하는 데 서툴다. 정서를 말로 드러내는 길을 배우지 않아서 그런다. 아빠는 몇 년 만에 자식을 만나도 한두 마디를 나누면 끝이다. "별 일 없었나?" "예, 아버지." "그럼, 밥이나 먹자!" 술이라도 마시며 허심탄회하게 이야기하면 고수라 하겠다.

군대에 있는 아들과 통화할 때도 나는 아들에게 괜찮다는 말을 들으면 그만이다. 잘 있다고 하면 할 말이 없다. 엄마는 "목소리가 안 좋다", "코가 막히나, 안 추워?", "반찬은 잘 나오고?", "휴가는 언제 와?" 하며 시시콜콜 다 물어본다. 내무반에서 다음에는 누가 제대하느냐고 묻는가 하면, 아들 선임이 올린 사진의 내용도 확인한다. 아들이 귀찮다고 내색할 때까지 묻고 또 묻는다.

문제는 엄마가 자식을 모르고 기대를 드러내는 데서 생긴다. 아내는 진이 제대할 무렵에 군대 생활을 더 하면서 살을 빼야 하겠다고 말했다. 내가 남자에게 최고 악몽이 다시 군대에 가는 꿈인데 제대를 앞둔 아들에게 악담을 퍼붓느냐고 나무랐다. 그 말에 걱정이 되었는지 아내는 다음부터 아들 전화가 와도 바꿔주지 말라고 부탁했다.

아내는 진이 제대하자마자 자기가 군대에서 더 복무해야 한다고 말한 내용을 기억하느냐고 물었다. 진은 그 말을 들은 적이 없다고 말했다. 아내는 안도의 숨을 내쉬었다. 진이 평소에 엄마를 믿었기에 저주를 흘려들은 듯하다.

아빠가 자녀와 비슷한 체험을 하면 자녀의 마음을 헤아려 말한다. 나는 군대생활을 해본 터라 말년병장 시절에 시간이 얼마나 느리게 가는지 안다. 그래서 그때 아들이 공감할 만한 말을 해주었다. 그에 견주어 군대생활을 잘 모르는 안사람은 그동안 쌓은 점수를 한 방에 잃을 뻔했다. 다행히 쌓은 점수가 많아 아들이 충격적인 말에 상처를 받지 않았으리라.

우리는 강자에게는 약하고 약자에게는 강하다. 부모가 자녀를 약자로 보면 자녀에게 함부로 말한다. 아빠가 자식에게 지시하고 명령하면 자녀는 심신에 노예근성을 장착하고 살아간다. 아빠에게 혼날까봐 내적 동기를 발휘하여 스스로 살아가지 못한다.

아빠가 떠나고 나면 자녀들은 그 삶을 말로 받아들인다. 철이 들수록 그 말을 크게 듣는다. 고수는 말이 적은지라 그 전달력이 강하다. 굵고 짧은 그 말이 아빠 삶에 부합할 때 자녀의 가슴을 오래 울린다.

아빠는 이승에서 할 말을 못해 하늘에 가서 말을 한다. 삶으로 말하고 세상을 떠나니 자녀가 두고두고 그 말을 떠올린다. 아빠는 어쩔 수 없이 자주 만나고 같이 살면서 흠을 드러내다 보니 자식이 과소평가한다. 심지어는 아빠를 귀찮게 여기고 그 잔소리를 싫어한다. 다른 아빠는 다듬어진 모습만 보기 때문에 그를 부러워하기도 한다. 그러나 떠나고 나면 아빠의 진수를 알아본다.

- 하늘에서 자녀를 지켜본다

나는 하늘에서 내려다보는 아버지를 의식하며 일한다. 가난한 농부로서 자식 여섯을 키운 아버지는 '이런 위기를 어떻게 돌파했을까?' 하며 나를 돌아본다. 아버지는 내 가슴에 살아남아 나와 함께 고비를 넘는다.

아버지는 집에 혼자 있다 뇌졸중으로 쓰러졌다. 나는 1인 병실에서 아버지의 보호자로서 아버지와 단 둘이서 마지막 밤을 보냈다.

아버지가 "몇 시냐?" 하기에 나는 시계를 보고 "두 시요!"라고 대답했다. 그게 이승에서 우리 부자가 나눈 마지막 대화다. 아버지는 그 뒤로 뇌사 상태에 빠져 있다가 며칠 뒤에 이승을 떠났다.

평소에도 나와 아버지는 묻고 대답하는 투로 말하곤 했다. 아버지는 가부장적인 사고를 가져 자식과 대등하게 대화를 나누지 않았다. 높은 아버지의 자리에서 자식을 내려다보며 이야기했다. 내가 당신 뜻을 거스르면 화도 냈다.

아버지의 의식을 비판적으로 수용한 나는 자녀와 대등하게 지내려 했다. 세상이 수직적이라 내 맘처럼 자녀와 원활하게 대화하지 못했다. 나와 아버지에 견주어 나와 자식은 각도가 더 기울었을 뿐이다.

나는 기회가 되면 고향에서 두 아들과 더불어 일한다. 아버지와 내가 일하던 땅에서 나와 아들이 일한다. 삼대가 동일한 공간에서 상이한 시간에 같은 일을 한다. 아버지의 삶이 서린 곳에 자식과 더불어 발자취를 남긴다. 삼대의 중간에서 나는 그 작업을 거룩한 의식처럼 여긴다.

세상을 떠난 아빠는 자식의 심신에 깃들어 산다. 자식은 아빠와 함께하던 일을 생각하며 힘을 얻는다. 자녀는 아빠가 이끄는 대로 간다. 아빠가 살아있을 때는 못 알아듣던 말을 아빠가 죽은 뒤에 헤아리기도 한다.

아빠가 자식의 목표는 못 되어도 이정표는 될 수 있다. 아빠와 자식은 사는 바탕이 다르므로 자식은 아빠의 삶을 자신에게 알맞게 바꿔서 살아야 한다. 아빠는 자식의 내비게이션이니 자식이 잘 활용하면 목표를 찾는 데 도움이 된다.

아이는 아빠의 모든 걸 그대로 받아들인다. 유아기에 아빠를 보고 배운 바를 인생의 핵심 원리로 삼는다. 그런 측면에서 자식은 또 다른 아빠다. '아빠처럼 살지 않을 거야!' 맹세해도 그가 물려준 자산을 벗어나지 못한다.

우리는 수억 대 일의 정자 경쟁을 뚫고 이 땅에 태어났다. 지구에서 탄생한 일 자체가 기적이다. 1,000억 은하계 중에서 우리 은하계에만 별이 1,000억 개다. 통계학적으로 아빠와 엄마가 만난 일은 0에 수렴한다. 우리는 그 사이에서 기적 중에 기적을 타고났다. 70억 가운데 하나가 아니라 우주 그 자체다. 그런 우주가 모여 가족을 이룬다. 고수는 우주보다 귀한 자식을 명품으로 만들려고 자신을 희생하기도 한다. 가족과 더불어 행복하게 살려고 혼신을 다한다. 기적적인 만남에 감읍하며 자원을 우주의 보물인 가족에게 바친다.

나는 자식에 대한 기대를 낮추고 행복하게 살려고 한다. 자식보다 먼저 태어난 사람으로서 자식을 수용하고 존중하며 살고 싶다.

아빠는 자식으로 말한다. 사람들이 자식을 보고 말하는 아빠가 스스로 평가하는 아빠보다 실상에 가깝다. 이해가 얽히지 않아 아빠를 객관적으로 보기 때문이다. 주어진 여건에서 최선을 다했다면 괜찮은 아빠라고 자위할 수 있다. 다른 사람이 자식 잘 키웠다고 하면 더욱 좋은 일이다.

나는 교육현장에서 수천 명의 학부모를 만났다. 그 대부분은 엄마였다. 아빠는 드물었으나 그만큼 그들은 자녀교육에 관심이 많았다. 나는 그 아빠들을 유심히 살폈다. 아빠는 비슷한 수준의 엄마와 함께 살며 자식농사에 전념했다. 남자로서 아빠를 보면 자녀를 파악하는 일에 도움이 되었다. 아빠를 보면 그 자녀의 앞날도 대강 가늠할 수 있었다.

지방에서 논술학원을 운영한 까닭에 수재의 아빠를 가까이에서 많이 보았다. 몇 다리 건너면 그 아빠를 평가할 수 있어 그들이 아빠노릇을 어떻게 하는지 엿볼 수 있었다. 수업을 하면서 학생들에게 바라는 아빠의 모습을 물어보기도 했다. 그때 얻은 힌트를 이 책을 쓰면서 요긴하게 활용했다.

그때는 학생들이 가장 존경하는 사람으로 아빠를 드는 일을 이해하지 못했다. 집에서는 자주 보고 흠도 보니 자식은 영웅 아빠도 평범하게 생각한다. 그런데 아빠가 얼마나 훌륭하면 자녀가 그 민낯을 보고도 존경할까 하는 마음을 가졌다.

나도 여기서 아버지를 뛰어나게 그렸다. 제반 조건을 따져 불리한 여건에서 상대적으로 아빠 역할을 잘했다는 의미다. 사실은 견문이 좁고 학식이 짧은 데다 가난하여 자식을 돕는 데 한계가 많았다. 다만 당신의 능력을 넘어 자식을 지원했다. 그 헌신 덕분에 자식들이 밥벌이를 한다.

그 동안 내가 살면서 얻은 지식과 경험을 토대로 하여 아빠의 길을 말했다. 6남매의 장남이요, 두 아들의 아빠로서 겪고 배운 아빠노릇을 줄기로 삼아 이야기를 펼쳤다.

전생의 원수가 자녀로 태어난다고 한다. 아빠와 자식은 기대가 큰 만큼 대립하면 배신감도 크다는 말이다. 나도 두 아들에게 기대하나 되도록 그것을 줄이려고 한다. 자녀에게 거는 기대를 접어야 관계가 펴지는 까닭이다.

가족은 최후의 보루다. 오늘날 그 바탕이 흔들린다. 그 모습이 다양하고, 연대는 약하다. 하수는 자녀를 교육의 대상이 아니라 투자의 상대로 본다. 자녀를 경제적인 측면에서 보아 아이를 낳지 않으려는 부부도 늘어난다. 가족이 국가의 기초인데 국가를 외면하고 자기의 안락을 추구하는 것이다. 더러는 가족은 흡혈귀라며 아빠가 안 되겠다고 한다. 역사의 원리를 거역하는 생각이다.

가족은 세상의 근본이다. 아빠는 세상을 운행하는 사람이다. 아빠노릇이야말로 우주를 운전하는 일이다. 유대인 아빠는 자식을 낳아 기르는 일을 무엇보다 중시한다. 유대인의 출산율은 3명 안팎이요, 이혼율은 세계 최하위 수준이다. 아빠노릇을 천명으로 알아 자손을 잘되게 하려고 되도록 참고 산다. 그들에게 위대한 자녀교육 원리를 얻을 수 있다.

아빠에게는 자식농사가 최대 과업이다. 고수는 그것을 축복으로 생각한다. 자식을 낳아 세상을 아름답게 하는 아빠가 바로 위인이다. 세상을 아름답게 가꾸어가기 때문이다.

아버지는 과거요, 나는 현재이며, 아이는 미래다. 내가 과거를 어찌할 수 없는데 그것이 나를 규정한다. 미래 또한 내 손이 미치지 않으나 그게 내 연장이다. 아버지를 부정하면 내 토대가 무너지고, 자식을 무시하면 내 심신이 추락한다. 삼대가 맞물려 돌아가며 상호보완적 관계를 형성한다. 내가 아버지의 강점을 본받아 자식에게 모범을 보이려는 일이 바로 내가 가야 하는 길이다. 자식이 잘되도록 하려면 죽을 때까지 그 길을 가야 한다.

진화생물학적으로 아빠는 자식에게 좋은 유전과 환경을 물려주려고 눈물겹게 노력한다. 생물의학적으로 남자가 몸에 치명상을 입으면 성욕이 극대화한다. 이를테면 남자가 교수형을 당하여 죽으면 사정을 한다. 인간의 생존본능과 생식본능이 극한 상황에서 발동하여 유전자를 남기고 떠나는 것이다. 자식이 물에 빠져 죽으려 할 때 아빠가 몸을 던지는데 이는 자기가 남긴 유전자에게 바통을 넘기고 세상을 떠나도 괜찮다는 몸짓이다. 그야말로 숭고하고 비장한 죽음이다. 그 자녀는 평생 아빠를 생각하며 살게 된다. 형태는 다르지만 우리는 모두 그렇게 아빠를 이어 살아간다.

아빠노릇은 관에 들어가야 끝난다. 아빠 점수도 그때 매길 수 있다. 그 점수가 뒤에 자식에 따라 바뀔 수 있다. 자식이 잘되면 아무개 아빠가 되어 점수가 올라간다. 반대로 자식이 문제를 일으키면 누구의 자녀라고 하여 악평을 듣는다.

고수는 하늘에서도 자녀를 바라본다. 죽어서도 자녀들 가슴에 남아 영향을 미친다. 그 후손에게도 빛이 된다.

좋은 아빠는 자녀에게 최고의 자산이다. 아빠와 자녀가 인연을 멋지게 맺는 일은 아빠에게 달려 있다. 아빠의 품격이 높으면 이 땅에서 그 자녀로 태어난 일이 축복이 된다.

나는 아들 둘을 두었다. 운은 회사원이고, 진은 대학생이다. 내 앞가림보다 나는 진의 밥벌이를 걱정한다. 진은 '걱정 말아요, 그대' 를 즐겨 부른다. 부모와 자신에게 외치는 노래인 듯하다.

자식농사는 걱정의 길이다. 자식이 둘이라 하나가 한 다리와 같다. 한 쪽만 기울어도 넘어질 것 같다. 짚신장사 아들과 우산장수 아들을 둔 아빠처럼 맑으나 궂으나 날마다 걱정이다. 좋은 쪽을 바라보려 해도 본능적으로 살아남으려고 나쁜 곳부터 보게 된다.

아버지는 평생 농사를 짓다 일흔에 세상을 떠났다. 나도 십 년이면 그 나이다. 이제 하나씩 삶을 마무리하려고 이 책을 썼다. 아빠 역할을 잘해서가 아니라 아빠노릇을 중시하여 용기를 냈다. 내가 살면서 얻은 경험과 지식이 다른 사람에게 한 줄이라도 도움이 된다면 더없이 기쁘겠다.

아빠의 길은 자녀관이 가른다. 한국이 집단과 계급으로 돌아가

다 보니 흔히 아빠도 자녀를 부하로 본다. 그래서 아빠와 자녀가
서로 말을 주고받지 못한다.

고수는 자녀를 개성 있는 친구로 본다. 자녀를 있는 그대로 받아
들여 서로 사이좋게 지낸다. 그는 자녀에게 모범을 보이며, 자녀를
책임진다. 그 가족은 행복하게 살아간다.

세상에는 하수보다 고수가 많아 가정과 나라가 유지된다. 자녀
와 엄마가 드러내기 어렵다 보니 언론이 하수를 선정적으로 보도
하여 하수가 많은 것처럼 보일 뿐이다.

자식을 먹여 살리려고 일하다 죽은 사람의 대부분이 아빠다. 정
작 자식은 힘들면 아빠가 아니라 엄마를 찾는다. 아빠는 돈을 버
느라고 자녀와 이야기할 틈이 없다. 아빠가 자녀와 함께할 시간을
늘려야 가족이 하나가 된다.

오늘날 가정은 돈 때문에 갈등한다. 아빠가 돈을 못 벌면 엄마와
아이도 아빠를 무시한다. 반면, 아빠가 돈을 많이 벌면 다른 가족
을 통제하기도 한다. 자녀교육에서 부모의 금력은 중요하다. 그러
나 아빠가 돈 버느라고 자녀를 돌보지 않으면 자녀교육에 실패하
기 쉽다. 돈이 많을수록 자녀를 잘 키워야 자녀는 물론 재산도 보
존한다.

가정이 화목하면 만사가 이루어진다. 가화만사성(家和萬事成)은 만
고의 진리다. 가정의 화목에는 돈보다 마음이 중요하다. 고수는 돈
보다 자녀의 마음을 버는 데 열중한다. 자녀의 마음을 사려고 돈
을 번다.

고수는 자녀와 책임을 분담한다. 자신의 부담을 덜고 자녀의 능력을 키운다. 그 자녀는 아빠의 뜻을 알고 일찍부터 독립을 꾀한다. 그 가족은 갈수록 번성한다.

자식과 아빠로서 삼대를 잇는 자리에서 과거를 돌아보고 미래를 내다보았다. 이 책을 쓰면서 나를 반성하고 내 품격을 알았으니 더 좋은 아빠가 되고 싶다.